민족지도자 안재홍 연보 5

민족지도자 안재홍 연보 5

초판 1쇄 발행 2024년 12월 31일

편 자 | 황우갑
펴낸이 | 윤관백
펴낸곳 | 도서출판 선인

등 록 | 제5-77호(1998.11.4)
주 소 | 서울시 양천구 남부순환로 48길 1
전 화 | 02)718-6252 / 6257
팩 스 | 02)718-6253
E-mail | suninbook@naver.com

정 가 19,000원

ISBN 979-11-6068-937-2 94900
ISBN 979-11-6068-431-5 (세트)

·잘못된 책은 바꿔 드립니다.

※ 이 책은 평택시의 후원으로 제작하였습니다.

민족지도자 안재홍 연보 5

황우갑 엮음

(사)민세안재홍선생기념사업회 기획

선인

이 몸이 울어울어 우뢰같이 크게 울어
망천후(望天吼) 사자(獅子)되어 온누리 놀래고자
지치다 덜 깬 넋이 행여 내처 잠들리
- '망천후', 민세 안재홍『백두산등척기』-

발간사

    이번에 발간하는 『안재홍 연보 5』는 1930년 7월에서 12월까지 민세의 활동과 글을 묶은 것이다. 이 시기 민세의 대표적인 활동은 7월 24일 경성을 출발해 8월 7일까지 백두산에 오르고 그 기행문을 조선일보에 연재한 것이다. 이 글은 다음해인 1931년 6월에 유성사에서 『백두산등척기』라는 제목의 단행본으로 발간되었다. 당시 책의 정가는 50전이었다. 125쪽 분량의 이 책에는 33장 정도의 사진과 백두산정계비의 사진 실측자료가 수록되어있다. 1993년 10월에는 500부 한정판으로 백두산 자료 특별전 기념으로 삼성출판박물관에서 영인본을 찍었고, 이 글은 1999년 민세선집간행위원회가 발간한 『민세안재홍선집』 5권에도 수록되었다. 2007년 3월 문학평론가 구중서 박사의 해설로 범우 비평판 한국문학대계 39권 『고원의 밤』 속에 재수록되었으며 2010년 민세 백두산 답사 80주년을 맞이해서 한양대학교 정민 교수의 쉬운 한글 번역으로 재출간되었다. 민세는 1931년 단행본으로 발간한 『백두산 등척기』 서문에 이렇게 썼다.

    "여행은 한사(閑事)가 아니니 고산에 오르고 대해에 떠서 천지호연(天地浩然)의 기(氣)를 마시면서 웅려(雄麗)청원한 기를 기르는 것은 그대로 인간 세상에 필수적인 일이 되는 것이다. 하물며 도시와 시골, 산과 들에서 백성과 만물이 살아 숨 쉬는 실제를 넓게보고 고금 변혁의 자취를 살피는 것은 사회인에게 최상의 요구로 되는 것이다. 이 점이 여행이 필요한 것이요 여행기도 가치가 있는 것이다."(안재홍, 『백두산등척기』, 유성사, 1931)

민세에게 백두산에 오르는 것은 그의 표현대로 분명 한가로운 일이 아니었다. 그에게 기행은, 산행은 현장이요, 역사요, 문화였으며 새로운 상상력의 발원이기도 하다. 그러기에 그는 백두산을 오르는 일이 "우둔한 머리에도 감격의 용솟음이 치고 나태한 가슴에도 강한 번개가 치는 일"이라며 독자들에게 백두산행을 권한다. 민세는 경원선을 타고 7월 24일 서울을 떠나 주을온천(24일)을 거쳐 무산읍에서 1박을 하고(25일), 홍암동에서 배탈이 나서 하루 1박(26일)을 하며, 여기에서 두만강변을 따라서 백두산이 시작되는 지점인 농사동에서 1박(27일)을 한후 본격적인 백두산행을 시작한다.

민세가 백두산으로 오르는 여정은 농사동(28일)에서 무봉(29일)을 거쳐 신무치에서 하루 자고(30일) 7월 31일 오전 11시 드디어 정상에 다다르는 길이다. 다른 백두산답사기의 경우에는 천지에서 바로 하산하는 것이 일반적이었는데 민세와 그 일행은 천지가에서 1박을 한후에 하산 길에 오른다. 내려오는 길은(8월 1일) 신무치를 지나서 압록강변을 따라서 풍광 좋은 삼지연을 감상하고, 포태리에서 1박(2일), 가림리서 다시 1박 한 후 혜산진에서 2박을 하고 북청을 지나 서울로 돌아오는 10일 간의 긴 여정이었다.

안재홍의 『백두산등척기』는 다른 백두산 기행문과는 크게 다른 몇 가지 특징이 있다. 첫째, 백두산정계비의 현장 고증이라는 고고학적 성과와 함께 민족자존의식을 높이고자 하는 기행의도가 담겨있어 많은 분량으로 정계비의 문제점, 정계비의 위치 확인, 정계비 실측 등의 귀한 자료들이 담겨있다는 점이다. 지금은 비록 사라졌지만 그 크기와 사진을 담을 수 있었던 것은 민세의 꼼꼼한 기록정신과 철저한 역사의식 때문에 가능했을 것이다.

둘째, 자신이 1930년대 초에 조선일보에 연재했던 『조선상고사

관견』의 연장선상에서 당시 일제의 단군 부정론에 맞서 이를 비판하고 단군조선의 실재를 재확인하고자 함이었다. 백두산은 상대 조선 민족의 주요 활동 근거지라는 사실을 명백히 하면서 일제 식민사관을 정면으로 비판했다.

셋째, 고대사 연구를 통한 민족혼 고취와 민중계몽 의지이다. 1930년대 이후 민세는 특히 한국 고대사 연구에 많은 관심과 애정을 기울인다. 앞서 살펴본대로 1930년 전후하여 고대사와 단군관련 글을 조선일보에 수차례 기고하고 어려서 조선의 사마천이 되고자 했던 꿈을 한국 고대사 연구를 통해 구체화 한다. 여기에는 박은식, 신채호 등 선배 민족사학자들의 영향도 컸지만, 민세의 한국고대사 연구는 "조선혼(박은식)", "낭가사상(신채호)", "조선얼(정인보)", "조선심(문일평)" 등의 민족주의 사학을 비판적으로 수용하고 1920년대 이후 유행하던 사회과학적, 언어학적 관점에서 한국고대사를 연구하여 "신민족주의"를 제창하는 계기를 만든다.

민세의 백두산 답사는 한국고대사에 대한 현장 확인을 통해 1926년 최남선의 『백두산근참기』에서 볼수 있는 관념론을 극복하고 민족의식 고취와 식민사관에 맞서 한국고대사를 바르게 이해하고 전파하는 수단으로 하나로서 활용했다고 볼 수 있다. 『백두산등척기』에 여러 곳에서 볼 수 있는 현실에 대한 날카로운 인식, 일본 자본주의에 대한 예리한 비판, 식민지 현실의 극복을 위한 메시지는 백두산 속 고원의 밤에 대한 경험을 통해서 광복의 세계에 대한 염원을 담고 있다고 볼 수 있다.

넷째, 민세는 백두산행을 통해서 자신이 추구했던 좌우통합의 원칙을 자연현상 속에서 발견하고 1930년 후반 민세주의를 통해 구체화했다. 민세는 1936년 '국제연대성에서 본 문화특수과정론'에서 한

강 이남의 따뜻한 지역에서는 계절에 맞춰 꽃이 차례대로 피지만 추운 개마고원 갑산에는 가을에 피는 메밀꽃이 여름에 피는 감자꽃과 동시에 핀다고 썼다. 이러한 함께 할 수 없는 생명현상이 백두산의 자연계에서 일어난 것을 통해 양립할수 없는 것이 함께하는 이른바 좌우연합의 철저항일, 민공협동이 식민지 조선의 현실에서 가능할 수 있어야 한다고 보았다. 이는 그가 추구한 1920년대 신간회운동, 1930년대 조선학운동, 1945년 이후 남북통일국가수립운동의 정치철학이기도 했다.

다섯째, 민세의 백두산행은 1930년대 이후 그가 조선학운동에 본격적으로 뛰어드는 계기이자 인식상의 전환을 이루는 사건으로 볼 수 있다. 이는 1930년 전후 그가 발표한 고대사와 단군관련 글을 통해서도 유추할수 있고, 1927년 시작한 신간회운동이 좌우갈등으로 점차 힘을 잃어가는 시점이었기 때문이다. 또한 일제의 만주침략, 신사참배 강요, 황국신민화의 강요 등으로 1920년대의 문화통치와는 다른 민족말살통치로 가는 시기이기도 했다. 이런 의미에서 민세의 『백두산등척기』는 현재 상황에서도 백두산의 장소성을 다시 되새기는데 가치있는 기행문이기도 하다.

이번 연보 5도 2020년 조선일보 창간 100년 기획으로 나온 '조선뉴스 라이브러리 100'의 자료의 큰 도움을 받아 전문을 가능한 많이 실으려고 노력했다. 그리고 가능한 원문의 뜻은 살리되 현대어로 풀었다. 또한 이번 5권 작업도 역시 2015년 한국학중앙연구원 지원으로 나온 '안재홍 전집DB' 작업이 큰 도움이 되었다. 자료 정리에 힘써주신 정윤재·김인식·이진한 교수님과 윤대식 교수님을 비롯한 민세 연구자들께는 늘 감사드린다.

2020년 발간을 시작한 안재홍 연보가 올해로 5권이 출간을 눈앞에 두고 있다. 『안재홍 연보 5』도 안재홍기념사업회 강지원 회장님 서경덕·김향순 부회장님과 여러 이사님들, 민세 선생 유가족과 종친 여러분, 묵묵히 응원해주는 민세아카데미 회원과 고마운 지인들의 꾸준한 격려가 있어 나올 수 있었다. 5권 표지에 백두산 작품사진 사용을 허락해주신 이수연 사진작가님께도 감사의 뜻을 전한다. 또한 이 책은 평택시의 지속적인 후원으로 출판이 가능했다. 정장선 평택시장님과 보훈 업무 실무를 맡아 함께 도와주신 박선향 복지정책과장님, 이양희 보훈팀장, 장봉기 주무관님께도 감사 드린다. 부족한 원고를 편집해서 한권의 소중한 책으로 만들어 주신 도서출판 선인 윤관백 사장님과 편집자님께도 고마움의 뜻을 전한다.

이번 『안재홍 연보 5』는 백두산 기행 관련 근현대의 매우 중요한 자료인 민세글을 열심히 읽어보는 작업이었다. 필자의 역량이 부족함도 많이 느꼈다. 역시 민세를 더 많이 알고 널리 홍보하겠다는 마음으로 마무리 할 수 있었다. 늘 소망하지만 민세 연보 완간까지 건강을 잘 관리하며 무사히 이 작업을 마칠 수 있기를 기도한다.

2024년 11월 30일
음력 탄생일에
민세 선생의 삶과 정신을 기억하며
엮은이 황 우 갑 씀

목 차

발간사 / 7

제1장
민족지도자 안재홍 1930년 후반기 이야기 ·········· 13

제2장
1930년 후반기 ·· 17

『민족지도자 안재홍 연보 5』 요약 ································ 205

참고문헌 / 209
찾아보기 / 212

제1장
민족지도자 안재홍
1930년 후반기 이야기

■ 민족지도자 안재홍 1930년 후반기 이야기

　민세는 일제 강점기 국내 독립운동을 이끈 핵심 인물이다. 1919년 3.1운동 직후 대한민국청년외교단 사건으로 1차 옥고를 치른 이래 조선일보 필화, 신간회운동, 군관학교 사건, 조선어학회 사건 등으로 9차례 걸쳐 7년 3개월 동안 옥고를 치렀다. 또한 민세는 1924년 시대일보 논설기자를 시작으로 조선일보 주필·부사장·사장을 지냈고 해방후 한성일보 사장을 역임하며 언론을 통해 민족의식 고취에 힘쓰며 다수의 논설과 시평을 발표했다. 민세는 1930년대 이후 일제의 식민사학에 맞서 한국 고대사와 단군연구에도 힘썼다. 1934년 9월 위당 정인보와 함께 다산 정약용 선생의 문집『여유당전서』전 76권을 교열 간행하며 조선학운동을 실천했다. 해방후에 민세는 건국준비위원회 부위원장, 국민당 당수, 좌우합작 위원, 미군정 민정장관, 2대 국회의원 등으로 활동하며 통일민족국가수립에 힘썼고 『신민족주의와 신민주주의』,『한민족의 기본진로』등을 집필 대한민국 건국의 이념적 기초를 제공한 정치가이자 정치사상가였다.

　『안재홍 연보 5』는 1930년 후반기의 주요 활동과 쓴 글을 정리한 것이다. 민세는『철필』7월호에「기자도덕에 관하여」를,『삼천리』7월호에「우리 운동과 역량 집중문제」를 썼다. 7월 5일자『조선일보』에는「단군과 조선사, 학도로서 가질 태도」를, 7월 16일에는「문자보급반원을 보냄: 진숙 그러나 평순한 봉사자」를 기고했다. 이 시기 가장 중요한 활동은『조선일보』에 8월 12일부터 9월 15일까지 백두산 답사의 여정을 정리해서 긴 글을 연재한 것이다. 또한 민세는 이시기에 8월 13일자『조선일보』에「상투우환」을, 9월 3일자에「농민학교와 가정학교」도 썼으며 『삼천리』 10월호에 「애국심 비판」을, 『농민』 10월호에 「네가지 조건을 들어서」를 『별건곤』 11월호에는 「일문일답」을 썼다.

　11월 19일자 『조선일보』에 「한글날을 맞아서: 온겨레에 사뢰는 말씀」을, 11월 23일에는 「단군과 조선사적 가치」를, 12월 6일자에는 「취직난과 우선권 반대」를, 12월 26일자에는 「해소론 냉안관: 비국제연장주의」를 기고했다. 민세는 이 시기에도 여러 단체 행사에 참석 축사를 했다. 9월 29일에는 차미리사 여사가 교장으로 있는 근화여학교 졸업식에 참석해서 축사를 했으며 10월 18일에는 전조선씨름대회, 10월 25일에는 전경기소년축구대회, 10월 30일에는 조선학생회 10주년 기념식, 11월 6일 전문학교 연맹전, 11월 15일 전문학교 육상경기대회 명예회장 위촉, 11월 20일 제2회 문자보급반원 수상식 등에 참석해서 축사를 통해 민족의식 고취에도 힘썼다.

제 2 장
1930년 후반기

■ 1930년

○ 1930년 7월 1일 기자도덕(記者道德)에 관하여

『철필』30년 7월호에「기자도덕에 관하여」라는 글을 썼다. 기자는 시대와 민중에 대한 봉사라는 사명을 가지고 스스로 시국과 사리에 대하여 일가견을 가져야 하며 언제나 그 마음을 자신에게 가지고 나가겠다는 자세로 열(熱)과 성(誠)을 다해야 함을 역설하고 있다.

   기자는 무관제왕(無冠帝王)이라고 하는 영예를 가졌다. 포의(布衣)의 선비로서 천하국가의 일을 평정(評定)하고 만세(萬歲)의 장책(長策)을 논하며 혹은 스스로 시대사상이 맨끝-첨단에서 나아간다 하면 그는 무관제왕이거나 혹은 무관재상(無冠宰相)의 영예를 받기에 족한 것이다. 그 반면에 신문기자라 하면 털쏘이기같이 싫어하고 형사같이 경계의 생각을 가지는 사람들이 많으니 악덕기자라고 나무람과 같이 남의 비밀을 적발하고 명예를 파괴하는 작자들로 보는 편도 있다. 여기에 기자도덕이란 것이 문제되는 줄로 생각된다.
   선진 여러국가에 있어서도 신문과 정치잡지의 기자들은 당당한 사회의 지도자로 그의 주장과 견해가 일세(一世)의 시청(視聽)을 모으며 커서는 세계적으로 주목(注目)의 값어치를 가지는 자가 있다. 그러한 경우에는 그 식견(識見)의 고매(高邁)함으로 실로 한나라의 재상(宰相)에 지지 않는 성가(聲價)를 가지는 것이요. 따라서 소위 무관제왕(無冠帝王)의 영예를 가지기에 알맞은 것이다. 그러나 그것은 다만 유지적(唯智的)인 식견만으로는 그만한 성가권위(聲價權威)로 일반의 추중(推重)과 신뢰를 받을 수 없는 것이다. 반드시 그 고결정직(高潔正直)하고 성실경건(誠實敬虔) 등 탁월한 인격의 힘이 일반의 경복(敬服)을 받을 만큼 되어야 비로소 그 견식(見識)에 까지도 크게 추중신봉(推重信奉)을 보이게되는 것이다. 천재는 사람을 경탄(驚嘆)케하고 품성(品性)의 사람은 남에게 존경을 일으키게 한다는 것은 동서고금를 통한 철칙(鐵則)이다.

모든 일은 국민 혹은 민족의 정치적 세력을 토대로 그와 등비(等比)로써 생장(生長)될 수 있는 것이다. 학술과 기술 이외 지배를 직접으로 받음이 엷은 것에 있어서도 다분히 그 영향을 받거니와 인물과 기관의 정치적 생장(生長)에는 혹심(酷甚)하게 그 지배를 받는 것이다. 기자로서도 일류의 부강국(富强國)이나 혹은 러시아류의 특수한 대국가를 토대와 배경으로 하지 않고서는 결코 위대하게 생장될 수 없는 것이니 이는 자명한 이세(理勢)이다.

그러나 조선의 사회에 있어 부자유한 언론이나마 그것이 주장으로서의 보도와 보도로서의 주장으로 시대의 첨단에 서서 그 선구가 되고 매개자가 되는 것이니 그 직임(職任)이 중요한 것이며 책무가 가볍다 할 수 없다. 거기에는 우선 스스로 시국과 사조(思潮)와 사리(事理)에 대한 일가견을 가지기에 주력하여야 할 것이다. 언제나 천하보담 앞서서 그 마음을 나에게 가지고 나아가겠다는 대중의 외치는 자로서의 열(熱)과 성(誠)을 가지려고 해야할 것이다. 자기의 하는 그 일이 다만 일개 직업으로만 하는 일이 아니요, 그를 통하여 시대와 민중에 봉사는 사명이라는 자신을 가져야만할 것이다. 여기에 있어 기자로서의 도덕은 이른바 벼리를 켕기어 그물코가 추켜지고 깃을 올리어 옷자락이 쳐들리는 결과로 될 것이니, 노노(呶呶)하게 기자도덕을 말하고 싶지 않다.

선진 여러 국가에 있어 신문은 대부분 상품화하고 있다. 따라서 기자도 그 개성을 몰각(沒却)하는 상품제조의 한 직공화(職工

化)하는 편이 많다. 그러한 사회정세이면 직업과 직무를 출발점으로 상응하는 기자도덕이 있어야할 것이지만 조선과 같이 상품화하는 일면에 오히려 매개적 또는 선구적 직임(職任)을 가지고 있는 신문기자들로서는 직업과 직무의 출발점으로 한 성실(誠實), 민속(敏速), 정확(正確) 등의 도덕적 파악을 늦추지 말아야 할 것이다.

 동시에 자기를 한 개 지식직능공 이상의 지위에 끌어 올리고 조속(操束)[1]하고 있어야할 것이다. 어쨌든 조선은 현대에 있어 후진적 인민이라 스스로가 일정한 역사발전의 순당(順當)한 계단을 생장발전(生長發展)하여 가기 전에 먼저 외래적 신문풍조(新聞風潮)의 파동(波動)이 몰개성적(沒個性的)인 피동반영(被動反映)의 생활을 하는 바가 많다. 여기에 탁월강의(卓越剛毅)한 견식과 의지를 가지지 아니한 자로서는 대체로 몰비판적(沒批判的)인 유행추수(流行追隨) 반영의 생활을 하고 있다. 그러므로 남들이 개인에서 자각하고 민족에서 자각하는 개성의 확고한 자립과 민족의 독자적인 권위와 품성을 고수하고 발휘하기에 천난만고(千難萬苦)를 헤치면서 거푸거푸의 세련(洗鍊)을 치러온 일을 조선인으로서는 한동강 툭 잘라버리고 우선 계단을 다밟아온 외계인민(外界人民)들의 순당(順當)한 경로(經路)에 의한 최첨단적 행동을 급조(急燥)하게 추정(追征)하게 된다. 이는 한편으로 필연적인 일이며 오늘날의 정세가 조선인으로 독립고립적(獨立孤立的)인 주관적 당위(當爲)의 계단을 밟아오라고만 할수 없는 바이다. 그러나 그의 면치못할 결과로써 그 형식에 있어 외계의 인민과 같으면서 그 본질에 있어서는 많은 고답적(高踏的)인 결함을 내포하고 있는 것을 간과해서는 아니 된다. 기자도덕에 있어서도 한 사회의 선각(先覺)이요 식자(識者)요, 그리고 지도자로서 자임키로 하고 그에 필요한 도덕견식(道德見職)·조지(操

---

[1] 잡아서 단단히 단속함.

持)²⁾를 스스로 파악하기에 노력하면서 맹연히 난국에 벗어나서 가겠다는 의기(意氣)와 각오를 가지기 전에 벌써 직업화(職業化)에만 바쁘고 암흑면(暗黑面)을 흉내내기에 급해서 그 천직(天職)을 발휘하려고 정진하기 전에 우선 선진국민 말류(末流)의 병폐만 배우기로 하면 이는 소위 천하의 대환(大患)이란 자와 틀림이 없는 자이다. 오늘날의 조선인 기자들은 아직 그 폐(弊)가 골맹(骨盲)³⁾에 든다는 부류에는 가까이 가지 않았다. 오히려 지도자적인 혹은 국사적(國士的) 풍기(風氣)를 아주 잃어버리지 아니한 줄 믿는다. 그러나 이에 관해서는 우리의 기자 제군과 동료제군들이 한층의 자경(自警)과 상호편달(相互鞭撻)로써 더욱더욱 고양진보(昂揚進步)함이 있기를 기(期)하여야 할 것이다. 매우 참월(僭越)⁴⁾하나 이 몇가지가 필요하다고 평소에 느낀 바가 있었다.

1. 앞서 언급한 의기(意氣)와 조지(操持)를 고매견고(高邁堅固)케 할 일
2. 항상 독서, 사고, 관찰, 비판을 게을리함이 없이하여 학구상·견식상으로 적어도 일가견(一家見)을 세우기에 반드시 정진(精進)하여야 할 일.
3. 문장에 있어 평이유려(平易流麗) 하고 정확(精確)(문법인증 등)을 기하도록 부단의 노력을 할 일.
4. 수삼의 노력과 생장(生長)을 겨우 초가(梢可)한⁵⁾ 기자로 된 후 문득 권태감(倦怠慢)에 흐르는 조숙한 과오를 절대 경계(警戒)할 일.

이것은 동료제군에게도 주고 물론 나 자신으로도 경계(警戒)하는 한 말인 줄로 믿는다(『철필』1호, 1930년 7월호).

---

2) 계획하고 실행함.
3) 뼈속까지 파고 든.
4) 분수에 넘침.
5) 점점 할만해진.

○ 1930년 7월 1일 별명 안비홍 선생

『별건곤』 30년 7월호에 당대 여러 인물들의 외모나 습관에 대해 언급한 내용이 있다. 지방의 어떤 청년이 민세는 코가 붉었고 말할 때 콧소리가 들어가는 습관이 있어 「안비홍(安鼻紅) 선생」이라고 했다는 내용을 소개하고 있다.

> 백인백태(百人百態) 연단일화(演壇逸話) 방청생(傍聽生)
> 안재홍씨와 홍명희씨는 원래 신간회(新幹會) 중요간부이니만치 한참동안 지방 선전 강연을 많이 다녔는데 홍명희씨는 머리가 너무 벗어진데다가 강연할 때 별문제(別問題) 소리를 잘함으로 지방의 어떤 재담(才談) 잘 하는 청년은 그를 별명지어 말하기를 백두홍별제(白頭洪別提)(別提는 官名인데 別問題의 別提와 音이 相似한 故云)라 하고 안재홍씨는 코끝이 조금 붉고 말할 때에 안비막개(眼鼻莫開) 소리를 흔히 함으로 안비홍(安鼻紅) 선생이라고 하였다 한다(『별건곤』 제30호, 1930년 7월호).

○ 1930년 7월 1일 우리 운동과 역량 집중문제

『삼천리』 30년 7월호에 「우리 운동과 역량 집중문제」라는 글을 썼다. 사회 문제 해결을 위한 역량집중과 인물생장의 장애문제를 언급하면서 상호중상과 상호폭로는 사회적 자살행위로 자제가 필요함을 강조하고 있다. 이는 신간회 운동에 적극 참여했던 당시 사회주의 세력이 신간회 해소의 필요성을 제기하는 배경에서 나온 주장이다.

> 한 사회와 한인민의 운동은 사회적·인민적 역량의 집중과 통제, 표현과 활용을 기다려 비로소 전개·발전되는 것이다. 역량

과 인물은 반드시 따라서 움직이는 것이니 전대(前代)에 있어 영웅대망(英雄待望) 또는 영웅숭배(英雄崇拜)의 이유로 된 바이다. 현대에 있어 조직의 힘과 우수한 지도자가 요구되고 경앙(敬仰)되는 이유이다. 영웅이 시세(時勢)를 짓느냐, 시세(時勢)가 영웅을 짓느냐는 이미 진부한 말이지만 인물과 역량을 중심으로 그의 주위에서 회전(回傳)되는 시대정세를 피상으로만 보면 미상불 영웅이냐 시대이냐의 문제가 붙기도 하는 것이다. 요컨대 일정한 주의와 목표를 핵심 삼아 사회적·인민적 신뢰와 결합으로 역량이 집중·통제 되고 그것이 역사적으로 표현·활용되매 비로소 시국이 전개·회전하는 것이다. 그러나 이 역량의 집중·생장은 용이한 문제가 아니다.

 이론의 전개가 없는 곳에 사회적 의지가 될 수 없고 구체화하는 운동이 안되는 곳에 이론의 전개와 통일이 있을 수 없는 것이니 거기서 역량의 집중과 통제가 생길수 없는 것은 필연한 운명이다. 그런고로 일개의 역량은 어떠한 기관을 중심으로 생장되고 인물이 그를 따라서 생장하는 것이니 여기에 억압과 간섭이 쫓아옴이 없고 사회적 빈곤이 그의 동작을 조성(助成)·순성(順成)함을 저해함도 없다. 인민의 사회적 협동이 그에 대한 신뢰조장으로써 하여 사회가 핵심이 서고 인민은 의거(依據)를 얻는다 하면 이는 곧 시대인민의 존귀와 중난(重難)한 행운이 될 것이요 시국의 발전은 그 주축을 얻는 것이다.

 억압이 반발적 발전을 오게하는 수 있되 그는 그 경중을 따라 동일하지 않고 빈곤은 원래 사회적 해악이어서 무조직한 인민의 심대한 빈곤은 그대로 통제적인 역량으로 결성될 수 없는 바이다. 세간의 소위 투쟁이 사회적 청산극복과 통제로 역량을 집중하게 하는 한 과정적인 수단이라고 하는 자가 있다. 그러나 상호불신과 상호중상과 상호폭력으로써 하는 사쟁적(私爭的)인 알력(軋轢)은 사회적 역량의 자기파훼(自己破毁)에 밖에 아무 수확이 없을 것이다. 사쟁(私爭)은 결국 사쟁(私爭)이어서 엄정한 의미로 투쟁이 될수 없는 것이다.

　억압은 사회적 해악이니 권병(權柄)을 잡은 자 그 자체를 위해서도 신중 고려할 바 일것이다. 그러나 다난(多難)한 사회에는 역량이 일정한 생장의 계단에 이르매 문득 풍상(風霜)이 몰아닥치는 바 있으니 역량과 인물이 아울러 그 장애에 걸리는 바이요 빈곤함이 그들을 따르매 스스로 침침(沈沈)·빈약(貧弱)의 경향에 빠지는 것이며 하물며 불신임과 중상(中傷)과 상호폭로(相互暴露)의 탁류(濁流)가 그 사이에 □□하게 심드는 바가 있어 그 핵심을 좀먹고 반(盤)은 썩으며 사회가 중추(中樞)를 잃고 인민은 의거(依據)를 모르게 되는 것이다.

　그러므로 어느 사회 어느 인민임을 묻지말고 만일 억압과 빈곤과 중상(中傷)이 작용되는 바 있다하면 그는 곧 역량집중(力量集中)과 인물생장(人物生長)의 3건 장해(障害)라고 따지게 될 것이다. 그리하여 풍상(風霜)의 치는 곳에 높은 자 꺾기고 우뚝한 자 넘어지니 역량과 인물이 꿋꿋이 자라날 수 없고 적막한 광야(曠野)에 오직 폐의(弊衣) 채색(菜色)의 떼가 방황하니 조직의 준비가 없이는 빈곤이 오직 해악일 뿐이며 어부(漁夫)가 강가에서 손을 쳐 그 좌점(坐占)하는 이익을 기뻐하니 상호중상과 상호폭로는 오직 사회적 자살행위일 뿐이라 무심한 자 몽중(夢中)에 뛰고 유심(有心)한 자 백일에 호대(浩大)하는 바일 것이다. 대현(大賢)은 우(愚)와 같으니 대국(大局)을 보는 지라 인(忍)하여 합성(合成)을 꾀하고 소재(小才)는 중상을 일삼는지라 양양(揚揚)하고 비방을 일삼는 곳에 동풍이 사나워서 잔화(殘花)를 다 떨어트리니 결실은 언제 할것이냐? 누구로 더불어 할 것이냐?(『삼천리』 2권 3호, 1930년 7월호).

○ 1930년 7월 5일 단군과 조선사 학도로서 가질 태도

『조선일보』 7월 5일자에 「단군과 조선사 학도로서 가질 태도」라는 글을 썼다. 일제 어용사학자들의 단군 부정론을 비판하고 단군의 역사적 어의는 언어학적으로, 여러 문헌 자료를 바탕으로 그 원생지군장·태상적 군장이란 어음에 합치됨으로써 역사사회학적 가치가 있음을 강조하고 있다.

  최초 홍황(鴻荒)한 시대, 원시적인 여권중심의 혈족사회에까지 올라가면 성모시대라고 하는 아지엄어이 시대에까지 천명되는 것이다. 아사달, 아사진, 아진의선, 음즙벌 등 지명과 인명 등이 그 궤운을 설명하는 바로 지금도 여성에 대한 존칭에 아씨의 어음을 남기었다. 성모시대의 아득한 태고를 지나 족장정치가 오히려 원생지로 믿는 기다한 생활근거지를 중심으로 전개되어 그 각각을 대표하는 이들은 기다(幾多)한 군장과 수장으로 되었다. 언어동일체로써 산만하나마 동일한 혈통관계로 민족적 동일문화권의 생활을 형성하고 거기에 가장 태상적이고 제왕적 지위에 위치하는 분이 있었으니 그는 단군왕검으로 일컫는 분이었다. 국가적 형태와 요소를 갖춰 역사적 존귀한 생장의 배종을 지었고 구현적인 사상의 존재자이시던 것이다.
  범속적인 어음으로 지방적 수장은 따감, 태상적 군장은 왕감이라고 하였던 듯 해서 왕검의 칭호가 그를 보임일 것이다. 존호적인 명칭은 덩걸 혹은 땅걸의 어음으로 되어 천제(天帝) 혹은 천왕(天王)을 의미하는 말이었을 것이다. 흉노어 탱이, 터키어의 탕게리 등 우랄알타이계어의 천왕을 의미하는 말과 고대종교 관장 혹은 교왕이란 말의 도태(淘汰)된 형식으로 남아 있는 무축의 수장으로서의 단굴 같은 것은 모두 그 방증과 남은 흔적으로 되는 것이다.
  그러나 단군의 역사적 어의는 그 원생지군장 혹은 태상적 군장이란 어음에 합치됨으로써 더욱 역사사회학적 가치를 나타내

는 것이다. 조선어의 잉양(孕養)[6]을 의미하는 배음은 いん 혹은 せん 등의 일본어와도 동일하여 분포가 넓은 것만큼 그 유래도 구원(久遠)한 것임을 수긍할 수 있다. 백, 백악, 백아, 부식, 부여, 패, 비류등 B행의 모든 어휘가 잉 또는 원생의 배 혹은 배어를 표시한다. 백두산의 최고 명칭인 불함도 실상은 배암 산의 잉산(孕山) 즉 원생산을 표음한 것이다. 백악산과 패하가 평양의 그것과 함께 배 혹은 배어로 산과 내와 평원과 집주(集注)의 땅에 관하였던 명칭이다. 배어돌=왕감으로서의 단군은 또렷하게 표명되는 것이다.

본보에서 논술한 바 있거니와 번쇄한 고증할 겨를이 없지만 못할지라도 배어들=왕감으로서는 단군이요, 선사(仙史)적 어의로는 태백 신인이요, 역사사회학적 어의로는 원생[孕]지군장이요, 역사지리상의 명칭에 배합하면 평양(배야)왕이요, 그것이 선사적 관계로는 구려 평양선인으로도 되고 국명으로 상대사에 회자한 자로서는 대부여(배어) 왕에 해당하며 낙랑 근처에 내왕하던 한인류(漢人類)의 칭호로는 태평(베) 산군으로 전화됨직한 바이다. 덩걸인 배어들, 왕감으로서의 단군의 어의와 그 역사적 가치는 내외 금고(今古)의 문헌 민속에 비추어 가장 명백해지는 바이다(『조선일보』, 1930년 7월 5일, 1면).

○ 1930년 7월 16일 문자보급반원을 보냄

『조선일보』 7월 16일자에 「문자보급반원을 보냄: 진지한 그러나 평순한 봉사자」라는 글을 썼다. 여름방학을 맞아 고향으로 돌아가 문자보급운동에 힘쓰는 청년들의 노력을 격려하고 그 실천이 사회에 한줌의 광명을 일으키는 활동이 될 것이라고 평가하고 있다.

---

6) 낳아서 기름.

지리하게 퍼붓든 장마도 우선 개었다. 날마다 보도된 것처럼 그 피해는 자못 엄청나는 모양이다. 평안남북도와 함북을 빼어놓은 남북십도에 걸쳐서의 이번 수해에는 인명의 사상(死傷)이 적지 않아서 거의 사백수십 명이 넘는가 보다. 경북과 같은 데는 달성군의 팔공산이 무너져서 두서너 동리 50~60호가 흙 속에 파묻히고 140~50명의 주민이 참사하였다 하니 이것이 틀림없는 사실이면 근래에 드문 참변이요 전북일대에도 신태인에서 가옥이 쓰려져서 40여 명이 한꺼번에 사상한 참변이 있으며 가옥의 유실(遺失)·도괴(倒壞)·침수와 전답·도로·교량·제방 등 온갖 손실이 아마 막대한 액에 사모치는 형편이다. 재작년 함남 신흥지방을 중심으로 생겼든 대수해에 다음가는 불행한 사변이다. 조선에는 이즈음에 천시(天時)와 인사(人事)들이 모두 어긋나서 이따위의 재액이 떠나지를 아니 하니 참으로 그지없는 통심(痛心)의 느꺼움을 부리지 못하겠다.

이때에 시골가는 학생제군의 순진한 봉사인 문자보급반을 보내는 것이다. 목전의 천재는 할 수 없는 불가항력인지라 조이는 가슴이나 허공에 대고 주먹질하는 것은 워낙 하염없는 짓이다. 그러나 오직 내시골에 돌아가 그 동포들에 섬기는 문자보급의 노력은 이곳 제군의 노력이 그들과 그들의 사회에 한줌씩의 광명을 일으키는 것이다. 제군의 마음이 꾸준하고 애씀만 커라.

"아는 것이 힘!" 이것은 참말이다. 사람은 하여야 산다. 그리고 아는 것은 함의 시초요 또 그 수단이 되는 것이다. 아는 것의 시초로는 무엇보담도 제 스스로가 보고 읽고 깨달을 수 있도록 쉬운 한글을 배워 아는 것이라고 아니할 수 없다. 그리고 그 글로는 당연히 알기 쉽고 똑똑하게 된 한글이지 아닐 수 없다. 문자보급사업의 평이한 이유는 이것이다. 이는 구태여 길드랗게 설명할 바도 아니나 제군이 스스로 그 직임(職任)에 당하는 터이니 이에 새로이 한 말하는 것이요 오직 필요한 것은 제군의 진열하고도 극히 평순한 노력이다.

알뜰하고 정확한 한글 지식을 그들에게 가르쳐 주어 간신히 그들이 지적으로, 정적으로, 그리고 의지적으로 통틀어 말하자면 인생으로서 광명있는 진보의 길을 나아갈 수 있게 하는 것이다. 이것만으로 우선 만족함이 좋으니 이 다음에는 또 그들에게 필요한 일로 무엇이고 다시 섬길 날이 있을 것을 기대하면 그로써 족할 것이다.

1천 5백만이나 된다는 전 조선 무식군이의 사정은 다시 말하지 않는다. 작년의 예로써보면 12세의 소년이 가장 많은 수이요, 13·14·15세와 아래로 11·10등의 차례로 배운 자가 많았고 최저 7세 최고 49세까지 공부한 자가 있었다. 겨우 간단한 한글쯤 배우는 것이나마 그들이 얼마나 참되게 바라고 나옴인 것을 짐작하겠다. 그러나 제군은 도회에서 들뜨기로 벼르던 것보담 돌아가서 직접으로 대하는 때에는 한층 더 유트락스러운 감격이 머리를 때리고 가슴을 화끈하게 하는 바가 있을 것이다. 도회에 놀아 어찌했던 번창한 시가도 보고 화려한 서울 사람들을 사귀다가 돌아가서 부수수한 농촌의 집, 허름한 옷, 끄슬린 살에 채색조차 박힌 수많은 남녀들을 보면 그는 수로써 절대 다수를 차지한 나의 동포이었다. 그는 다만 정리(情理)의 문제뿐이 아니요 우리의 영원한 전도에 뻗쳐 이해의 합치되는 천정한 내 편이었다. 온갖의 도회적인 향락의 첨단보담은 그들을 위한 속에 맺힌 봉사의 길이 바쁜 것이었다.

옛날의 봉사자는 고귀한 이의 간절한 청과 융성한 예가 그를 움직이어 지성을 자아내는 동력으로 되었던 것이다. 그러나 지금의 봉사자는 자기의 자신에서 지성(至誠)을 내일 것이다. 산하 대지가 쉴새 없이 속삭이고 표정조차 없는 찌들은 남녀들의 꾸물대는 그림자가 그대로 무한한 침묵의 웅변을 제군에게 보내는 것이다. 지성(至誠)은 반드시 크고 어려운데만 향하는 것이 아니니 문자보급의 봉사가 우선 제1착의 광명을 그들에게 보내는 것임을 생각할 것이다. 지성의 일인지라 더욱 평정순직함의 아늑

하고 오붓한 수확을 가져오도록 진열한 노력이 있기를 부탁한다 (『조선일보』, 1930년 7월 16일, 1면).

○ 1930년 7월 20일 전조선수해구제회 발기인

7월 20일 물산장려회관에서 열린 전조선수해구제회에 이종린, 송진우, 이인, 김병로, 신석우, 정세권, 정종명 등과 함께 발기인으로 참여했다.

7월 20일 오후 8시경에 익선동(益善洞) 물산장려회관(物産獎勵會舘)내에서 각 방면 인사 50여 인을 망라하여 안재홍씨 사회 아래 전조선수재구제회(全朝鮮水災救濟會)를 열고 아래와 같은 위원을 선정하였다고 한다.

이종린 안재홍 송진우 이시목 이인 유억겸 김병로 김진 최린 오상준 안희제 양재모 양재창 김석호 유인원 장두현 오화영 김종의 김윤수 신석우 정석진 정세권 김항규 정종명 김상진 서정희 이혼성 이승원 김응집 박준호 정운영 이관구 김기전 조동식 임헌경 박호신 임긍순 강상희 유각경 남궁훈 오정환 홍순비 조귀용 이동선 명제세 이강협 김용기 홍성하 주영진 손재기 김진옥
　개성 최선익　경남 이우식　경북 서상일　전북 백관수　전남 현준호　충북 정국래　충남 김은동　강원 남궁억　함북 박주양　함남 이순기　안악 김선양　평남 조만식　평북 계병호(『조선일보』, 1930년 7월 22일, 2면).

○ 1930년 8월 5일 해산진 청년회 주최 강연회

백두산 기행중 하산 후에 8월 5일 저녁 8시 30분 해산진 청년회에서 주최한 강연회에 참석해서 '사적(史的)으로 본 조선'이라는 주제로 강연회를 했다.

 함남(咸南) 혜산진(惠山鎭)에서는 금번 본사 부사장 안재홍(安在鴻)선생이 백두산 등산차로 당지(當地)에 하루 동안 머무르는 것을 천행의 기회로 본보와 중외 두지국 주최와 혜산청년회(惠山靑年會) 후원으로 지난 5일 오후 8시 30분부터 당지 공보교 대강당에서 강연회를 개최한 바 『사적으로 본 조선』이란 연제 아래에서 의미심장하게 우리의 사정과 행할 바를 연렬히 말하였는 바 400~500여 명의 청중들은 감개무량하게 느껴 홍성조 외 두 사람의 감상담까지 있어 대성황을 이루고 10시 30분에 폐회하였다 한다.
 (『조선일보』, 1930년 8월 11일, 4면).

○ 1930년 8월 11일 명미한 옥저풍경

『조선일보』에 「명미한 옥저풍경」라는 글을 썼다. 7월 23일 저녁 경성을 떠나 경원선 철도를 타고 백두산으로 향하는 여정과 견문을 적고 있다. 이 백두산행에는 일민(一民) 윤홍렬(尹洪烈)과, 경암(敬菴) 김찬영(金瓚永), 예대(詣垈) 성순영(成純永), 시인 수주(樹州) 변영로(卞榮魯)와 월파(月坡) 김상용(金尙鎔), 양정고보의 황오(黃澳) 등이 함께 했다. 경원선 복계역을 지나 갈마역, 석왕사, 안변, 갈마역을 거쳐 원산에 도착했다. 여기에서 넷째 동생 안재직(安在稷)과도 잠시 만났다. 철길을 따라 여름 태풍과 수해로 인한 피해의 심각

성을 묘사하며 안따까움을 표하고 있다.

〈사진 1〉 백두산 등척기 (1) (『조선일보』 1930. 8. 11)

청신한 아침 공기에 차창 속에 잠을 깨어 부시시 일어나자 파란 커튼을 걷었다. 해사하고도 으스레한 일은 아침 정적(靜寂)한[7] 공기에 그새 떠나가는 기차의 덜컹대는 소리만이 속(俗)스러운 소음을 일으킨다. 멧아름드리의 늙은 느티나무를 기점으로 창건(蒼健)한 노송의 성긴 숲이 늘어서 있다. 알맞게 다가선 남북의 높고 낮은 봉이 어제 밤 소낙비에 씻기어 산뜻하게 취용(翠容)이 흐르는 듯한 송림에 쌓였다. 이 땅의 경광이 그지없이 좋다. 7월 24일 오전 5시 용지원역(龍池院驛)을 지나는 것이다.

---

7) 고요하여 잠잠하다.

아까 복계역(福溪驛)에서 잠이 조금 깨어 역부의 외치는 소리만 어렴풋 들었더니 이제는 삼방일대(三防一帶)의 계곡과 임학(林壑)[8]의 모든 아름다운 경치를 다 보내고 문득 용지원을 지나는 것이다. 삼방 열두 터널에 열두구비 백계수(白溪水)를 못 본 것도 아깝지만 철원(鐵原)과 삼방 수백리의 사이 청량미(淸凉味)를 듬뿍실은 태봉고원(泰封高原)의 정취 많은 지대를 꿈 밖으로만 건너온 것이 말할수 없이 섭섭하다. 몇해째 두고 벼르고 벼르던 백두산행의 길은 어쩐지 나의 가슴에 많은 감회와 정취를 일으킨다.

어제 밤 11시 경성역(京城驛)을 떠난 우리의 일행 7명은 차실 관계로 양분되었다. 내가 갈까하는 참에 일민(一民) 윤홍렬(尹洪烈), 수주(樹州) 변영로(卞榮魯)[9] 두 사람이 먼저 찾아왔다. 원산에 하차하여 동해물에 몸 잠그고 함흥에 치달아서 관북웅부(關北雄府)를 일별한 후 밤차로 무산행을 하자는 상의이다. 얼마 있다가 옷 갈아입고 제씨의 차실에 가니 경암(敬菴) 김찬영(金瓚永)[10], 예대(詣代) 성순영(成純永) 두 사람과 처음부터 동도(同途)[11]하기로 예정하여 어제 밤에 기차 타신 월파(月坡) 김상용(金尙鎔)[12]씨와 양정고보의 황오(黃澳)씨 등이 벌써 행장을 묶어놓고 원산하차론을 역설한다. 그러나 관북십리 웅려명미한 초대면의 풍광을 무슨 일로 어둔 밤에 잠자며 지나갈 것인가? 적지 않은 의기를 발휘하여 중론을 역배(力排)[13]하고 차라리 단독

---

8) 산림의 깊숙한 곳.
9) 변영로(卞榮魯, 1898~1961): 호는 수주(樹州). 서울 출생. 시인. 영문학자. 성균관대 교수 역임. 1920년대 '폐허', '장미촌' 등을 통해 작품 활동. 대표작 '논개'.
10) 김찬영(金瓚永, 1893~1960): 호는 경암(敬菴). 동경미술학교 졸업 1세대 서양화가. 동경 유학생들 모임이 만든 잡지 『학지광(學之光)』에 삽화와 시를 게재. 고미술 소장가로도 활동.
11) 같은 길.
12) 김상용(金尙鎔, 1902~1951): 호는 월파(月坡). 경기 연천 출생. 시인. 릿교(立敎)대학 영문학과 졸업. 이화여대 교수 역임. 대표작 '남으로 창을 내겠소'.
13) 다수의 의견을 물리치다.

으로 직행키로 되어 나는 다시 나의 차실에 돌아왔다. 석왕사 안변 남산의 모든 역을 거처 갈수록 계곡 임학(林壑)의 미가 말할 수 없이 곱다. '산불고이수려(山不高而秀麗), 수불심이징철(水不深而澄澈)'[14]이라고 섬려한 산수미를 형용한 한문학적 형용사이거니와 이러한 임학협곡의 미의 한복판에 황악산의 웅건준초한 고봉이 우뚝 솟아 만균(萬鈞)[15]의 장중미를 전국면에 주는데 엉클어진 담백한 구름이 산허리에 시령으로 건너 실려 표묘영롱(縹緲玲瓏)[16]한 정취가 도저히 도회인으로서는 생각할 수도 없는 제일착의 연하승경(烟霞勝景)이요 장마 뒤에 벅차 내려가는 시냇물은 일단의 기세를 돋아준다.

요사이 말썽 많은 정조식(正條植)[17]으로 가꿔어놓은 깨끗한 못논의 두렁에는 가래 잡은 백의의 농부가 우두커니 섰는데 강아지꽃 흐드러진 거친 뚝에 송아지가 음매하며 풀을 뜯는가 하면 물가 넘어간 콩밭·서숙밭·원두밭과 흙묻은 포푸라의 숲이 저으기 황량미를 보태고 뿌리채 뽑히어 서쪽으로 쓸어진 수목들은 동에서 불어온 태풍의 자취를 이야기하는 것이다. 갈림역을 지나 원산으로 들어가니 풍수해의 참상이 한층 호되어서 무너진 차뚝에는 속력을 줄인 헐떡이는 기차가 꾸불꾸불 쉬어가는데 승객들은 승강대에 주렁주렁 매달리어 참해(慘害)[18]의 자취를 내려다보며 말없이 지나간다. 그러나 태풍이 스쳐 지나간 길은 매우 좁아서 육상에는 해안의 극소부(極少部)를 스쳐간 양하다.

원산역에 가서 마중나온 넷째 재직(在稷)과 잠깐 접어(接語)[19]하여 안신(安信)[20]을 바꾸고 여기서 내리는 일행 제씨와 작별한

---

14) 산은 높지 않으나 수려하고, 물은 깊지 않으나 깨끗하다.
15) 지극히 무거운.
16) 아득하고 맑은.
17) 줄모.
18) 참혹하게 입은 피해.
19) 말을 주고 받음.
20) 평안한 소식.

후 북으로 향하는 차창에 기대어 연선의 풍경을 줍기로 한다. 잠벽청렬(湛碧淸洌)한 동해물에 때에 저린 이 몸을 담그고 씨치지 못하는 것은 나의 적지 않은 유감이다(『조선일보』, 1930년 8월 11일, 3면).

○ 1930년 8월 12일 명미(明媚)한 옥저풍경(沃沮風景) : 주을온천에서(1)

『조선일보』에 「주을온천」이라는 글을 썼다. 이날 원산을 떠나 덕원(德原)과 문천(文川)을 거쳐 영흥(永興)·정평(定平)과 부평역(富坪驛) 등을 지나 함흥(咸興)까지의 여정과 견문을 기록했다.

"부수수한 복색(服色)에 영양조차 불량하니 다음 시대에 닥쳐 오는 못다치운 무거운 짐을 어찌나 그들에게 지울는지 까닭없이 긴 시름을 자아낸다"라며 수재로 인해 고통받는 사람들과 영양 상태가 안 좋은 아이들의 모습에 깊은 안타까움을 표하고 있다.

원산(元山)·덕원(德原)·문천(文川)으로 멈추지 않는 차가 줄곧 달아나는데 서쪽으로 장덕산(長德山)과 망덕산(望德山)과 여러 산너머로 넘겨다 보이는 척량산맥(脊梁山脈)은 언제 보아도 탁탁하니 견실미(堅實味)가 있고 동쪽으로 백파 위에 앉은 호도반도(虎島半島)의 그림같은 곶(岬)이 밟으면 잠길 듯이 청염한 맛이 있다. 문천 이북은 차라리 한재(旱災)의 자취가 뚜렷한데 전탄(箭灘) 지나 고원(高原) 읍내에 다다르니 수해의 폭위(暴威)가 가장 심하고 더욱 갈수록 농형(農形)은 다시 풍작인데 채색을 띤 철도 공부들은 일손 떼고 물끄럼이 보아 실망한 사람의 형색이 분명하고 통학하노라고 우루루 뛰어내려 가는 학동들은 부수수한 복색(服色)에 영양조차 불량하니 다음 시대에 닥쳐 오는 못

다치운 무거운 짐을 어찌나 그들에게 지울는지 까닭없이 긴 시름을 자아낸다.

영흥과 정평 일경을 접어들어서니 야세(野勢) 점점 넓어지고 동떨어져 바라보이는 척량산맥(脊梁山脈)의 운연(雲烟)[21]의 기이한 경치는 혼자나 사랑하는 것이 도리어 호젓하다. 탁류 도도한 용흥강을 지나 광흥호 저쪽서부터 비백산의 등성이를 넘어 평북 의주에까지 완연(蜿蜒) 일천백 여리를 내뽑았다는 고려 현종(顯宗) 이래의 대유적인 장성의 묵은터를 지점(指點)하며 바라보니 툭트인 고장은 함흥평야로서 이름난 삼대평야의 하나인 것이 새로이 그럴 듯하다. 함흥까지는 증유(曾遊)의 땅이라 이미 온 적이 있거니와 삼방(三防)으로부터 이 일경의 풍경은 함경 연선(沿線)[22]에도 으뜸이라고 하겠다.

무성한 숲이 있되 수죽(脩竹)[23]이 없고 청초한 근화(槿花)가 울가에 제멋대로 피는 남국적 우아를 결(缺)한 것이 금상(錦上) 꽃을 보태지 못한 유감이다. 통털어 말하자면 산하는 고운데 촌락은 거칠고 수림은 살꼈건만 사람은 여윈 것이 유인심(有人心)의 가슴속에 심어드는 느낌이다. 그러나 둘레에 자산(赭山)[24]이 없고 사람은 상투가 없으니 희한한 일이다. 남북 조잔(凋殘)[25]한 소작인촌에 비하면 오히려 칠분(七分)의 풍윤미(豊潤味)[26]가 있다.

부평역(富坪驛)에서는 십여개의 늘어진 홍련(紅蓮)이 수면의 중심에 솟은 것을 보아 그야말로 만당추수홍련(滿塘秋水紅蓮)[27]를 생각하였더니 함흥으로 올수록의 명물은 더부룩한 수수밭이다. '고국상심(故國傷心), 피서이리(彼黍離離)'[28]라고 감상(感傷)

---

21) 구름과 연기.
22) 선로를 따라 있는 땅.
23) 가늘고 긴 대.
24) 벌거숭이산.
25) 깊거나 너그럽지 못하다.
26) 풍성하고 윤택한 느낌.
27) 가을 연못에 가득핀 홍련.
28) 망국의 한을 표현.

하는 이의 문구는 그만두고 넓은벌에 듬뿍한 각색의 농작물은 도리어 든든한 심경조차 가져다 준다. 하상(河床)이 훨씬 높아진 성천강(城川江)의 북정물을 차(車) 위로 지나 채송화와 꽃 파초도 꾸며놓은 화단 좋은 정거장에 들이서니 곧 함흥역이다. 패인(佩印)한 군인과 총을 맨 병졸들이 수십인이나 움덕움덕 하므로 이크! 단천사건의 영향으로 이토록 계엄이 심한가 하고 지레채었더니[29] 나중에 보니 일원인 소좌(少佐)를 전송하노라고 부하 군졸들이 나왔던 것이다.

철령 이북 안변(安邊)과 정주(定州)[定平]의 모든 지명이 고려 이래 변새의 운의(韻意)를 남긴 것임은 식자가 아는 바이지만 정평의 흑석영락맥(黑石嶺落脈)을 계선으로 남은 예(濊)의 영역이었고 북은 옥저(沃沮)의 옛나라이다. 함흥의 웅주가 불내성(不耐城) 이래 구원한 역사를 짊어지고 있는 옥저국의 생활근거이었을 것이다. 불내의 '불내'는 고어로 성천을 의미하며 용흥강의 상류에 비류수가 있으니 이 일경이 한 부여(夫餘)이자 평양이자 조선선민의 원시시대 이래의 집주지이던 것은 의심없다.

합란(哈蘭)과 갈라(曷懶) 따위 원(元)·금(金)제국의 이 지방에 대한 명명이 모두 양류(楊柳)[30]를 의미하니 역사지리학자가 지적하는 이 지방에 양류의 분포가 많음에만 의함은 아니다. 유경(柳京)과 양주(楊州) 등 평양과 '버들'의 음휘(音彙)가 호용(互用)[31]되던 예에서처럼 불내고성(不耐古城)이 옥저인의 한 평양이던데서 기원·전화(轉化)함이라고 하겠다. 예서부터 동북연해 일대의 명미한 풍경은 모두 옥저 고국(故國)의 옛터가 있는 천연의 자랑이다. 나는 지금 태봉고원(泰封高原)을 넘어와서 옥저평야를 시쳐가는 것이다(『조선일보』, 1930년 8월 12일, 4면).

---

29) 지레 짐작으로 알아채다.
30) 버드나무.
31) 서로 넘나들며 씀.

○ 1930년 8월 13일 상투우환

『조선일보』에 「상투우환: 왜 조선인은 보수적인가」라는 글을 썼다. 중국여자의 전족, 서양여자의 허리졸임, 일본여자의 이에 칠함과 함께 인류 4대 재액 중에 하나인 상투의 위생상 문제점을 제기하고 결연히 깎아야만 한다는 폐지론을 주장하고 있다. 민세는 1929년 4월 조선일보 부사장으로 활동하면서 생활 개신운동을 전개했는데 그 중 하나가 백의와 망건폐지였다.

'식자우환(識字憂患)'이라고 몇푼어치도 아니되는 문자를 통하여 얻은 지식으로 겉핥기 식자가 되어 무슨 일에고 긁어 부스럼 만드는 작자들이 퍽 많다. 식자우환이 한 숙어된 것은 까닭이 있다. 상투우환이 있으니 몇 천년래 내려오던 관습이라 버린다는 것도 그리 쉽지 않을 법은 하다. 그러나 때에 겻고 땀으로 저린 냄새 나는 상투를 원수 신듯이를 얽고 정수박이가 물이 터질 듯한 더위에 시치미 뚝 떼고 가로에 다니는 것은 보는 눈이 좀 딱할 지경이다.

두각(頭角)[32]이 쟁영(崢嶸)[33]이라고 어변성룡(魚變成龍)[34]을 그윽히 비기는지는 몰라도 변해가는 신시대에 추장의 머리에 뿔얹어 주던 원시적인 장상(長相)의 상징인 뻬죽한 상투의 보유는 찡그리지 아니할 수 없다. 왜 단발을 혈행(血行)하지 아니할까?

백체(百體)의 으뜸인 정수박이에 냄새 나는 상투를 묶어 논 것만도 보건과 아울러 의용(儀容)[35]상에 아니되었거든 하물며 말총으로 결어서 조금의 탄력조차 없는 만성의 살인적인 망건(網

---

32) 짐승의 뿔.
33) 가파르고 험하거나 심한.
34) 물고기가 용이 됨. 곤궁하던 사람이 부귀해 지는 것을 이르는 말.
35) 몸가짐.

巾)으로 이마를 잔뜩 졸라 매어 유자(柚子)본으로 잘룩해진 두뇌가 신경의 맥동(脈動)을 시달리는 것은 얼마일가? 중국여자의 발졸임과 서양여자의 허리졸임과 일본여자의 이에 칠함과 함께 이른바 인류의 4대재액이라고 하거니와 외타(外他)는 거의 문제없고 중국의 발졸임조차 근자 대부 폐기되었거늘 홀로 조선인의 상투만은 의연히 고래의 권위를 가지고 있다. 조선인이 따로 이 이따위 보수벽을 가진 것은 시대의 국면이 얼마큼 변혁에 대한 반발심을 일으킬 만큼 됨에 인함이지만 어찌했던 웃고 말일은 못 된다.

상투를 짜는 것은 원시시대의 유형(遺型)[36]이려니와 망건을 졸라매는 것은 인물의 생장을 속박하자는 전제군왕의 심원한 악의조차 담겼던 것이다. 그때는 몰라서 시키는 대로 따라갔으나 이제에 고치지 못함은 무던히 자유의 기상이 결여한 짓이다. 상투를 소중하다고 기쓰고 보유하는 것은 경기의 군부(郡府) 삼남의 지방이다. 그 중에도 충청·경상 몇도로써 그 종(宗)[37]을 삼을 수 있으니 아무개 군(郡)의 아무개 한 가문에서 단발한 몇몇 소년때문에 가문의 연장자 수백인의 종회(宗會)를 모으고 일정한 이유, 이를테면 면서기라도 하였으면 몰라도 예외조건을 베풀면서 무고(無故) 단발자는 일절로 종회에서 제외하고 제축(祭祝)에 참석하지 못한다는 제재를 가하려다가 직언자의 역습(逆襲)에 그대로 흐지부지하고 말음과 같은 것은 고소(苦笑)할 한 삽화이려니와 우유열신(迂儒劣紳)의 사상과 지견(智見)이 이다지 고루하여 변통의 중정(中正)함을 어찌 못하는 것은 개탄할 일이다.

장백부는 만주의 한 변추(邊陬)이다. 오히려 단발한 여성들이 개울가에 빨래하는 것을 틈틈이 보았다. 기(奇)를 좋아하고 신(新)을 다투어서 즐기어 그 피상만 흉내내는 것은 변혁의 하승(下乘)이겠지만 중국인이 보수를 내던지고 변혁으로 나아가는

---

36) 남겨진 틀.
37) 우두머리.

것은 근자 실로 신속한 바이다. 여기에는 그 자동적인 것과 피동적인 점이 인심에 영향되는 미묘한 점도 있는 터이나 그러나 침체된 시대 인심이 조선에서 더 심한 것은 외쳐서 깨우칠 바이다. 조선의 인성(人性)이 왕왕 천박한 바 있어 상투를 틀고 망건을 조르는 것이 조선아(朝鮮我)를 고수하는 수단으로 되어 상투를 자르고 망건을 팽개치매 문득 몰비판한 숭외적 경향을 가지는 바 있으니 이는 원래 안됨바이나 만일 조선의식의 기초가 이처럼 허망박약하다면은 그 어찌 냄새나는 상투로써 수호할 수 있을 자이랴? 돌아보아 아까울 것 없고 오직 결연히 깎아버릴 뿐이다. 오늘날에 있어 오히려 상투의 추관(醜觀)을 고수하고 보건을 장해하여 돌아보지 아니 하니 기괴한 일이다(『조선일보』, 1930년 8월 13일, 1면).

○ 1930년 8월 13일 주을온천에서 (2)

『조선일보』에 「주을온천」이라는 글을 썼다. 이날 서호진(西湖津)을 거쳐 홍원(洪原)과 신포(新浦)를 거쳐 북청(北靑)까지의 여정과 견문을 기록했다. 어린 아이들에게 말을 붙여 보고 두 뺨을 다듬어 동화라도 들려주면 하는 가느다란 동족애를 느낀다고 소회를 밝혔다.

무던히 넓은 평야 한복판에 버들과 노송이 어울리고 번듯한 궁장(宮墻)[38]과 소슬 대문 안으로 궁전 정각이 기세좋게 솟았으니 물을 것 없는 본궁(本宮)이다. 여기서 달아나매 서호진(西湖津) 일대의 조선질소왕국은 근자 문제 많이 빚어내는 대자본 진출의 근거지이다. 병영식의 대건물이 있고 새로 철근을 걸고 있

---

38) 궁성(宮城).

는 대건축공사가 있고 하늘 찌르는 대연돌(大煙突)[39]이 있는데 시가는 일면의 양철 덮은 '바라크(baraque)'촌이라 당초에는 세간의 물의를 염려하여 조선인 직공을 상당히 사용하려는 듯 보인다. 이즘에는 일본인 노동자를 툭 터놓고 실어 들여 자본과 노력이 병진하는 그들 독특한 제국주의의 형태를 또렷이 나타내가고 있다 한다. 수력발전일세, 질소공장일세 남쪽에서 오는 대자본이 지

〈사진 2〉 백두산등척기 초판본
(유성사, 1931)

금 바야흐로 북조선의 비켜두었던 대부원(大富源)을 빈틈 없이 뒤져내려는 것은 현하(現下)의 대사건이다.

서호진서부터 여호(呂湖)·퇴조(退潮)·삼호(三湖)·용운(龍雲) 등 역을 지나는 동안 취만(翠巒)[40]이 해심(海心)으로 휘어들고 벽해(碧海)는 내폐(內陛)에 감돌며 수아(秀雅)한 작은 섬이 그 사이에 동실동실 기와꼴 미끈한 크고 작은 집들 늘어 앉은 저 밖으로 외짝돛과 쌍돛에 햇빛 가득 실은 어선들이 한 척 두 척 칠팔척 대폭풍의 참화(慘禍)도 언제런고 평화로히 키 놓아 달아나고 즘쑥한 총림(叢林)의 맵시와 함께 곱고 보드러운 선과 맑고 또렷한 점의 미가 조화되어 해산의 승경(勝景)을 이루었다. 쾌청한 하늘 선들바람은 고요한 구비의 주름짓는 잔물결을 몰아다가 홍사청송(紅砂靑松) 아로새긴 도드룩한 기슭에 찰삭찰삭 부딪치고 눈들어 훨씬 보매 왕양 천리 탁터진 해색(海色)[41]이 뿌우

---

39) 굴뚝.
40) 푸른산.
41) 바다의 경치.

얀 하늘빛과 마주닿아 극목(極目)[42] 허무(虛無)함이 슬그머니 대자연의 솜씨 있는 포치(舖置)[43]를 수긍케 하니 이 나라의 경광이 정말 등한(等閑)[44]에 비할 바가 아니다.

전진강(前津江)을 선뜻 건너 치솟은 홍석애(紅石崖)를 보며 산상에 번듯한 누각을 쳐다보고 홍원(洪原) 읍내의 곁으로 스쳐간다. 서북으로 함관령(咸關嶺)의 대산맥은 백전여겁(百戰餘刼)의 살벌스러운 옛 경력과 아울러 지금까지의 세연미(細軟美)[45]에 문득 웅대장활(雄大壯濶)한 정감을 더해주니 이른바 고슬간종(鼓瑟間鍾)[46]하는 장면(場面) 변전(變轉)[47]의 호곡목(好曲目)[48]을 이 조화옹(造化翁)의 여기(餘技)[49]에도 보겠다. 경포(景浦)·운포(雲浦) 어디나 지지 않는 산벽수명(山碧水明)한 곳곳을 지나 원산의 상권을 조금씩 당겨 보는 신흥한 개항장인 신포(新浦)를 다다랐다. 아까부터 일파송림(一派松林)이 해빈(海濱)[50]에 가로질러 앙상한 평야림의 미관을 차린 것을 보았더니 신포에 오니 결국은 소소한 원산인 해만의 금포(襟抱)[51]이다.

더욱 치달으매 자산(赭山)[52]도 차차 많아 풍경이 잠깐 평범해졌다. 콩밭, 서숙밭과 뽀얀꽃 한창 핀 감저(甘藷) 밭은 갈수록 성해지는 구근작물의 농경을 말함이다. 분홍치마 적삼에 가는 고삐 감아쥐고 소등에 곱게 앉아 천진스럽게 풀 뜯기고 있는 북국의 농촌 유녀(幼女)[53]들은 지껄이는 멧떼의 머리 깎은 목동들

---

42) 눈으로 볼 수 있는 한계.
43) 넓게 늘어 놓음. 배치.
44) 무관심 하거나 소홀함.
45) 섬세하고 부드러운.
46) 북과 거문고 연주 중에 종이 끼어들 듯.
47) 장면이 바뀌는.
48) 좋은 곡목.
49) 취미로 배우는 재주나 일.
50) 바닷가.
51) 안자락.
52) 민둥산. 벌거숭이산.
53) 여자 어린아이.

과 아울러 차에 어려 말 부쳐 보고 두 뺨씨 따듬어 동화라도 들려주면 하는 가느단 동족애가 문뜩문뜩 용솟음한다. 두어라 강산보고 전야(田野)보고, 촌락과 읍락 보고, 또 동포 보고 제2세 민족 보고, 옛 보고 이제 보고, 감격스러운 자리에 나 혼자 눈물진들 어느 누가 탓하리?

의호(義湖)와 속후(俗厚)를 지나 남대천의 동으로 내쏟는 물을 건너 청해이씨(靑海李氏) 운운의 석비(石碑)를 얼핏보며 평호대택(平湖大澤)이 바다에도 또 뭍에도 있는 곳을 꼬매어 나아가니 북청(北靑) 일경의 이름 높은 호소지대(湖沼地帶)이다. 이지란(李之蘭)[54]을 봉하여 청해백(靑海伯)을 삼던 청해(靑海)의 지명이 거기서 기원됨을 알아차리겠다. 산악의 미는 다분히 평범해지고 오직 북서 일경 풍산(豊山) 접계(接界)의 중중한 대산휘(大山彙)가 아득하니 올려다 보일 뿐인데 차는 어느덧 북청에 머물렀다. 어제 밤부터 친절히 구는 뽀이 군은 예서 교대하노라고 하직하고 가는데 수많은 하차객들을 도회정조(都會情操)가 듬뿍하여 '보일'치마에 머리 꼬리느린 '모-던' 식인 여성도 섞여간다 (『조선일보』, 1930년 8월 13일, 4면).

○ 1930년 8월 14일 민중대회 사건 증인심문

8월 14일에 1929년 11월에 있었던 신간회 민중대회 사건 관련해서 동아일보 사장 송진우와 함께 증인신문을 받았다.

광주학생사건을 도화선으로 한 허헌(許憲)·홍명희(洪命熹) 등 여섯 사람에 대한 대정(大正) 8년 제령 제7호 위반 사건는 방금

---

54) 이지란(李之蘭, 1331~1402): 본명(本名)은 퉁쿠룬투란티무르(佟古倫豆蘭帖不兒). 본래 여진족(女眞族)으로, 고려 공민왕(恭愍王) 때 부하를 이끌고 귀화하였으며, 1392년 이성계(李成桂)를 도와 조선 건국에 공을 세워 개국공신 1등에 책록되고 청해군(靑海君)에 봉하여졌다.

경성지방법원 제일예심 협협(脇脇)판사의 손에 예심을 진행하는 중 예심판사가 근원지인 광주 출장 또 시내로 출동하여 신간회 본부와 지회 기타 중요한 간부의 가택까지 수색하는 등 자못 긴장한 중에 종종 활동을 개시하며 혹은 전기 여섯 사람을 수시 조사하더니 14일에는 돌연 동아일보 사장 송진우씨와 본사 부사장 안재홍 두 사람을 증인으로 예심정으로 소환하여 장시간 심문한 바 있었는데 데 그것이 과연 그들 사건 심리상 어떠한 영향을 미치게 할 것인지 주목된다. 지난 2일에 협(脇) 예심판사(豫審判事)가 시내로 출동하여 이종린(李鍾麟)씨 등 개인 가택에서 압수한 바는 아직 돌려주지 아니하더니 14일에 호출하여 압수한 문서를 또 반환하였다 한다(『조선일보』, 1930년 8월 15일, 2면).

○ 1930년 8월 14일 주을온천에서 (3)

『조선일보』에 「주을온천」이라는 글을 썼다. 이날은 거산, 이원, 단찬, 성진항을 거쳐 길주와 명천을 지나 주을온천까지 가는 여정과 견문을 적었다. 함경도 해안 지역의 경치가 아름다움을 예찬하면서 길주를 지나는 길에 조선 세조때 반란을 일으킨 이시애(李施愛)에 대해 언급하고 있다.

신창(新昌)·거산(居山) 등 역을 지나 이원(利原) 일경에 들어가니 북부 함남의 경승지인 차호(遮湖)도 예서 멀지 않다 하며 회산(會山)·송단(松端)의 일대에는 북서로 태옥(泰獄)과 평원(平原)에는 무림(茂林)[55]이 있어 일층의 대륙미를 가져오는데 산높고 골깊어 제법 협곡미가 어울린 계곡에는 이원(利原)과 철산(鐵山)으로 왕복하는 경편차(經便車)의 궤도가 뻗어 들어갔다. 쌍암

---

55) 무성한 숲.

일대(雙岩一帶)에는 혹은 백척창애(百尺蒼崖)가 백파(白波)를 놀라 우뚝 솟고 천탄(淺灘)⁵⁶⁾에는 총석미(叢石美)의 기수준초(奇秀峻峭)⁵⁷⁾함도 있으나 남부 함남에 비하여 대동할 뿐이다. 다만 정명(貞明)한 산해미(山海美)의 품 속에 안기어 일률 무한한 감과 영묘청원(靈妙淸遠)한 운(韻)을 일으키는 곳에 동해선자(東海仙子)도 방불(彷佛)히 나타날 듯 해상삼산의 전설이 형성되던 내력을 알 만하다.

함경 해안의 풍경은 조선 굴지의 승관(勝觀)이다. 그러나 평탕(平蕩)한 창해(滄海)가 오직 단조하여 청장취봉(靑嶂翠峰)이 영롱점철(玲瓏點綴)하는 도서미(島嶼美)를 가짐이 부약(負弱)하고 급경사로 된 산척(山脊)이 해안에 바짝 다가 있어 해곡(海曲)이 오히려 천로(淺露)하며 말숙하게 개어[晴]버린 건조한 기상은 청남자애(靑嵐紫靄)⁵⁸⁾ 어름풋하게 산해간에 환상되는 선경미(仙境味)를 자아냄이 부족하니 아깝다. 함경도 연안이 세계적 풍경되기에는 아직도 멀다. 군산 일경으로 진도·완도 등 다도해의 중간을 누비어 나아가는 풍경이 일본의 뇌호내해(瀨戶內海)를 힐항(頡頏)⁵⁹⁾할 승관이라 하나 내 아직 체험하지 못하였다.

산의 사이 평림(平林)의 언저리에 장방형의 미끈한 기와집들로 그 포치와 생활양식은 남쪽땅의 그것과 달라 독자의 이채를 보이는데 묘갈(墓碣)·재실(齋室)·사우(祠宇) 등 고전적인 영조물이 퍽은 많은 것도 이 일경의 특색이다. 단천(端川)일경에 가까이 오매 단아수려한 산천이라는 직감도 일으키는데 평창(平暢)하게 전개된 그의 읍내에는 일작(日昨)⁶⁰⁾에 바로 수십인 유혈의 참극이 있은 땅이라고는 생각되지 않고 오직 폭풍 뒤의 정적과 같이 고개 숙여 일하는 인민들이 무서운 침묵을 쥐고 있고 노

---

56) 얕은 여울.
57) 빼어나게 아름답고 험준한.
58) 푸른 산기운에 자줏빛 아지랑이 피어오르는.
59) 서로 맞서 버팀.
60) 며칠전.

상의 행인들이 팔을 저어 활기를 보일 뿐이다. 특파로 간 심경(心耕) 박윤석(朴尹錫)씨를 눈여겨 찾으나 역에 나온 기색이 없으므로 약간의 불안조차 품으면서 일로 북진의 길을 떠난다. 농민의 일규(一揆)[61]! 일찍이 삼정(三政)의 난(亂)에서 보던 우통(迂通)[62]! 과도 그 본질을 달리하는 유혈의 참사가 건듯하면 일게 되는 이 사회의 현하 정세야말로 딱하기 그지 없다.

　녹죽(綠竹)인가 싶은 개울가의 세류(細柳)를 보며 여해진(汝海津) 번듯지나 희귀한 북국미인의 풍염미(豊艶美)에 반하여 볼 나위도 없이 용태(龍台)·일신(日新) 모든 역을 그대로 날아 난다. 이윽고 마천령의 투미한 산휘(山彙)가 덩그라니 해빈(海濱)을 누르고 기차는 산비탈을 기어 올라가는데 뺌드리의 터널을 뚫고 나가 탁트이는 고장은 성진항(城津港)이다. 여기서 함북의 제1차 도시를 만난 것이다. 돈후한 북산에 기대어 수봉눈려(秀峰嫩麗)이 좌우에 안고 돌고 중간에 임월(林樾)[63]이 펼쳐진 바 있으니 천성한 호항이나 전면에 병장(屛障)이 없이 그대로 외양에 연접하였으니 파도를 방지하 못함이 아마 한 결점일 것이다.

　업억리(業億里)를 지나는 동안 한 줄기 소낙비가 차창을 후리더니 한 갈무리 무지개가 동천(東天)에 어리어 채색이 볼만하다. 줄곳 올라가는 기차는 마치 지친 거룡처럼 굼뜨게 헐떡이기만 하는데 새로이 웅후탄직(雄厚坦直)한 산악이 찬촉차아(攢矗嵯峨)[64]한 세(勢)를 가하고 평활한 야지(野地)에 화숙(禾菽)[65]이 살쪘으니 반드시 웅주거목(雄州巨牧)이 앉은 곳이겠는데 과연 이시애(李施愛)[66]가 웅거하여 학병(學兵)하였던 길주(吉州)이다.

---

61) 같은 경우나 경로. 원칙.
62) 우통하다. 느리고 답답하다.
63) 숲.
64) 산세가 높고 험한.
65) 벼와 콩.
66) 이시애(李施愛, ?~1467) 길주의 호족 출신으로 조선 초 대북방민 회유정책으로 중용되었다. 세조가 중앙집권화를 추진하는 과정에서 북방민의 등용을 억제하고 호패제도와 보법을 시행하자 불만을 품고 반란을 일으켰다. 4도 병마도총사로

조선의 사회가 한양조에 미처 완전한 중앙집권의 반벌정치(班閥政治)로 되었으며 이시애의 반란은 기인(其人)과 향유소(鄕留所)로 그 남은 명맥을 유지하던 지방세력의 최후적인 반항을 의미하는 것이다. 고참(古站)·내포(內浦)의 모든 역을 지나 제멋대로 동작되는 수차와 물방아를 보며 명천역(明川驛)에 들어가니 해는 이미 저물어가고 더욱 달아나매 일대긴 계곡이 산을 끼어 북으로 흐르며 남동으로 천성(天成)한 성루(城壘)가 산꼭대기 솟았으니 산벽수명(山碧水明)하여 명천이라할까?

길주와 명천은 북포(北布)의 명산지거니 즘쑥한 대마(大麻)의 밭과 통나무의 굴뚝들이 한층의 타향정서를 일으킨다. 무수한 평야와 송림을 보면서 산빛 바다색 으스래 어두운 곳에 주을역(朱乙驛)에 내려 바로 온천행 자동차를 탔다. 질주한지 30분 여관에 들어 일욕하니 때는 이미 하오 9시. 저녁밥을 재촉해 먹고 10시 넘어 취침하다(『조선일보』, 1930년 8월 14일, 4면).

○ 1930년 8월 16일 차유령을 넘어서

『조선일보』에 「차유령(車踰嶺)을 넘어서 무산에서」라는 글을 썼다. 이날 주을온천을 떠나 경성(鏡城)과 나남(羅南), 청진(淸津)을 지나 무산(茂山)에 들어갔다. 나남에서는 병영 막사 건축이 즐비한 것을 보았고 산간 벽지에 사는 어린이들을 보면서는 한나라의 수도(首都) 현대문화의 첨단에서 기쓰고 버티어보되 오히려 일생의 광명이 안 보이거니 이 산간에 헐벗은 어린 동무에게는 누가 커다란 기쁨을 줄 것이냐?라며 식민지 현실에 탄식하고 있다.

임명된 구성군 이준이 이끄는 3만의 관군에 의해 진압되어 효수에 처해졌다.

주을온천(朱乙溫泉)은 주을역의 바로 옆으로만 알았더니 40리 가까이 떨어져 있다. 을온보(乙溫堡)가 그 원지명인데 여진어에 주을온(朱乙溫)은 온천을 의미하는 것이라고 한다. 흘러가는 물소리 상쾌함에 하룻밤을 지냈다. 25일 오전 4시 30분에 잠을 깨어 총총 목욕한 후 자리 옷맵시로 정반(庭畔)[67]에 거닐어보니 말로만 듣던 주을온천의 풍경은 그런대로 좋다. 북동 일봉이 우뚝하게 주봉이 되고 둘러쌓인 수봉연장(秀峰連嶂)이 잘록하고 두두룩하게 치수림(稚樹林)이 알맞게 덮히고 비탈진 계곡에는 뛰는 물결이 암석을 물어 뜯으면서 사납게 지나가는데 송애석벽(松崖石壁)의 옆구리로 기여드는 듯 수구(水口)가 아니 보인다. 종횡으로 십수 정보(町步) 밖에 아니되는 이 협중(峽中)에 이러한 유락지(遊樂地)가 배포된 것은 기(奇)하다.

이윽고 엷은 볕이 남쪽 봉우리의 동안(東岸)에 걸린 것을 보고 조반 먹을 사이도 없이 산새가 지저귀는 소리 흘러들으면서 장미화 피어 늘어진 정원을 나서 5시 반 자동차로 주을역(朱乙驛)을 향하였다. 아침에 보는 연변 풍경 매우 좋은데 용담(龍潭) 부근 골짜기의 아름다움은 마치 율곡(栗谷) 선생의 구업(舊業)인 송애풍암(松崖楓岩) 등 석담구곡(石潭九曲)의 일부와 비슷하고 한 떨기 두 떨기의 들장미가 지금도 늦지 않다고 한참으로 피었다.

청진(淸津)에서 만나기로 한 일행 제씨를 차중에 암습(暗襲)할 뱃심으로 가만가만 발자국을 옮기는데 벌써 민세를 부르는 분이 있어 그대로 환희(歡喜) 중에 합석하였다. 생기령(生氣嶺)의 소문높던 터널도 함경선에서는 흔히 보는 삼분 남짓 걸릴 즈음이다. 그대로 경성(鏡城)에 들어가니 북산의 석애(石崖)와 임상미(林相美)가 섬려(纖麗)와 호장미(豪壯美)를 아우르고 방형으로 된 수십척 높은 석성(石城)에는 회소(恢疎)한 송림이 병립(竝立)하여 옛면목을 지니고 있는데 단첨(單簷)[68]으로 되었으나 덩그

---

67) 뜰앞.
68) 홑처마.

러한 적루(敵樓)⁶⁹⁾까지 그대로 있다.

　조금 가니 나남시(羅南市)는 해안에 다가 앉아 평활한 지세가 얼마든지 발전될 여유가 보이는데 제19사단의 주둔지로 일본 대륙경영의 최북쪽 근거지로 되었다. 나남이 해안을 액(阨)한데 비하여 내륙의 요지이던 경성은 남하하는 야인(野人)의 육상의 선을 파수(把守)⁷⁰⁾코자 하던 것이 저으기 흥미 있다. 그러나 나남도 아직은 대부가 바라크(baraque)⁷¹⁾건축이요, 오직 저들에 의하여 다소 활기가 보이는 것이 특색이다. 함경선에는 역참의 건축을 모두 견실하게 하여 경부·경의의 '바라크(baraque)' 건축으로 대부를 채웠던데 비하면 이미 영구적으로 할 여유와 계획을 가진 저들의 200여 년 이래 대조선시설의 변동이 눈에 뜨인다. 그들은 바라크(baraque)에 들어앉아 한 밑천 잡고 제2의 진출을 하는 것이다. 부령(富寧)·청진(淸津)등 역을 번듯지나 고무산(古茂山)에 다다랐다.

　여기서 회령(會寧)으로 가는 본선을 내리어 무산행의 등산차를 갈아탄다 20분여의 여유가 있다. 조그만 협중의 역사(驛舍)인데 바로 옆에는 흙과 뭉어리 돌로 덮은 왜옥(矮屋)⁷²⁾이 있다. 9시 45분 발 이내 백두산의 전초에 접어드는 것이다. 고무산은 세종께서 육진(六鎭)⁷³⁾ 개척하기 이전 1만호의 변관(邊官)을 두었던 지점이다. 예서 20여 리를 산협으로 서행하면 폐무산역(廢茂山驛)이 있으니 고무산으로부터 옮기어 첨사(僉使)의 영(營)을 두었던 자리이다. 폐무산은 이미 만첩산중인데 산의 중턱에 석성폐지(石城廢址)가 남아 있다. 그러나 육진이 개척되고 백두산

---

69) 주위의 동정을 살피기 위해 성 따위에 높게 세운 누대.
70) 일정한 곳을 경계하여 지킴.
71) 주둔군을 위해 만든 막사.
72) 낮고 작은 집.
73) 육진(六鎭): 조선 세종 때, 북변에 설치한 여섯 진. 경원(慶源)·경흥(慶興)·부령(富寧)·온성(穩城)·종성(鐘城)·회령(會寧).

의 동안에 백의인의 인환(人寰)[74]이 퍼진 후 현 무산읍에까지 완전한 읍치(邑治)를 뿌리박기는 훨씬 내려와 현종(顯宗) 갑인년(甲寅年, 1674)의 일이었다.

청계수(淸溪水)[75]가 내려질리고 백화(白樺)와 이깔나무와 수많은 잡목림의 사이에 백합과·난과·순형과(脣形科)·모랑과(毛茛科)의 갖은 꽃이 헤여진 사이로 헤집고 올라가는데 차유령(車踰嶺) 2,988척(尺)의 표고 되는 터널을 넘는 동안 급하고도 기다란 커브를 휘돌아 올라감이 멧고팽이[76]인지 위에는 눈더미를 방지하는 비스듬한 울타리, 아래로는 수직으로 쌓아올린 석축의 호안공사(護岸工事)로 되어 차중이나마 벌써 등산 기분이 듬뿍하다.

영을 넘어서니 차는 줄곧 단층계곡(斷層溪谷)의 한 옆을 타서 서쪽으로 서쪽으로 미끄려져 가는데 북에는 편마암(片麻巖)과 석회암의 암층이 마구 퉁겨져서 짓굳은 마신(魔神)이 되는 대로 큰도끼를 둘러낸 자취처럼 엉성한 노골(老骨)이 볼품이 없고 남안에는 무미수려(嫵媚秀麗)한 봉학(峰壑)이 한참 처녀기에 달한 풍경미로 되어 있다.

외딴집 두세집식 산간에 사는 인가에서 승객을 가득싣고 달아나는 이 차를 맞아 문지두리 짚고 서서 우두머니 쳐다보다가 남성과 눈맞으니 수줍노라 외면하는 것은 소박한 여성이요, 맨발에 헌옷 입은 나이 어린 오뉘(男妹)들이 두 셋씩 달려와서 입에 손가락 물고 무미(無味)하게 섰는 것은 암만 보아야 낯익은 이 없음이냐? 까닭없이 가엾은 정이 두고 가기가 섭섭하다. 아아! 한나라의 수도(首都) 현대문화의 첨단에서 기쓰고 버티어보되 오히려 일생의 광명이 안 보이거니 이 산간에 헐벗은 어린 동무

---

74) 사람이 살고 있는 세계.
75) 맑고 깨끗한 시냇물.
76) 굽은 길의 모퉁이.

에게는 누가 언제나 만강(滿腔)[77]의 환희를 가져다 줄 것이냐? 부질없는 한 가득품고 무산읍내를 대여 들어간 것이다.

(『조선일보』, 1930년 8월 16일, 4면).

○ 1930년 8월 17일 두만강 기슭으로(상)

『조선일보』에 「두만강 기슭으로(상): 농사동에서」라는 글을 썼다. 주을온천에서 방어를 먹고 배탈이 났으나 이를 참고 백두산행을 시작했다. 새벽부터 두만강 기슭을 따라 서북쪽으로 계속 올라갔다. 50리 쯤 가서 북고지봉의 비탈을 지나 갑령 높은 고개를 넘을 때 구토를 일으켜서 길섶에 쓰려졌다.

〈사진 3〉 백두산등척기 영인본
(삼성출판박물관, 1993)

---

77) 마음속에 가득 참.

무산 읍내는 시원한 고장이다. 표고는 별로 높지 아니 하나 산간에 선들바람이 밤에는 더욱 맑고 시원하다. 주을온보(朱乙溫堡)에서 방어(魴魚)[78]에 탈 난 배가 더위에 부대끼어 설사로 되었다. 어제 밤에 늦게야 흰죽 두 공기 먹고 잠들었더니 땀을 철철 흘리면서 어제는 내쳐 잤다. 26일 오전 3시 반에 벌써 일어나 바쁘게 세수하고 빡빡한 입에 간신히 조반을 먹기는 했다.

예서부터 백두산 상봉까지 대략 350리요 거기서 만일 혜산을 가자면 323리이니 줄잡어 670~80리의 도보 행정(行程)을 아니하면 이 대삼림에 덥혀 있는 천고의 대비역(大秘域)을 건너갈수 없는 것이다. 이날은 삼장동(三長洞)까지 9리 반이라고 하나 교통지도에는 11리라는 기입(記入)이어서 빗슥 100리 길이 된다 하니 제1일의 행정이 여간 벅찬 편이 아니다.

깨끗한 새벽 하늘에는 카시오페아(Cassiopeia)의 무서진 왕좌가 바로 천정에 올라와 뚜렷하고 견우직녀(牽牛織女)는 획근 돌아간 은하를 따라 서북 하늘에 거꾸로 달렸는데 남산의 뭉트럭한 봉에는 잔별들이 미끄러져 내려온 듯 산끝과 하늘이 마주 닿은 어둑새벽이다. 신을 잃어버렸노라 조바심하던 변수주(卞樹州)와 시계가 틀린 것이라고 좀 더 잔다던 황오(黃澳)씨도 이 대부대의 행동을 맞춰 나와 4시 반에 취합(聚合)[79]이요, 5시에는 출발하니 이미 밝은 산천에 햇발조차 퍼지는 둥 제3수비대인 무산대는 1분대 앞장서고 기마(騎馬)한 간부들은 10리밖에 전송한다. 우루루 끓는 배를 부여잡고 행여 어떠리 하면서 떠나간다.

무산읍은 1천호 미만의 호수로 4천 800인의 주민이 오는데 수비대가 있는 탓에 다소 도시티가 있다. 연사(延社)와 삼장(三長)을 아울러 읍내에까지 3개의 공보교(公普校)가 있고 일본인

---

78) 전갱잇과의 바닷물고기. 몸은 1m가량으로 긴 방추형이고 주둥이가 뾰족함. 몸은 등이 회색을 띤 푸른빛이고 배는 하얀빛을 띤 은빛이며, 옆구리에 누른빛의 세로띠가 있음.
79) 모여서 한데 합침.

의 소학교가 있으며 청년단체가 있으나 국경인 것을 이유로 간섭이 너무 과하여 만난(萬難)중에 빠져있다. 차유령 넘는 고개 용이히 올곳이 아님으로 지방순회하는 각종 부대들도 거의 다 돌려놓고 간다 하니 이 지방의 문화와 그 운동을 위하여 안된 일이다. 이미 만첩산중에 있어 교통도 아주 불편하므로 맹수가 막 싸대여 어제 아침에도 진화역(珍貨驛) 고개에서 승냥이가 30세 부인을 죽였다. 최근에 인명의 피해 19명, 부상 17명, 가축피해 36필이라 하니 무엇보담도 맹수 정벌이 퍽은 급한 일이다.

수리 길 못 다 나가 흑갈색 물든 물이 개옹⁸⁰⁾에 부두의(붓듯) 급류로 흘러가는 것은 두만강이다. 여기만해도 벌써 10여간 넓은 하폭(河幅)으로 그 분방한 기세를 보이는데 이 강의 저 기슭은 중국의 영지로 된 북간도(北間島)이므로 우리는 지금 국경의 바로 땅을 밟아 두만강의 우안(右岸)을 쫓아 서쪽으로 북쪽으로 등산의 길을 바삐하는 것이다. 5리 남짓 가매 치마대(馳馬臺)의 옛건물은 변새(邊塞)⁸¹⁾의 무장(武將)들이 호마(胡馬)를 재촉해 강위로 내달리던 옛터임이 분명하다. 아름다운 협곡이 고각(高閣)을 에둘러 치솟았고 암벽과 급단(急湍)⁸²⁾을 끊임없이 보며 독소 세관감시소(篤所稅關監視所)에 다다랐다.

산악은 점점 돈후전려(敦厚典麗)하여 지는데 산양(山羊) 구비를 지나니 대안(對岸)⁸³⁾인 노동중촌(鹵洞中村)에는 번듯한 중국의 순방대영사(巡防隊營舍)가 체통을 유지하느라 짐짓 애쓴 자취가 보인다. 좁은 개울을 사이에 놓고 국경정조를 슬그머니 자아낸다. 그러나 저쪽에도 백의동포, 이쪽에 간혹 청의(青衣)의 중국인이 농작하고 있는 것은 도리어 평화의 기분이 노닐고 있다.

잠시 휴게한 후 차차 급용도(急用度)⁸⁴⁾의 경사지를 올라 참암

---

80) 개울의 방언.
81) 나라의 경계가 되는 변두리 땅에 있는 요새.
82) 물살이 몹시 세차고 빠른 곳.
83) 맞은편.
84) 급한 각도.

(巉巖)한[85] 강위의 석봉(石峰)에 올라서니 산사·동백나무·새앙나무·척촉(躑躅)·야당(野棠)의 덤불과 산나복(山蘿葍)·길경(吉更)·사삼(沙蔘) 등의 가진 꽃이 웬간히 많이 보이고 석경(石逕)이 절정(絶頂)에 휘감기어 밑창으로 벽담(碧潭)[86]같은 물구비를 임한 곳에 4척쯤 높이의 천왕당을 지어 안에 '국사천왕지위(國師天王之位)'가 있고 바깥으로는 오히려 간소한 주련(柱聯)을 새겼으니 여기서부터 가매 이러한 목조·석조와 퇴석(堆石)[87]으로 시늉만 만든 대소의 천왕당(天王堂)은 오 리 십 리만큼 산강수곡(山岡水曲)에 퍽은 많은 편이다. 일찌기 조령관(鳥嶺關) 위에서 보던 '조령천왕지신위(鳥嶺天王之神位)'와 같이 천왕신앙의 구원한 민속과 뿌리깊은 분포를 수긍할 것이다. 개지령(介池嶺)의 북편으로 북고지봉(北高支峰)의 비탈을 지나 갑령의 높은 재를 넘는 판에 정오 가까운 쪼약볕이 무겁게 내리쏘이어 50리를 가까이 온 나는 갑자기 구토를 일으키며 필경 전진 불능으로 되었다. 앞섰던 몸이 중간으로, 후위부로, 이내 한 자리 송음(松陰)[88]을 가리어 노방(路傍)[89]에 누웠다. 웬만큼의 자만인 등산벽에는 적지 않은 상처가 났다. 누워있는 동안 실바[90]를 들어 메인 벌부(筏夫)가 지나가고 또 맨발로 소 끄는 북국의 여성이 지나간다. 그녀는 골아떨어진 나에 견주어 확실히 건괵(巾幗)[91] 영웅(英雄)의 풍(風)이 있었다(『조선일보』, 1930년 8월 17일, 4면).

---

85) 바위가 깎아 지른 듯 높고 험함.
86) 푸른빛이 감도는 깊은 연못.
87) 쌓은 돌.
88) 소나무 그늘.
89) 길섶.
90) 노끈.
91) 여성의 머리 장식이라는 뜻으로 여성을 나타냄.

◯ 1930년 8월 18일 두만강 기슭으로(중)

『조선일보』에 「두만강 기슭으로(중): 농사동에서」라는 글을 썼다. 이날 몸이 아파서 무산군 서하면 홍암동 일본인 순사의 집에서 하루를 쉬었고 미음 등을 먹고 기운을 회복했다. 탈이 난 자신을 배려해 준 일본인과 그 가족들에게 고마움을 표했다. 다음날 아침 일찍 삼장동까지 가는 여정과 감상을 담고 있다. 지금 따라가는 두만강이 북으로 북으로 정처없이 유랑하는 가련한 조선인의 감상의 개울로 된 것으로 이는 역사적 지속성을 가진 현실의 비애요, 고뇌(懊惱)라고 표현하고 있다.

〈사진 4〉 백두산 화보 (『조선일보』 1930. 8. 18)

"저것은 조선인(朝鮮人)일 텐데?"
"조선인(朝鮮人)이 뭔데 저기 있을까?" 국경의 경비대인 홍암동주재소(興岩洞駐在所)의 어린 일본인 아동은 자기들의 거실에 누운 나와 일행을 보고 그렇게 이상하게 생각하는 것이다. 나는 지금 현파(見波) 순사(巡査)의 거실에 바로 기식엄엄(氣息奄奄)[92]하게 누웠다. 갑령(甲嶺)의 거의 절정(絕頂)에 골아 떨어진 내가 그래도 눈만 말똥말똥 누운 판에 월파형(月坡兄)이 먼저 뛰어오고 부단장 식야중위(植野中尉)와 석천대위(石川大尉)가 말을 재촉해 쫓아왔고 또 한필의 군마(軍馬)를 끌어다가 나를 태워 온 것이다.

영(嶺)을 넘어 큰나무 그늘 천옥당(天玉堂)의 낡은집 옆에서 군의(軍醫) 송본대위(松本大尉)의 진단투약(診斷投藥)으로 적이 안심은 하게 된 것이다. 이토록 군대제씨(軍隊諸氏)를 따라 등산하기도 어려운 일이거든 그위에 여러 사람들에게 폐를 끼치고 또 깊은 호의를 입은 것은 참으로 고마운 바이다. 언제나 그들의 책임감이 중함과 처사가 기민함은 경탄(驚歎)할 바이다. 단장 전 군수(全郡守)와 본대 부관 빈지대위(濱池大尉) 등 제씨도 의외로 퍽은 친절하다. 생각지 아니한 신세를 이분네들에게 지은 것은 미안한 일이다.

나는 이상 더 누(累)를 짓지않으려고 단연 일행에서 일시 탈퇴하여 결국은 그들의 알선으로 이집에 들어 눕게되고 윤일민(尹一民), 김월파(金月坡) 두형은 결연 나를 위하여 같이 떨어진 것이다. 그래서 현파순사(見波巡査) 부인의 쑤어준 미음(米飮)으로 적이 원기를 회복한 후 두사람은 촌점(村店)을 찾아 이 주재소원(駐在所員) 제군에게 사의(謝意)로 작별하고 일야(一夜)의 요양(療養)을 하기로 하였다. 어젯밤 무산읍에서부터 청밀(淸蜜)을 구하되 필경 안 되었으니 양봉업(養蜂業)이 의외로 없기 때문이다. 풍부한 충매화(蟲媒花)의 밀원(蜜源)[93]은 흥암주재소원(興岩駐在所員)으로 금년 봄부터 양봉을 시작하게 되었다한다.

---

92) 숨이 거의 끊어질 듯 숨기운이 약하고 위태함.
93) 벌이 꿀을 빨아 오는 원천.

석각(夕刻)[94]에는 급속히 회복되는 원기로 강기슭에 내려갔다. 두만강(豆滿江)의 한 지류(支流)로 연면수(延面水)라 일컬으니 멀리 설령(雪嶺)에 시작하여 산사이로 270~80리 내리어 여기서 조금 지나 두만강과 합류하는 것이다. 갯바닥에 쪽깔린 현무암(玄武岩)·유문석(流紋石)·석회석 등 각색 돌이 모두 급류에 갈리어 용란교태(龍卵蛟胎)[95]처럼 둥글게 달아빠졌는데 탁족(濯足)하고 앉았으니 의외 청한(淸閑)한 신분(身分)으로 되었다.

장방형(長方形)으로 된 여사(旅舍)가 자못 깨끗하니 무산군(茂山郡) 서하면(西下面) 흥암동(興岩洞)으로 전에는 석숭(石崇)골이라 하던데이다. 그 아래인 두만강 본류 저쪽은 간도(間島)의 땅임으로 저녁에 누웠는데 닭 울고 개 짓는 소리 서로 섞여 들리는 것은 '국경(國境)의 밤'을 모두 속삭이게 된다. 육진개척(六鎭開拓)이 한양조(漢陽朝)로서는 유일한 무략(武畧)과 적극운동의 구현으로 된 바이다. 슬라브(Slav)인의 코사크(Cossack)의 철기(鐵騎)가 대막(大漠)의 언[凍]벌을 휘돌아 북새(北塞)[96]를 두드리고 누백년 공광(空曠)[97]의 땅인 백두산 동북의 들에 새로이 청의(靑衣)의 한인(漢人)이 괭이를 꽂게 되어 북노서청(北露西淸)이 근역(槿域)의 풍운을 뒤흔들기 몇차례에 최근세 조선의 역사는 번파축랑(翻波逐浪)[98]의 변환(變幻)되는 국면을 갖춰보이고 드디어는 이 일위(一葦)의 두만강이 북으로 북으로 정처없이 유랑하는 가련한 백의인(白衣人)의 감상(感傷)의 개울로 된 것이다. 이는 소위 감상시인(感傷詩人)의 값싼 비애도, 아무것도 아니요, 아마 지는 해 돋는 달 용이히 꺼지지 아니하는 역사적 지속성을 가진 현실의 비애요, 오뇌(懊惱)일 것이다.

밤은 새었다. 정서(情緒)를 자아내는 국경의 밤은 새었다. 어

---

94) 저녁 무렵.
95) 둥근알과 둥근 태아.
96) 북쪽 변방.
97) 아주 넓음.
98) 물결과 파도에 따라가며 몸을 맡김.

젯밤 오늘 새벽 삼장(三長)가 있는 등산 본대에서 온 전화에 일행 3인이 등산대 복귀를 통고(通告)하고 여사(旅舍) 주인 최두현(崔斗鉉)의 인마(人馬)를 세 내어 27일 오전 5시 반에 나는 말을 타고 두사람은 도보로 하여 연면수상(延面水上)의 엷은 목교(木橋)를 건너 농사동(農事洞)을 곧장 대려고 용기를 돋아 떠나는 것이다. 오늘 행정(行程)이야말로 삼장동(三長洞) 거쳐 농사동(農事洞)까지 11리로 90여 리가 잔뜩되는대 나는 말을 탔거니와 일민(一民)과 월파(月坡) 두사람이 딱한 일이다.

여전히 두만강을 끼고 고사(古寺)와 덕산(德山)을 등진 삼천동(三川洞)에서 잠깐 쉬고 아래구비[下灣]로 늦대벌[囚德坪]로 강안(江岸)으로, 산등으로, 대지(臺地)로 줄곧 가는 것이다. 강운(江雲)이 뭉개뭉개 파심(波心)에 솟아 중천으로 치뻗으니 노룡(老龍)이 휘파람 부는 듯. 유벽(幽僻) 하고 숭엄(崇嚴)한 감(感)이 가슴에 아득하고 편편한 대지(臺地)에 춘모(春牟)[99]가 바야흐로 익는 것은 고지(高地)의 기후가 경한(勁寒)[100]함을 말함이다.

강곡(江曲)을 끼어 4~5단계(段階)를 이룬 연리암층(連理岩層)과 정려(精麗)한 치송림(稚松林)이 있으니 물어본대 북바위개 끝[江尾]이다. 더욱 가매 임강동(臨江洞)과 임강대(臨江臺)의 깎아질린 석병(石屛)의 밑창 녹양(綠楊)이 백천사(百千絲) 늘인 곳에 휴게하여 강물에 세면하고 벌부(筏夫)들이 뗏목 멈추고 한 대 피우며 잡담하는 곁으로 스쳐 삼장동(三長洞)의 길을 바삐하였다. 등산복에 말탄 나를 보고 지나는 아이 경례를 하니 국경 사정이 짐작되고 때때 옷에 분(粉)바른 일본 여성이 말등에 채질하야 임간(林間)[101]의 길을 물어오는 것은 천하(天下) 이미 승평(昇平)[102]함이냐? 침음(浸吟)[103]하며 중얼거리는 낯으로 마상(馬上)에서

---

99) 봄보리.
100) 매서움.
101) 수풀의 사이.
102) 아무 걱정이 없고 편안함.
103) 생각에 잠김.

삼장(三長)에 들어갔다(『조선일보』, 1930년 8월 18일, 3면).

○ 1930년 8월 19일 두만강 기슭으로(하)

『조선일보』에 「두만강 기슭으로(하): 농사동에서」라는 글을 썼다. 이날 삼장동에서 하룻밤을 자고 이 지역 유지인 박승남씨 등과 대화를 나누고 가귀고개에 올랐다. 오후 3시에 떠나 삼상동, 이동, 삼동을 지나 홍단산 마루에서 홍단영사의 묘우(廟宇)를 답사했다. 이를 보며 "근세 조선의 되살아나는 민족의식이 여기서 만고명산의 일국조종을 다시 찾고, 국토예찬이 국조(國祖)존숭의 정에 따라 도타워지고, 국풍추모(國風追慕)가 국민정신을 발양시키는 한 원천을 이루어오던 것"이라고 평가하고 있다. 이날 농사동에 도착했다.

 홍단수(紅端水)를 받아 더욱 커진 두만강이 북서에서 쏟아져 내린다. 서두수(西頭水)의 한줄기 큰 하천이 멀리 길주군 경계로부터 거의 2백 리를 내려와 동계평(東溪坪)를 지나 여기서 합류한다. 이 소소한 삼강구(三江口)를 걸어 앉아 골짜리 안에 3백여 호의 번창한 대촌락을 벌인 것이 삼장동이다. 여기서부터 백두산 상봉까지 함북(咸北)에 속한 반쪽이 삼장면이다. 여기서부터 삼장면은 길이가 거의 2백 80 내지 2백 90리, 너비는 1백여 리다. 경기와 충청의 서너 군을 합한 면적이다. 하지만 전체 주민은 6백여 호뿐이요, 반 넘게 이 촌락에 있고 나머지는 각 부락에 산다고 한다.
 면 소재지로 경찰서가 있고 수비 분대가 있다. 보통학교와 상점도 있어 시가지 같다. 맞은편에는 토성유지(土城遺址)라고 하는 천연의 단층 돈대(墩臺)[104]가 있다. 중국인 촌락이 마주 보고 있어, 넘나들며 농사를 하느라 배 타고 건너가는 어른과 아이들이 와르르 지나간다. 유지(有志) 박승남(朴勝南)씨 외에 두 사람이 마중 나와 면소에 들어가 쉬면서 향차(香茶)를 몇잔 마셨다. 거기서 떠나 '가귀고개'라는 높은 재를 기어올라 절정의 잡목림에서 땀을 들였다. 꾀꼬리는 노래하고 보리는 가지가 노랗다. 남쪽으로 치자면 첫여름의 광경이다. 여기서 더 내달아 하삼봉(下三峰)과 상삼봉(上三峰)의 30리 가까운 대지로 범부채와 원추리, 야란(野蘭) 등 난과 식물과 홍싸리와 개생이꽃이라는 모랑과의 꽃과 엉겅퀴와 온갖 빛깔의 모든 꽃이 벌써 듬성듬성 맑고 고아하게 피어 그 풍정(風情)이 얕지 않다.

 홍암에서 삼장까지가 40여 리다. 삼장에서 30리 가까이 가서 하율동(下栗洞)의 작은 촌락 정자나무 밑자락에 자리를 깔고 한 차례 세수를 하고, 물을 끓여 점심을 먹었다. 갈색의 광천(鑛泉)이 차고도 달아 해갈하기에 좋다. 물을 끓여준 집에 복통이 난 어린 아이가 있다고 하길래 광제환(廣濟丸) 21알을 주어 고마운 뜻을 표했다. 오후 3시가 가까워 떠나간다. 깊은 산 궁벽한 골짜기에 오히려 먹고 입을 것은 있어도 의약의 길이 거의 없으므로 그를 위해 걱정할 일이다. 탔다가 걸었다가 발에 힘을 올리며 삼상동(三上洞)의 이동(二洞)과 삼동(三洞)을 다 지났다. 두만강 본류 오른편 기슭의 통나무 사다리 길을 휘청휘청 밟으면서, 강언덕의 작은 숲과 그윽한 화초들을 다 못본 채 소홍단교(小紅端橋)를 건너 새로이 이깔나무 숲 울창한 등성이로 올라섰다. 오른편으로 삼림을 헤쳐 본류를 끼고 도는 곳에 썩어 무너진 홍전문(紅箭門)이 있다. 왼편으로 등성이에 오르는 길은 자칫 작은 지름길이다. 이정표를 보아도 의혹이 생겨 말을 놓아 풀을 뜯기며, 마부를 보내 길을 물어 왼편의 한길로 올라갔다. 돌길이 절정에

---

104) 조금 높직한 평지.

닿는 곳에 수백 평 잔디벌판이 수림에 둘려 있다.

홍단각(紅湍閣)의 마루 넓은 집이 길을 누르고 놓여 있다. 그 뒤로 한 채의 천왕당과 일각문(一角門)이 반짝 솟은 깨끗한 짧은 담 안에 둘러싸여 있다. 짜임새가 간결하면서도 정치(精緻)하다. 기왓골을 매끈하게 가꾸어 놓았고 빗장을 지른 일각문은 누구나 열고 들어갈 수 있도록 자물쇠를 걸지 않았다. 두 물줄기가 합류하는 홍단산 한 마루에 이러한 묘우(廟宇)가 있는 것은 참으로 희한하다.

꼭대기에는 '천왕당(天堂)'이라고 쓴 세 글자의 현판이 뚜렷하고, 그 아래에 따로 '존경당(尊敬堂)'이란 세 글자의 편액이 걸렸다. 분합(粉盒) 같은 쌍창이 고요히 닫힌 안 기둥에는 '백두종기(白頭鍾氣) 홍단영사(紅湍靈祠)'라고 쓴 주련이 적혀 있다. 바깥 기둥에는 '만고명산(萬古名山) 일국조종(祖宗)'의 주련이 있다. 쌍창을 열고 모자를 벗어 들고 안으로 들어서니 신령스런 위패 하나가 서쪽 벽에 기대었다. 그 앞에 향로와 향안이 있길래 위패의 뚜껑을 조심스럽게 들어보니, '대천왕영신지위(大天王靈神之位)'라는 일곱 글자다.

언제 창건되었는지는 알 길이 없으나, 군수 현두영(玄斗榮)과 풍헌 한윤범(韓潤範) 및 그 밖의 사람이 쓴 중수기(重修記)가 몇 개 있다. 순조 21년 신사(1821) 부령군수 고승익(高益)이 임금의 뜻을 받들어 영사(靈祠)에 제사를 올리고 묘우의 면모를 더욱 새롭게 했다는 내용의 기적문(記蹟文)이 있다. 무산으로부터 이쪽 연도에 있는 몇 곳의 천왕당은 모두 촌사람들이나 행인들이 치성을 드리는 사설(私設)의 신사(神祠)이다. 오직 이 천왕당은 위치로 보나 규모로 보나 또 위격(位格)으로 보나 국가에서 관장하던 관폐적(官幣的) 대영사(大靈祠)이다.

근세 조선의 되살아나는 민족의식이 여기서 만고명산의 일국조종을 다시 찾고, '백두종기 홍단영사'를 높여 국토예찬이 국조(國祖) 존숭의 정에 따라 도타워지고, 국풍추모(國風追慕)가 국민정신을 발양시키는 한 원천을 이루어오던 것을 이야기해 준다. 조선의 태조 고황제(高皇帝) 이성계(李成桂)는 그 선대가 간동(幹東)에서 일어났으므로 두만강과는 인연이 깊다. 태종 원년에 동림성(東林城)을 경원부에 쌓고 사우(祠宇)를 세워 해마다 향폐(香幣)로 두만강신에게 제사를 지냈으니, 태종의 북진개척은 그 유래가 깊다. 영조 43년(1767) 정해년 가을 7월에 "백두산은 우리나라의 조종이요, 북도는 국조(國朝) 발상(發祥)의 땅이다"라고 하여 갑산부(甲山府)에서 80리 떨어진 운룡보(雲龍堡) 북쪽 망덕평(望德坪)에 각(閣)[105]을 세워 백두산을 올려다보며 제사를 지냈다.

순조께서 망질(望秩), 즉 멀리서 산천신에게 제사를 올린 일은 그 남은 뜻을 확충함이니, 이 고장을 지나는 자가 한 번쯤 추억이 없을 수 없다. 한참을 조용히 서성이다 다시 수림을 나와 서쪽으로 달렸다. 여기서부터는 또 한 층의 높은 지대다. 수십 리 평탄한 대지 위에 귀리와 감자 밭이 온갖 꽃이 흐드러지게 핀 초원 속에 펼쳐져서 고요한 중에도 얼마간 풍부한 맛이 있다. 남쪽으로 원추형의 이깔나무 긴 숲이 앙상하게 덮인 대지에는 한없이 그윽한 운치가 나부낀다. 만일 개간한다면 그만큼의 큰 전지(田地)로 수백호의 주민을 기를 만하겠다.

하삼봉(下三峯)을 지난 뒤로 대지는 대체로 1천 미터 이상의 표고로서, 어느 곳이나 맑고 차면서도 아득히 텅빈 무한한 감정을 일으킨다. 이 대지를 내려와 냇물을 따라 산간의 제법 알차 보이는 개야지(開野地) 촌락으로 들어가니, 이곳이 바로 농사동(農事洞)이다. 본대(本隊)와 합숙하고, 내일의 길을 기다렸다 (『조선일보』, 1930년 8월 19일, 3면).

---

105) 높고 큰 집.

○ 1930년 8월 20일 천평을 건너는 나그네(1)

『조선일보』에「천평을 건너는 나그네」라는 글을 썼다. 이날 농사동 한 촌점에서 하룻밤을 잤다. 아침 6시 30분에 출발을 해서 두만강을 따라 가난에 고통받는 조선동포들의 모습을 본다. 천리천평 고원 특유의 아름답고 영롱한 대화원을 지나면서 "이 고장의 구경은 실로 고인달사(高人達士)[106] 스스로 우활(迂闊)한[107] 심경을 가지고 대함이 아니고서는 그 진취(眞趣)와 비운(秘韻)[108]을 씹어볼 수 없는 것"이라며 그 아름다움을 예찬하고 있다.

    농사동은 무산 방면에서 백두산으로 올라가는 마지막 촌락이다. 석수(石乙)와 홍토수(水)로 두만강에서 가장 높게 본류를 끼고 앉은 고원 속에 제법 개간된 골짜기다. 홍단령(紅湍嶺)의 대지에서 내려와 하얀 벽의 경찰서를 바라보며 초원에 앉아 이야기한 뒤 단김에 촌락으로 들어섰다. 말이 울고 사람들이 소란스러운 곳에서 일행이 우리를 반겨 맞는다. 어제 작별한 동반들이 뛰어나오며 기뻐한다. 대장과 단장 이하 여러분에게 고맙다는 뜻을 표하고 정해진 촌점(村店)에 투숙했다. 이번에 우리 제2반 제1분대의 대장이 된 경암(敬庵) 김찬영(金瓚)씨가 나와 한방에서 잤다. 28일 이른 아침에 일어나 조식을 하고 6시 30분에 출발한다.
    이날부터는 이내 밀림에 쌓인 무인지경(無人之境)[109]을 가는 것이다. 대원과 단원에 대한 경계가 자못 엄중하다. 첫째 마적 습격의 정보, 둘째 이리 떼의 발호로 십간 이상 본대와 떨어짐은

---

106) 뜻이 높고 얽매임이 없는 사람.
107) 마음이 툭 트인.
108) 신비스러운 여운.
109) 사람이 살지 않는 외진 곳.

절대 위험이다. 만일의 경우에라도 수색대를 보내기는 곤란이라는 대장의 선포이다. 실탄을 쟁인 경계대는 척후 겸하여 앞서가고 그 뒤에 군대 중간이 도보대. 그 다음이 승마대. 최후가 경중대요 몇 명의 병사가 담총(擔銃)하고 후위에 섞이는 것은 맹수의 추습(追襲)을 방비함이다. 계곡을 타서 조금 오르다가 고개를 넘어 북으로 소림지대(疎林地帶)를 지나니 오히려 전포(田圃)[110]가 있고 5리 쯤 가니 길꼬리라고 하는 시초(柴草)가 허리도 잠기도록 거칠게 되었다.

붉은바위(紅岩洞)의 조그만 촌락에 가서 두만강을 도섭(渡涉)하니 예의 현무암의 암석이 잔뜩 깔린 하상(河床)에 매초 3미터쯤인 흑갈색의 급류로서 차기 얼음같아서 6~7간 못넘는 해폭(海幅)이다. 깊기가 무릎을 잠길 정도이지만 자빠지기 매판 쉽고 살을 에는 듯 얼어올라오는 정강이가 염천(炎天)에도 소름이 끼친다. 백두산은 상봉을 중심으로 60~70리 혹 200여 리의 새까만 현무암층을 깔고 앉았으니 흐르는 물이 모두 검고 게다가 쌓이고 쌓인 낙엽의 썩은 진액(津液)을 섞었으니 어디서나 흑갈색을 띤 이유요. 함부로 음료로 쓰지 못하는 까닭이다.

가난이 그레드레한[111] 촌락의 동포들이 모여서 그 광경을 보는데 건너서면 길림성(吉林省)의 안도현(安圖縣)이다. 그러나 개울하나 떨어져 이웃하여 사는 백의인들은 국경을 관념하는지 안 하는지 오직 조홀(粗忽)한[112] 대외관의 어설픈 표현인 되놈 혹은 되땅의 숙어가 무의식하게 그들의 입에서 흘러 나올 뿐이다. 좌안(左岸)에 건너서니 평탄한 토원(土原)에는 멀리 수목 울창한 구릉이 에둘리어 일대 분지로 되었다. 가슴에 차는 성한 풀밭에는 난(蘭)이 있고 작약의 꽃신 떨기가 있고 개생이[塚梅], 도라지[吉更], 더덕[沙蔘], 애기씨개나리, 산개나리, 솔잎개나리, 패

---

110) 채소밭.
111) 누덕누덕한.
112) 거친.

랭이꽃[石竹], 기타 두과(荳科), 모랑과(毛茛科), 국과(菊科), 백합과(百合科), 순형과(脣形科) 등에 속하는 빨강과 연분홍, 치자와 보라, 하얗고 부옇고, 누렇고, 샛노란 꽃은 밑창의 섬교세려함과 꼭대기의 저초담탕(渚楚淡蕩)[113]함이 만자천홍(萬紫千紅)으로는 형용할 수 없는 고원특유의 최찬영롱(璀璨玲瓏)한 대화원(大花園)을 나타내었다. 한 줄기 희미한 길을 헤쳐나가니 형용 못할 청향방훈(淸香芳薰)이 바람에 나부끼어 가뿟하니 출렁대고 강의 우안에는 수증기(水蒸氣)로 아롱진 이깔나무와 사시나무와 옥으로 깎아낸 듯한 백화(白樺)나무(향토인은 벗나무라고)의 숲이 완연히 구불구불 돌아간 등성이를 덮어 벌써부터 저절로 신역(神域)의 성지(聖地)를 생각하게 한다.

이렇게 가는 동안 조금씩 보이는 들쭉의 관목에는 벽옥같은 열매가 담상담상 매달리어 길 가는 나그네로 바쁜 발을 멈추게 했다. 산화재로 타고 남은 밀림의 줄거리와 제풀에 말라 죽어 썩은 가지 버티고 있는 교목(喬木)의 노경고간(老莖古幹)[114]들이 우뚝 쭈뼛하여 청염삼숙(淸艶森肅)[115]한 중간에서 문득 주경엄려(遒勁嚴勵)[116]한 기세를 돌아 주니 이것은 천리천평(千里天坪)에 제1보를 들여놓는 감촉이며 정취이다.

어저께 하삼봉(下三峰) 저쪽으로 강류를 격한 곳에 상천평하천평(上天坪下天坪)이라는 동명(洞名)이 있는 것을 들었거니와 천산천지(天山天池) 천하천평(天河天坪)으로 배달 민족의 생장·성육·분천·발전한 근거인 이 천평천리의 정원고귀(靜遠高貴)[117]한 풍정(風情)이야말로 한 가지 본 자 아니고서는 그 진경(眞境)과 정적(正跡)[118]을 왁자지껄 말할 수는 없는 바이다.

---

113) 청초하고 담백한.
114) 해묵은 줄기와 가지.
115) 어여쁘고 삼엄한.
116) 굳세고 엄격한.
117) 고요하고 고귀한.
118) 바른 자취.

홍암동 부근을 뒤로 둔 후 다시 인적을 볼 수 없는데 북편 총림에서는 인마(人馬)[119]에 놀란 대노루가 뒷발을 구르면서 천탄(淺灘)[120]을 횡단하는지 나무 그늘 깊숙한 강안으로 달려가고 꽃을 쫓는 가냘프고 어여쁜, 하얗고 검고 아롱진 나비들은 속객(俗客)도 신선인양 마음 놓고 따라와서 손등과 옷자락 흥있는 대로 머물렀다가 흥겨워 가노라는 듯이 훌훌 날아 지나간다. 이 고장의 구경은 실로 고인달사(高人達士)[121] 스스로 우활(迂闊)한[122] 심경을 가지고 대함이 아니고서는 그 진취(眞趣)와 비운(秘韻)[123]을 씹어볼 수 없는 것이다(『조선일보』, 1930년 8월 20일, 4면).

○ 1930년 8월 21일 천평을 건너는 나그네(2)

『조선일보』에 「천평을 건너는 나그네」라는 글을 썼다. 이날 두만강 기슭을 따라 걸으면서 윤일민(尹一民) 씨가 읊조리는 남이(南怡) 장군의 '두만강 저 물은 말을 먹여 없애리'를 들으며 그 세종조 육진 개척의 그 정신과 우리 혈관 속에 소용 돌고 전투적인 의식은 식어가던 가슴속에 치밀어 오르게 됨을 느꼈다. 이날 무봉에서 하룻밤 야영을 했다.

좌안(左岸)에 건너 24, 25리를 행한 후 두번째 도섭(徒涉)[124]으로 국경에 들어와 강안에 앉아 점심밥을 먹는다. 난과식물(蘭

---

119) 마부와 말.
120) 얕은 여울.
121) 뜻이 높고 얽매임이 없는 사람.
122) 마음이 툭 트인.
123) 신비스러운 여운.
124) 물을 걸어서 건넘.

科植物) 우거진 곳을 자리 삼아 깔고 누워 피로한 몸 잠깐 쉬고 냉수로 입가심하며 찬밥을 두어 합(盒)[125] 먹었다. 자칫하면 소될 자격쯤 가진 윤일민(尹一民)씨 무슨 회포가 있었던지 물 한 가득뜨며 '두만강수음마무(豆滿江水飮馬無)'[126]를 읊조리고 그대로 쑥 들이키는 것은 어디인지 좀 골계미(滑稽味)가 있다.

    백두산의 돌이야 칼을 갈아 없애고   白頭山石磨刀盡
    두만강 저 물은 말을 먹여 없애리   豆滿江水飮馬無

  이미 인구에 회자(膾炙)하여 누구나 잘 아는 남이(南怡) 장군의 시이다. 육진개척으로부터 두만강의 야인정벌(野人征伐)조차 없었던들 한양조의 역사는 일단의 평범을 가하였을 것이다. 이 고장의 나그네로도 다분(多分)의 정취(情趣)를 감하게 하였을 것이다. 그러나 남아이십미평국(男兒二十未平國)[127]의 한구가 화얼(禍蘖)[128]로 되어 일대의 용장(勇將)으로 부질없이 조년(早年)에 원사(冤死)[129]하고 민중은 스스로 동량(棟樑)의 재목을 꺾었으니 이는 이미 반만 년 들고오던 민족생명의 크나큰 횃불이 그 타오르는 불꽃을 줄여 가던 시기의 어두워가는 한 장면이다. 드디어는 오늘날 전역에 넘치는 웅대한 비극을 각색해 내어 놓는 분장실 속에서의 한 삽화를 말함이다.
  참으로 태종과 세종, 김종서(金宗瑞)와 남이(南怡) 등 군신장좌(君臣將佐)들이 백두산에 말하려고 두만강으로 비휴(貔貅)[130]를 내몰아서 굴강(倔强)한 신흥부족인 여진인을 휩쓸어 물리치

---

125) 음식을 담는 놋그릇.
126) 두만강 저 물은 말을 먹여 없애리.
127) 남아 이십세가 되어 나라를 평안하게 하지 못하면.
128) 재앙의 빌미.
129) 억울하게 죽음.
130) 오랑캐.

던 혈한(血汗)[131]과 전투의 역사로 말미암아 400년의 후에도 죽지 않은 행색으로 이 지경(地境)을 밟는 자도 오히려 일맥열조(一脉熱潮)[132]가 물려받은 혈관 속에 소용 돌고 전투적인 의식은 식어가던 가슴속에 치밀어 오르게 되는 것이다.

숙신(肅愼)·읍루(挹婁)·옥저(沃沮)·말갈(靺鞨)의 선민과 방조(傍祖)들이 이 산벌과 이 개울 언저리에 생중(生衆)[133]하고 작위(作爲)하며 천사이동(遷徙移動)[134] 함이 무릇 몇차례의 창상(滄桑)[135]을 바꾸었던가? 그는 이미 선천사(先天事)[136]에 몰아갔고 여울여울 울어 예는 삼림 속에 잠긴 강이 다만 만고의 옛 소리를 지긋이 속삭이고 있다.

이깔나무 껍질 벗겨
새끼배 지어놓고
범부채 잎을 잘라
한 줄기 글월 써서
급류에 사뿐 놓아
제멋대로 보내고저
동록도(東鹿島) 건너가는 님이
행여 건져 읽으리

태공망(太公望) 본 받은 산간의 어옹들이 낚시 들이노라 쉬고 가는 뜸집이 있는데 무슨 생각하였던지 바다 건너온 청년 등산대원이 한웅큼 불을 실러 염염(炎炎)[137]히 피어 오르는 불꽃에는

---

131) 피와 땀.
132) 한줄기 뜨거운 조소.
133) 모여 살고.
134) 옮겨 이동하다.
135) 상전벽해(桑田碧海): 세상일이 덧없이 변천이 심함.
136) 옛날 일.
137) 활활.

까닭없이 살벌감을 돋우는데 무산서 세를 내어 짐실은 한 필 외에 새로 한필 승마를 빌기로 하고 예서부터 30리 밀림지대를 뚫고 나가 오늘의 노영지(露營地)를 찾는 것이다. 하늘을 가린 대수림의 밑에 활엽의 관목림이 땅도 안뵈도록 우거져서 일광(日光)을 휘덮는 녹엽(綠葉)의 좁은 틈으로 한 20리를 달아났다.

간간이 보이는 숲 아래에는 들쭉과 그의 변종인 매젓의 장과(醬果)가 무진으로 널려 있고 금루매(金縷梅)의 누런꽃과 유란(柳蘭)의 총생(叢生)한 붉은 꽃이 새로이 방자(芳資)[138]를 자랑하며 금송(金松)의 치수(稚樹)[139]같은 백산다(白山茶)의 떨기와 녹엽이 차차 가늘어진 척촉(躑躅)의 덤불은 수직분포의 한계를 보이는 식물상황이 무엇보다 모두 등산자의 눈에 비추어 그윽한 취미를 돕는다.

밀림지대를 겨우 나와 잔디벌이 조금 트인 곳에 한주의 노송이 정정하게 독목수(獨木樹)[140]의 경취(景趣)를 가졌으니 그 밑으로 흘러 가는 일간쯤 넓은 심포(深浦)의 물은 청렬(淸冽)함이 비할데없어 입산한 후 제1등의 음료수이다. 잔뜩 퍼서 해갈(解渴)하고 이제부터 다시 마상의 객이 되어 소림(疎林)의 사이로 누비어 간다. 이때 보실보실 내리는 비가 고열의 끝에 일진양미(一陣凉味)를 찾아다 주는데 관목도 없고 꽃조차 끊긴 새파란 초원의 위에 마치 원추탑(圓錐塔)과 같이 수직으로 치솟은 백화와 이깔의 소림은 그지없이 청원(淸遠)하고 현허(玄虛)한[141] 기운을 나브끼어 한줄 선악(仙樂)도 어디서 울려올듯 남으로 포태산(胞胎山)의 이어진 봉우리가 비로소 감벽(紺碧)한[142] 맵시를 하늘가에 나타내어 무산 이래 울적한 흉금이 홱 풀어지고 표표(飄飄)히

---

138) 꽃다운 자태.
139) 어린 나무.
140) 홀로 우뚝 서있는 나무.
141) 아스라한.
142) 붉고 푸른.

우화등선(羽化登仙)[143]의 기개조차 일어난다. 심포(深浦)에서 무봉(茂峰)까지 10리에 가는비 무릅쓰고 들어가서 곧바로 야영의 준비를 하는 것이다(『조선일보』, 1930년 8월 21일, 4면).

○ 1930년 8월 23일 천평을 건너는 나그네(3)

『조선일보』에 「천평을 건너는 나그네」(3)이라는 글을 썼다. 이날 무봉에서 한여름 추위속에서 야영했고 다음날 새벽 4시 20분에 기상해서 신무치로 향했다. "백두산 등산은 대체 혜산선(惠山線)을 취하므로 잘못되면 그 반만를 보고 일반부는 놓치게 되는 터인데 무산으로부터 올라가는 도중 왕왕이 기이한 경치를 보는 것이다"라며 무봉에서 신무치까지 가는 길에 백두산의 아름다운 풍광과 지천인 꽃과 나무들에 대해 이야기하고 있다.

  무봉은 천성(天成)한[144] 야영지이다. 남으로 조그만 봉이 삼림 속에 파묻혀 약 1300m의 표고로 되었는데 무봉(茂峰)은 어설픈 한역(漢譯)이요. 거칠봉이 그 본명이다. 대고원의 가운데 길고 넓은 3~4정(町)의 초원이 있어 첨예삼숙(尖銳森肅)[145]한 수림이 거의 정방형으로 둘렀다. 어스름한 광경이 꿈과 같이 아름답고 거칠봉 옆을 내려오는 급한 시내 거칠봉수가 바위물과 몸부림치며 북으로 흘러가는데 통나무 다리를 건너가서 동쪽으로 차린 천막의 노영(露營)은 4~5채 들어 앉았다.
  마른 나무 재여들여 화톳불 지펴 놓자 사람들 뒤떠들고 말은

---

143) 날개가 돋아 올라 신선이 되어 하늘로 올라감.
144) 자연스럽게 이루어진. 천연(天然).
145) 날카롭고 울창한.

더욱 부르짖어 유목하는 무장야민(武裝野民)[146]들이 홀연 그 이동생활의 새 부락을 이 고장에 나타낸 듯 도끼 소리 쾅쾅 유장하게 울려나와 저물어가는 대수해(大樹海)의 정적을 깨뜨림이 반만년 이전 선민시대 이 근방에 머물고 갔던 옛생활의 파묻힌 음파(音波)조차 흔들어 일으킬 듯하다.

아직도 개이지 않은 가는 비 맞으면서 때때로 밥을 먹고 내일의 아침밥과 점심 밥까지 미리 지어논 후 일행은 천막에 들어가 잠을 잔다. 밤 9시 30분이다. 중간에 화투불을 놓고 좌우에는 수피(獸皮)를 깔고 겨울옷을 입은 채로 전욕(氈褥)[147]를 덮고 잔다. 4천 300척 가까이 높은 여기만 해도 밤의 기온은 섭씨 영하 6도 수온 2도로 융동(隆冬)[148]과 비슷하다. 이 밤부터는 군대에서 동초와 부동초를 세워 비상 경계하되 세번 수하(誰何)하여 군호(軍號)로 대답하지 않는 자는 사격한다는 약속이다. 지방 단원중에 불침번을 세워 수비를 협력하기로 하였다. 위해(危害)에 대한 불안도 없이 방담하고 누웠는데 곤하고도 설드는 잠결마다 추위를 하소연하는 듯 비명하는 말소리는 이능(李陵)[149]아닌 이 몸이 고국에서 고국을 그리워하게 한다.

아아 목마는 슬피 울고, 호드기 소리 앞을 다투네![牧馬悲鳴 胡笳相競!] 백두산 속 노영(露營)의 밤은 몇갈래의 정서를 어지러히 자아나는 것이다. 깊어가는 밤 사나이 우는 말소리에 어어! 하는 외마디 소리 곁들여 나는 것은 무슨 변이 있는가? 돌아 누워 내쳐 잤더니 아침에 깨니 새벽 2시 이리떼가 말을 습격하였으나 사람에게 쫓겨 달아났다고 한다. 29일 오전 4시 20분에 기상하였다. 아까 3시에 천막을 뚫고 새어 떨어지는 소낙비에 일

---

146) 무장(武裝)한 들백성.
147) 담요.
148) 한겨울. 엄동(嚴冬).
149) 이능(李陵. ?~B.C. 74): 중국 전한 무제때 인물로 흉노족과 싸우다가 항복해서 흉노의 선우가 그를 왕으로 삼았다. 후에 사마천(司馬遷)이 그가 흉노의 대병력과 맞서 싸워 분전했다며 변호했으나 무제는 사마천을 궁형(宮刑)에 처했다.

어나 앉았다가 되누워 잤는데 긴장된 마음이나 오히려 권태를 느낀다. 새벽의 거칠봉 물은 더욱 차서 세면하는 손이 얼어올라 올 쯤이다.

    6시 출발이다. 농사동에서 무봉간은 8리여로 70여 리가 넉넉하였는데 오늘은 신무치까지 30km로서 역시 80리 정도이다. 마상에서 담화하고 섬려한 임상미(林相美)를 보면서 행하기 10여 리 임목이 끊기고 수삼정(數三町)의 대화원이 있어 그 탕탕(蕩蕩)한[150] 대수해(大樹海)의 가운데 따로이 비장(秘藏)한 상청선인(上淸仙人)의 환락장인듯이 한껏 솟은 꽃떨기의 키가 행인의 모자를 묻으려 하고 방향(芳香)은 발 사이를 날아 그윽히 율동하니 조화의 현묘한 포치(布置)가 실로 인공적 기교를 초월함이다.

    조선 선민들의 정취, 가멸찬 신화와 전설이 대백두를 본산(本山)으로 구성·전파되던 내력의 일반을 엿볼 수 있겠다. 유래(由來)의 백두산 등산은 대체 혜산선(惠山線)을 취하므로 잘못되면 그 반만을 보고 일반부는 놓치게 되는 터인데 무산으로부터 올라가는 도중 왕왕이 기이한 경치를 보는 것이다.

    얼마가니 백화림이 듬성듬성 섞여 저으기 단조함을 깨치는데 40분의 1각도 밖에 아니되는 수경사(綏傾斜)[151]의 대고원에도 드물게 만나는 남에 있는 신무치수(神武峙水)의 계곡은 아니 보이되 오직 우루루 쏴! 하는 성랑(聲浪)[152]이 들려올 뿐이다. 덥수룩한 백의인이 홑몸으로 마주치는 것은 허항령(虛項嶺)을 넘어오는 산의 수행자(修行者)이다. 긴말 물을 새 없이 몰려 세우고 달려가니 남포태산(南胞胎山)의 기수(奇秀)[153]함과 북포태산(北胞胎山)의 웅려(雄麗)함이 한층 더 또렷이 보여서 중간에 잘룩하

---

150) 드넓은.
151) 완만한 경사.
152) 물결소리.
153) 기이하고 빼어남.

게 늦은 커브로 우그러진 곳이 허항령이다. 북포태의 북으로는 소백산의 연봉이 새로이 나타났다가 갈수록 좋은 임상미에 축축 늘어진 담벽한 송락(松絡)[154]은 옥녀가 끼치고 간 술실 양 청량경섬(淸凉輕纖)[155]한 정감을 주었다.

금루매(金縷梅)·시차화(矢車花)·하늘귀밀이라는 천황색의 풀꽃이 더욱 많고 화판(花瓣)이 탁 풀어진 석죽(石竹)[156]은 스스로 고원의 특색을 보인다. 삼엄정숙(森嚴靜寂)·유현심수(幽玄深邃)[157]·청초영상(淸楚靈爽)한 정(情)이 이미 출진(出塵)[158]한 기상을 가지게 한다. 산화재(山火災)에 홈신 탄 3~4리 뻗친 고목림(枯木林)의 앙상한 곳에서 넓어진 안계를 사랑하면서 세차게 쏟아지는 소나기에 처음으로 우장(雨裝)을 차리고 신무치(神武峙)에 들어갔다. 이 부근은 1500m가 넘는 표고인데 교삼(喬森)의 밑창에는 태선대(苔蘚帶)[159]의 혼잡상태를 나타내어 울퉁불퉁한 근간(根幹)[160]에 두꺼운 이끼가 실리고 새파란 솔잎과 선초(蘚草)[161]가 풀을 휘 덮어 퍼지고 있다. 오후 5시 신무치수의 물 좋은 계곡의 남안에서 남향하여 배수의 진을 치고 제2일의 노영의 밤을 맞이하였다(『조선일보』, 1930년 8월 23일, 4면).

○ 1930년 8월 24일 무장비장한 국경의 밤

『조선일보』에 「무장비장한 국경의 밤」이라는 글을 썼다. 신무치 가는 길에 백두산의 생태에 대해 적고 있다. "백두산에는 호랑이와 표

---

154) 소나무에 사는 지의류.
155) 서늘하고 가녀린.
156) 패랭이꽃.
157) 오묘하며 아득히 깊은.
158) 세상에서 벗어난.
159) 이끼류.
160) 뿌리와 줄기.
161) 이끼.

범은 드물고 조류도 많지 않으며 꽃과 나비가 많고 식물의 분포도 매우 많다. 온갖 꽃이 가득피는 이 곳은 신선이 사는 세계의 봄빛을 나타낸다. 백두산 속에서 밤을 보내며 무한 비장한 정감을 느낀다"라고 소회를 밝혔다.

  백두산은 천하의 영경(靈境)이라 호표웅낭(虎豹熊狼)이 있으되 불감상인(不敢傷人)한다는 신이(神異)한 전설을 한토(漢土)[162]문헌에 머물렀다. 그러나 백두산에는 승냥이(豺), 이리(狼)가 있어 가끔 사람을 상하고 곰이 나와 위엄을 부리나 호표(虎豹)는 차라리 드문편이다. 사슴이 있어 물찾아 내려옴으로 사냥꾼들이 많이 노리고 찾는 터인데 군대와 지방단원과 짐실은 말무리까지 수백인을 헤이는 엄청나는 등산대의 등살에는 맹수고 사슴이고 별로 나오지 않는다.
  오늘 아침 거칠봉 떠난 뒤 숲속 시내가에서 "휙! 휙!" 휘파람 불듯이 우는 짐승이 있어 사슴의 울음이니 노루의 울음이니 하나 노루의 울음은 나도 그 아닌 것을 알겠다. 신무치 다 온 때에 일행은 소림(疎林)지대를 지나가는데 말들은 남안(南岸)을 쳐다 보며 귀를 쫑긋쫑긋 무엇인지 경계하는 기색이다. 승마객이 가로되 반드시 맹수의 숨움이 있으리라 하더니 엄숙한 두어 마리 등검은 짐승이 은은히 저쪽으로 달아나는 것을 보니 승냥이라고 한다.

  거칠 봉 아침 해에
  사슴이 노래터니

  신무치 저문 골에
  승냥이 하품하네

---

162) 중국.

말끌어 시내에 놓으니
북풍에 우노매라

아서라 장검이 내 없거니
네가 운들!

　백두산에 조류(鳥類)가 드므니 고산지대이므로 생활조건이 부적합일 것이다. 농사동의 부근 까치가 약간 있고 게서 올라오는 동안 조작(鳥雀)[163]의 제잘거림은 고사하고 산짐승의 노래라고는 거의 없다. 등에와 궂은 파리가 덤비는 외에 다시 악충과 독사의 무리가 없으니 등산자가 청사(靑紗)의 면사포(面紗布)를 지니는 것은 궂은 파리의 물고 뜯음을 막으려 함이다. 수백 리에 뻗친 대수해에 나무에 좀이 없고 땅에 물고 쏘는 벌레가 없어 쓰러진 나무, 썩은 가지, 두터운 이끼, 수북한 풀에 언제나 앉고 눕고 하되 지네, 노래기, 도마뱀 한 마리 나오는 바 없다. 신무치가 까운 곳 불탄 등걸 엉성한 곳에 구렁이 엎드린 굴혈(窟穴)이 있다고 들었으나 춥고 깨끗한 이 고장에 뱀류가 있을는지 도리어 의문이다.
　두만강의 좌안(左岸)[164]에서부터 거칠봉을 지나는 동안 풀매미 노래하고 여치가 우는 소리를 들었으나 신무치 가까이 와서는 벌레 소리조차 안 들리는 온통으로 정적(靜寂)한 세계로 화하였다. 백두산은 꽃이 많은지라 덩달아 나비가 많다. 세백접(細白蝶)이라고 하는 곱고 가냘픈 나비는 이 산만의 특산이라고 하거니와 송도고보(松都高普)의 김병하(金秉河)씨가 거칠봉 도중에서 채집한 수많은 나비류 중에는 그 전형적인 것을 보았다. 식물의 분포는 자못 무진수(無盡數)[165]이어서 식물학자의 수연(垂

---

163) 새들.
164) 왼쪽 기슭.
165) 무진장(無盡藏).

涎)¹⁶⁶⁾하는 바이니와 극목방비(極目芳菲)¹⁶⁷⁾한 고산식물의 자태가 숫나기의 눈에는 오직 놀라울 뿐이다. 중동학교(中東學校)의 최여구(崔如九)씨는 아침부터 저녁까지 식물의 채집에 열중하시는데 좌작진퇴(坐作進退)¹⁶⁸⁾를 규율에 맞춰하는 이번 길로서는 충분히 진귀한 종류을 탐색할 수 없음이 유감이라 한다.

조류가 적어서 적(敵)이 거의 없고 북서의 강풍이 항상 끊임없음으로 곤충은 모두 날개의 필요를 크게 느끼지 아니하여 천막에 들어와 하소연하는 귀뚜리는 아무렴 메뚜기, 베짱이, 여치의 종류는 모두 다리만 굵고 길되 날개는 동떼게 짧다.

백두산은 봄이 늦고 여름이 바쁘니 7월로 8월 20일경까지 50일 동안인 이 산의 여름에는 늦게든 봄이 그대로 여름되고 바삐 오는 가을이 벌써 높새바람을 몰아와서 두견(杜鵑), 척촉(躑躅), 작약(芍藥), 야당(野棠) 등의 첫 봄일과 여름의 꽃이 이미 지났을 뿐이다. 지금에는 실로 만화방창(萬和方暢)¹⁶⁹⁾ 백연경진(白姸競進)¹⁷⁰⁾ 절후의 계선(界線)¹⁷¹⁾을 툭 터놓고 천지에도 흠뻑찬 선계(仙界)의 춘광(春光)을 나타냄이다.

최여구(崔如九)씨 식물을 압자(壓榨)¹⁷²⁾하고 김병하씨 곤충을 고르는데 시내에서 난초를 깔아 물을 마시고 언덕에 올려 금루매(金縷梅) 꺾어서 가락 만들어 저밥녁 먹고 누었으니 유란의 싱싱한 꽃은 장막에 늘려 휘었는데 고원의 짓궂은 비가 우수수 후려쳐서 잠들려던 나그네를 기치않고¹⁷³⁾ 영성(嘆聲)¹⁷⁴⁾을 발한다. 내일 일을 걱정하며 어느덧 든 잠이 추위에 놀라 깨었다. 장외

---

166) 탐이 나서 갖고 싶어함.
167) 아스라한 향기가 있다.
168) 앉았다 일어나고 나아가고 물러나기.
169) 온갖 꽃이 활짝 피다.
170) 여여쁨을 다투어 뽐내다.
171) 경계선.
172) 눌러서 짜냄.
173) 난데없이.
174) 탄성.

(帳外)에 나서 보니 그동안 구름 한점없이 걷어치운 하늘에 수증기는 오히려 대기 속에 포화되어 차고도 누눅한 기운 살에 스쳐 쓸쓸하다. 축 처져 내려온 퉁퉁 부은 북두칠성은 천막의 한 마루에 비스듬히 등을 대어 소리 없이 돌아가고 북극성에 꼬리가 닿은 길다란 소북두는 시새는듯 마주돈다. 만천성두(滿天星斗)[175] 주먹 가려 굵었으니 여기서 보는 천체는 한없이 숭고하고 조는 듯 까부락대는 둥그런 화톳불은 불꽃도 차차 여위어 간다, 가지가 하늘에 닿은 높은 숲 저쪽대기 쏴아하는 바람소리 괴괴(怪怪)한 대고원 깊은 밤의 대침묵을 깨뜨리고 무한비장(無限悲壯)한 대정감을 일으킨다. 불 피고 장막 치고 우마(牛馬)는 풀에 놓고 우러러 천상을 살피시든 이 세상의 주인인 그네들이 유유히 이 언덕을 내리온지 몇 천년이더냐? 오늘날의 역중(域中)을 물어보건데 맑은 눈에 이슬 엉기는 것을 뉘라서 말해주리? 오! 온 세상이 모두 자니 누가 큰 꿈을 꾸는가?(『조선일보』, 1930년 8월 24일, 4면).

○ 1930년 8월 25일 무두봉상 무두대관(1)

『조선일보』에 「무두봉상 무두대관」이라는 글을 썼다. 이날은 신무치를 떠나 무두봉까지 가는 여정과 견문을 담았다. 새벽 5시에 떠나 정오 경에 무두봉에 올랐다. 계곡 남쪽에서 50년 전의 유물을 보고 그 내력에 대해 이야기하며 대금황제를 칭했던 이징옥이나 청북반란을 일으킨 홍경래 등을 떠올리며 효종의 북벌계획이 수포로 돌아간 이후 북방대륙을 주물러 볼 용기를 잃어버린 현실을 개탄하고 있다. 이날 무두봉에서 하룻밤 야영을 했다.

---

175) 하늘 가득한 별.

7월 30일 오전 5시에 일어나 6시에 출발 들쭉의 관목이 퍽은 많은 밀림을 지나 겨우 3~4리에 홍토수(紅土水)의 물소리 나는 계곡의 남안 편평한 땅에 한덤이 벽돌이 쌓여 있어 위에는 고스란히 기와 장을 포개었으니 그 제작(製作)이 마치 중국풍인데 약 50년 전의 유물이라 한다. 그 내력은 자못 구구하니 첫째, 제정 러시아의 극동경략(極東經略)이 한참 바쁠 적에 이 고장에 으슥한 근거지를 잡으려고 제조한 것, 둘째, 홍토수의 발원인 원지에 중국인 부호(富豪)의 방년(芳年)의 딸이 포원(抱冤)[176]하고 빠져 죽었기에 그 사당을 지어 명복을 빌려 하던 것이라는 것, 셋째, 오록정(吳祿廷)이라는 사람이 청실(淸室)을 위하여 충근(忠勤)할 때 여기다가 따로이 한 현(縣)을 개창하려고 하였다는 것은 이 근방에 이 화제를 남기어 둔 관북태생(關北胎生)의 한변외(韓邊外)가 백두산 동북에서 몇 대 기업(基業)을 개창하여 잘 했으면 제2의 이만주(李滿住)[177]가 될 번 하던 끝에 그 손자 한병화(韓秉和)가 이곳에 이상향을 건설하려던 유물이라고 하는 것이다.

  첫 번째 설은 믿을 수 없고 두 번째 설은 그럴 법도 하나 내용 너무 빈약하고 오록정유적설(吳祿廷遺跡說)도 쉽게 단정할 재료가 적으며 한씨유물설이 많은 사람의 취미 끄는 바이다. 일민(一民)이 보신 바에 의하면 기와에 분명 이화(李花)가 있었다 하니 이화와 오엽연화(五葉蓮花)는 숫내기가 속기 쉬운 바이다. 한씨 유적일진대 그저 보기 섭섭하다. 논자 혹은 한씨가 북만(北滿)의 완충대 동방풍운(東方風雲)의 온양(醞釀)[178]되는 땅에 세거하면서 끝끝내 지중물(池中物)로 골아버린 것을 개탄하는 바있다.

  시대의 분위기가 그로 하여금 풍운을 불러내는 패택용(沛澤龍)[179]

---

176) 원한을 품다.
177) 이만주(李滿住, ?~1467): 건주여진(建州女眞) 후리가이(胡里改) 부족의 대추장이다. 15세기 중반 조선과 명나라 사이에서 조공과 약탈을 거듭하며 세력을 떨쳤으며, 세종의 사군 육진 개척 당시의 주적이었다.
178) 술을 담금. ~피어남.
179) 큰 못의 용.

될 수 없었으니 이징옥(李澄玉)[180]의 대금황제(大金皇帝)도 싱겁게 지레 죽고 홍경래(洪景來)의 청북반란(淸北叛亂)에도 간신히 대청병(大淸兵)의 성원(聲援)을 떠벌리던 판에, 일세의 사기(士氣)가 모조리 졸아 들어 효종북벌의 계획이 넘어진 뒤로 다시 북방대륙을 주물러볼 감때[181]를 차려본 이 없었다. 수백리의 지방으로 생취(生聚)[182] 자못 은부(殷富)[183]하였다는 한(韓)으로도 다 밝은 천지에 거연히 어찌할 수 없었을 것이다. 오직 녹림(綠林)의 객이 오히려 만주왕처럼 되고 대원수(大元帥)의 위(位)로써 일시 4백여 주(州)를 노려본 바 있었으니 한(韓)이 범용(凡庸)[184]하다면 할까? 어찌했던 해볼 만한 자리에 하염없이 갇다는 것은 이것도 근세조선의 어렴풋한 한 반영으로 유심인(有心人)의 정회(情懷)를 찌르는 바이다.

이날은 무트리봉[185]까지 6리여로 약 50리 행정(行程)이나 경사는 웬간히 급해졌고 쾌청된 날씨에 때때로 더위가 온다. 다만 서쪽으로 청염웅혼(淸艶雄渾)[186]한 백두연봉(白頭連峰)이 바라보이고 왕왕 계곡이 감돌아서 단조롭던 안계(眼界)를 깨뜨리며 박달나무·전나무와 송락(松絡)을 늘인 노목들이 많고 우방(牛蒡) 비슷한 잎 넓다란 두약(杜若: 말굽풀)과 용담초의 총생(叢生)[187]한 자줏빛 꽃떨기와 바짝 짧아진 땅들쭉과 석남(石楠)의 관목(灌木)이 있다. 더욱 올라가니 지의(地衣)라는 백선(白蘚), 솔잎버찌같은 녹선(綠蘚), 하얗고도 죄그만 매발화(梅鉢花), 천

---

180) 이징옥(李澄玉, ?~1453): 수양대군이 계유정난을 일으켜 집권한 뒤 김종서의 심복이라는 이유로 파직 당하자 함경북도 종성에 가서 대금황제(大金皇帝)를 자칭 여진족의 후원을 얻어 반란을 일으켰으나 피살되었다.
181) 억센.
182) 생활.
183) 풍족하다.
184) 평범하고 변변하지 못함.
185) 무두봉.
186) 맑고 곱고 웅혼한.
187) 뭉쳐나기.

홍색(淺紅色)으로된 낭우아초(狼牛兒草)의 어여쁘고도 자디잔 꽃과 쑥쑥 솟은 엉겅퀴꽃과 밋밋한 줄기에 넓은 잎 죽죽 뻗은 청류초(靑柳草: 하늘옥수수)와 기타 활엽 숙근초(宿根草)의 시새어[188] 피고 엉클어져 푸른 신운(神韻)이 뜸뿍한 비탈을 올라 오정(午正) 조금 지나 무틀봉(峰)에 다다랐다. 여기서 백두상봉(白頭上峰)까지 4리 남짓. 30리가 더 된다. 오늘은 예서 일찍 노영(露營)하고 반일(半日)을 쉰 후에 신탄(薪炭)[189]까지 준비하여 상봉(上峰)에 휴대하자 하니 불모대로된 절정의 일대에는 목재와 신탄(薪炭)이 아울러 얻을 수 없음이다.

표고 1,927.50미터로 절정(絶頂)을 가기까지 8백 15미터를 남겼으니 안계(眼界) 자연 넓어져서 웅원(雄遠)한 산악(山岳)들이 발아래에 보이며 완연 인공(人工)의 유적(遺跡)인양 미끈히 다듬어진 등성이는 역연(歷年)[190] 등산가(登山家)의 노영지(露營地)로 행여 고건물(古建物)의 유적(遺跡)도 보일듯한 경상(景像)이다. 신무치수(神武峙水)의 계류(溪流)를 앞에 놓아 토강(土岡)을 등져 야영하였다. 몇 부대(部隊)는 나가서 벌목(伐木)할 때 나도 또한 일원으로 참가하였다. 신무치수(神武峙水)는 두만강(豆滿江)의 최고(最高)의 발원(發源)으로 무두봉(無頭峰)의 북안(北岸)에 닿은것이니 직경 4~5촌(寸)의 탕혈(宕穴)[191]에서 청렬(淸冽)한 잠류수(潛流水)가 퉁겨져 나와 일초일두(一秒一斗.)[192] 이상의 양으로 흘러가니 향토 사람들은 대체(大體) 이로써 두만강원(豆滿江源)이라고 하여 그 본류(本流)의 시초로 잡는 것이다.

오식(午食)한 여가(餘暇)에 동반 7인이 강원(江源)[193]을 거슬러서 간도(間島) 두도구(頭道溝)에서 오신 임중호(林重虎)씨의

---

188) 다투어.
189) 땔나무와 숯.
190) 여러해.
191) 바윗구멍.
192) 1초에 한 말.
193) 강의 근원.

호의(好誼)를 빌어 기념촬영(紀念撮影)하고 얼마쯤은 자유행동을 하였다. 경성일보(京城日報) 무산지국(茂山支局)의 겸전악성(鎌田岳城)씨가 촬영하자 무두봉의 밀림중에 갔다가 퇴락한 폐사(廢寺)에서 헌채롱을 얻어와서 그중에는 기인둔갑(奇人遁甲), 하락내경(河洛內經), 금경옥함전도(金鏡玉凾全圖) 외에 술서(術書)[194]가 약간이 있으나 용필(庸筆)[195]로 마구 쓴 것이 볼품이 없고 식토(埴土)[196]로 만든 관음상(觀音像)이 있어 일본제(日本製)로 되었으니 행각승(行脚僧)의 유기품(遺棄品)인지 모처럼 호기심을 내어 뒤져보았으나 도리어 실망하였다(『조선일보』, 1930년 8월 25일, 3면).

○ 1930년 8월 26일 무두봉상 무두대관(2)

『조선일보』에 「무두봉상 무두대관」라는 글을 썼다. 대종교 경전 삼일신고의 '나무가 군령(群靈)으로 되어 성지(聖地)에 호시(護侍)하고'라는 일부 문구를 인용해서 국조 단군 개국의 터전인 백두산의 신비와 이곳을 오르는 감격을 묘사하고 있다. 또한 "백두산에 놀아 무두봉상(無頭峰上)의 대장관(大壯觀)을 안 보고 온다하면 그 대반(大半)의 가치를 놓침일 것이다"라며 무두봉 위에서 본 백두산의 아름다움을 표현하고 있다.

이날은 노영지(露營地)의 위 편편한 삭지(索地)[197]에서 군대(軍隊)와 지방단(地方團)의 회식(會食)이 있었다. 식야중위(植野

---

194) 술법에 관한 책.
195) 용렬(庸劣)한 글씨. 필체가 떨어지는.
196) 진흙.
197) 평지.

中尉(中尉)가 와서 건강이 회복된 축배를 들어줌으로 회사(回謝)하였다. 아까부터 벼르던 무틀봉 등림(登臨)을 식후에 단행하기로 하여 십여명이 일단(一團)[198]으로 떠났다. 이 일경(一境)에는 스위트피(sweet pea)에 속하는 부자(付子) 꽃이 있어 진한 지치[199]빛이 퍽은 고운데 무틀봉(峰)까지는 반쪽이 관목(灌木)과 태선(苔蘚)이 섞여 난 지대(地帶)요, 반쪽은 교림대(喬林帶)로 되었다. 봉두(峰頭)까지는 수십 정(町)되는 길인데 관목(灌木)과 태선(苔蘚)이 섞여 어울린 늦은 비탈의 색채(色彩)와 그 경광(景光)은 다른데서 볼수 없는 대표적인 절경(絶景)이다.

화산재(火山灰)가 풀어지고 지엽(枝葉)이 썩어서 시꺼먼 토층(土層)이 원래 범계(凡界)[200]의 따를바 못되는데 거기에 뿌리주고 인세(人世)의 연진(煙塵)[201]을 벗어나서 제대로 자라난 고산지대(高山地帶)의 식물들은 도저히 속인(俗人)의 상상을 벗어난다. 석남(石楠)의 상록활엽(常綠濶葉)과 솔잎버찌의 침엽(針葉)과 황양목(黃楊木) 같은 누운 들쭉의 가는[細] 잎이 진푸르고 새파랗고 얀얀히[202] 푸른데다가 수옥색(水玉色)으로 하얀 백선(白蘚)의 포근포근한 덩어리가 빈틈없이 탁 엉기었다. 곳곳에 새빨갛게 물들은 석남(石南)의 취(醉)한 잎 이채(異彩)를 놓아 넓고 넓은 벌이 마치 선인(仙人)의 야회장(夜會場)인듯이 문양(紋樣)의 아름다움과 색상(色相)이 속(俗)보다 뛰어남은 형언(形言)할 수 없다.

디디고 갈수록 흥청흥청 탄력(彈力)을 가진 것이 소파의 의자를 천백개 연폭(連幅)[203]한 것 같아서 그 풍정(風情)이 비길 데가 없다. 얼마 올라가니 한편으로 걸게[204] 푸른 교림(喬林)이 살

---

198) 한무리.
199) 지치과에 속하는 다년생 초본 식물. 지초(芝草), 자초(紫草)라고도 한다.
200) 속세.
201) 티끌.
202) 이들이들.
203) 이어놓은. 잇대 놓은.
204) 짙게.

피좋게[205] 쪽 늘어섰는데 그 아름다운 관목(灌木)과 태선(苔蘚)의 혼생대(混生帶)가 뚝 끊기고 담백(淡白)한 부석(浮石)벌이 웬간한 급류사(急類斜)[206]를 나타내어 발끝에서 폭삭폭삭 미끄러짐이 무엇인지 속계(俗界)에서 경험하지 못할 일진(一陣) 선미(仙味)를 자아낸다. 꼭대기에 올라갔다. 연포(連抱)[207]의 나무를 도끼대어 족였으니[208] 통창(通暢)한 기세가 벌써 호호(浩浩)하여 거칠 것이 없다. 이는 반드시 산의 수행자들이 치성(致誠)과 첨망(瞻望)[209]에 편하게 하고자 일부러 힘들인 바일 것이다.

　최고지점을 골라 천평천리(天坪千里)의 대전망(大展望)을 해 보기로 한다. 약 2천 미터의 표고(標高)로서 동안(東岸)은 상당히 준급(峻急)[210]한 경사이다. 북으로 대각봉(大角峰)과 북서로 병사봉(兵使峰)을 최고점(最高點)으로 한 백두연봉(白頭連峰)을 등지고 대연지봉(大臙脂峰)·소연지봉(小臙脂峰)의 돈후(敦厚)하고 무미(嫵媚)[211]한 자로부터 선오산(鮮奧山)·간백산(間白山)·소백산(小白山)의 웅혼(雄渾)하고 기수(奇秀)[212]함과 남으로 북포태산(北胞胎山)과 남포태산(南胞胎山)의 연봉(連峰)을 지나 갓모봉·설령(雪嶺)등 여러 산에 웅대하고 장려(莊麗)하게 옹립(擁立)된 한중간에 무진장(無盡藏)으로 전개된 창창(蒼蒼)한 대수해(大樹海)가 일벽만경(一碧萬頃)[213] 순일(純一)히 쭉 늘어서서 삼삼숙숙(森森肅肅)[214] 묘묘망망(渺渺茫茫)[215]하고 탕탕유유(蕩蕩

---

205)　보기 좋게.
206)　급경사.
207)　몇 아름.
208)　찍어내다.
209)　하늘을 올려다 보다.
210)　가파른.
211)　어여쁜.
212)　빼어남.
213)　아주 넓고 온통 푸르게.
214)　빽빽하고 엄숙하게.
215)　아스라하고 까마득하며.

悠悠)$^{216)}$ 현현적막(玄玄寂寞)$^{217)}$하여 유벽(幽僻)하고$^{218)}$ 심수웅원(深邃雄遠)$^{219)}$하고 장려돈후(壯麗敦厚)하고 홍대(洪大)함이 언어(言語)가 끊어지고 명상(名像)$^{220)}$하기 어렵다.

나무가 군령(群靈)으로 되어 성지(聖地)에 호시(護侍)하고$^{221)}$ 가지가지 정곡(情曲)을 품어 천만고(千萬古) 무량겁(無量刼)의 쌓이고 쌓인 대비밀(大秘密)을 그윽하게 말하는듯하다. 저문날 떠오르는 놀이 자기(紫氣)를 띠어 쫙 퍼지다가 청람(靑嵐)$^{222)}$에 마주쳐서 빙그시 소용돌고 중천(中天)에 쏘이는 반조(返照)$^{223)}$가 타는 듯 맑을 때에 화안하게 들여다 보이는 듯한 깊고 깊은 나무와 나무의 속속들이에는 알지 못할 무엇이 기약하지 못할 정체(正體)를 금방 들어내는 듯하다. 소백산(小白山) 아굴텅이로 무럭무럭 피어나는 엷은 구름이 삽시(霎時)에 시커멓는가? 어느덧 확 풀어져 없어지고 영명(靈明)한 기운(氣韻)이 대계(大界)에 가득찰 때 극목창망(極目蒼茫)함이 아연(啞然)히 말한마디 안나오게 한다. 동북(東北)으로 웅건평직(雄健平直)한 북만(北滿)의 여러 산맥은 한없이 허광(虛曠)$^{224)}$한 정감을 보태어 준다. 백두산에 놀아 무두봉상(無頭峰上)의 대장관(大壯觀)을 안 보고 온다하면 그 대반(大半)의 가치를 놓침일 것이다.

삼엄(森嚴)한 대수해(大樹海)의 위에는 오직 웅대한 침묵과 회

---

216) 거침없이 유유(悠悠)하며.
217) 신비롭고 고요하여.
218) 그윽하고.
219) 깊고 높으며.
220) 말로 표현하다.
221) 모시다. 지켜서다. 대종교 경전 『삼일신고(三一神誥)』 3장 천궁훈(天宮訓)에 '群靈諸哲이 護侍하니 大吉祥大光明處라(하느님의 궁전은 수많은 수호신들과 도를 깨달은 자들이 모시고 있으며 지극히 복되고 상서로우며 매우 밝게 빛나는 곳이다)'는 내용이 있다
222) 푸른 기운.
223) 반사되는 빛.
224) 텅 비어있음.

회(恢恢)[225]한 감격이 있을뿐인데 창공(蒼空)을 헤치고 획 날러 드는 보라매가 다만 한머리 운소(雲霄)[226]에도 오를듯이 그지없이 날아간다. 내가 실로 한 마리 운학(雲鶴)으로 화(化)하여 천년세사(千年世事)를 바깥으로 보면서 이 장로신비(壯露神秘)한 지경에서 무한(無限)하고 함께 무량수(無量壽)의 대생명(大生命)을 누릴 수 없음이 한일뿐이다. 돌아오매 화톳불 피어오르는 곳에 일행은 담화가 각각 무르녹았다. 이날에 월파(月坡)는 따로 휴대한 천막을 치고 한정한 하루밤을 누리려고 하기에 나는 거기에 가담하기로 하였다.

오후 9시 음력 윤달 6월 4일 밤의 반달은 벌써 병사봉(兵使峰)의 남으로 넘어가고 성성(星星)한 은하(銀河)는 무틀봉(峰)의 우안(右岸)에 그 하구(河口)를 빗긋이 걸었는데 에리단[227] 개울의 꺾여내려간 여울목은 대연지봉(大臙脂峰)의 북쪽으로 기대여 고요히 상천여인(上天麗人)[228]들의 비련(悲戀)의 눈물을 쏟아보내는 듯, 이미 상봉(上峰)에 닿았는데 또 이같은 좋은 밤을 만났으니 기구(崎嶇)한 쇠세(衰世)의 불초(不肖)한 내가 무엇으로 이 무량청복(無量淸福)을 얻었는가? 아득한 심회(心懷)를 묻힐 길 없어할 때 달보고 흥이 높아지는 월파(月坡)의 노래소리 들으면서 그대로 잠들었다(『조선일보』, 1930년 8월 26일, 4면).

○ 1930년 8월 27일 분수령상에서 (1)

『조선일보』에 「정계비변산해비(定界碑邊山海悲)(一)): 분수령상(分水嶺上)에서」라는 글을 썼다.

---

225) 매우 넓고 큰.
226) 구름 낀 하늘.
227) 고대 그리스 별자리 에리다누스(Eridanus)를 의미함. 신들의 강이라는 의미로 은하수와 연결된 방대한 수로를 상징하며 가장 밝은 별은 시리우스이다.
228) 하늘나라의 아름다운 여인들.

민세는 1930년 7월 백두산정계비를 현장에서 마지막으로 확인했다. 이날 정계비를 실측하고 자세한 기록을 남겼다. 또한 "광무(光武)와 융희(隆熙)의 즈음 신저(新著) 한 지리서(地理書)를 배울때 한 많은 35자 비문(碑文)을 얼마든지 읽고 외우고 하며 나도 장래에 이 문제를 중심으로 얼마쯤의 영웅적인 분투라도 할듯이 그윽한 기대를 자부하는 소년심(少年心)을 가졌던터라 일찌기 잊히지 않은 바"라며 자신이 청소년기부터 이 정계비 문제에 많은 관심을 가졌다고 밝히며 직접 본 감격을 적고 있다. 또한 이 비석을 보면서 쇠망한 조선의 운명에 대해 탄식하고 있다.

〈사진 5〉 백두산정계비 (『조선일보』 1930. 8. 27)

31일이다. 오늘은 오전 5시에 떠나 이제는 그만 백두산 절정(絶頂)을 오르고 천지(天池)의 비역(秘域)을 더듬는 것이다. 이제까지 모든 고심(苦心)이 이날 때문이다. 용기도 백배(百倍)하여 흉중(胸中)은 말할 수 없다. 3시 반에 두만강원(豆滿江源)을 더듬어 내려가 이 닦고 세면(洗面)하고 속옷을 갈아입고 양말까지 새로 신었다. 행여나 유루(遺漏)[229]가 있을까 첫새벽부터 서둘렀다. 어젯밤 추위에 본대(本隊) 막영(幕營)으로 뛰어들어와 경암(敬菴)과 예대(詣坮) 두 사람의 틈을 헤집고 있는 뱃심 다부리어 한참의 감수(甘睡)[230]를 빈 것도 절정 돌파(絕頂突破)를 위하여 건쾌(健快)한[231] 심신(心身)을 가지고자 함이다.

마부가 된 학생 차행국(車行國)군이 말을 끌어 권함으로 그대로 타고 소림지대(疎林地帶) 잠깐 지나 금루매(金縷梅) 퍽 많은 관목대(灌木帶)도 거쳐 문득 태소대(苔蘇帶)까지 왔다. 경일지국(京日支局)의 겸전(鎌田)씨가 어제 술서(術書)를 얻어온 연두봉(蓮頭峰)은 무두봉(無頭峰)의 비슷한 서북(西北)으로 밀림 중에 사찰(寺刹)이 있고 밑으로 늪이 있더라는데 나는 가보지 못한 것이 유감(遺憾)이다. 이 부근은 이미 봉만(峰巒)[232]이 겹놓이고 계학(溪壑)[233]이 몰아들어 등산 기분은 선명하다. 사나운 서북풍이 언제나 넘겨 때림으로 가붓한 부석(浮石)벌이 파문상(波紋狀)[234]으로 두렁을 이루었다. 골창은 백사지(白沙地)로 되고 두렁에는 풀이 덮인 것도 사화산(死火山)인 백두에서만 볼수 있는 기경(奇景)[235]이다. 어쩌다 외따로 생긴 나무가 북서로는 가지가 없고 동남으로 슬쩍 누워 그야말로 모진 풍상(風霜)을 뼈저리게 겪고 있는 것은 갑자기 숙살(肅殺)[236]의 정(情)이 높아진다.

---

229) 빠지거나 새어나감.
230) 단잠.
231) 건강하고 상쾌한.
232) 꼭대기가 뽀족뽀족 솟은 산봉우리.
233) 시냇물이 흐르는 산골짜기.
234) 파도무늬 모양.
235) 기이한 경치.
236) 엄숙한.

대각봉(大角峰) 바라보며 잠간 쉬니 검덕산(山)·노은산(蘆隱山)·증산(甑山)의 크고 작은 뫼는 벌써 발아래 깔리었다. 운해(雲海)가 대수해(大樹海)의 틈틈에 해맑은 만장(萬丈)의 깁을 늘였는데 삼지연(三池淵)의 한조각 명호(明湖)[237]가 청옥(靑玉)의 넓은 반(盤)에 흰구슬을 박은 듯하다. 연지봉(臙脂峰)을 왼쪽으로 보며 다시 곡지(谷地)에 들어서니 사원(四園)의 봉만(峰巒)이 완연 작은 구릉(丘陵)인데 오직 동북으로 길림(吉林)의 산휘(山彙)가 운하(雲霞)[238]속에 잠긴 것이 의연히 웅대미(雄大味)를 가져온다. 토문강(土門江)으로 내려가는 계곡을 건너 분수령(分水嶺) 위에 올라가니 2,200미터의 고지대(高地帶)이지만 평평한 등성이로 관목(灌木)조차 거의 없다. 풀과 이끼가 두터운 곳 일편(一片)의 정계비(定界碑)가 있어 편마암(片麻岩)의 자연석(自然石)을 납짝하게 다듬은 것이다. 길이가 삼척(三尺) 남짓으로 보아서 위대(偉大)하지 아니하나 이 한 조각 돌이 풍풍우우(風風雨雨)[239] 219년에 비수(悲愁)와 참괴(慙愧)와 원한(怨恨)과 분노(憤怒)와 회한(悔恨)의 한복판에서 외로이 쇠망한 조선(朝鮮)의 운명을 짊어지고 온 것임을 생각하면 실로 비분의 값싼 발로(發露)를 할 겨를도 없다. 초연(悄然)한 침묵과 침통한 응시(凝視)로 전십고(前千古) 후천고(後千古)를 자기(自己)의 가슴속에 몰아다보고 내려다보면 우두커니 저회(低廻)[240] 아닌 방황(紡徨)을 할 밖에 없는 바이다.

광무(光武)와 융희(隆熙)의 즈음 신저(新著) 한 지리서(地理書)를 배울때 한많은 35자 비문(碑文)을 얼마든지 읽고 외우고 하며 나도 장래에 이 문제를 중심으로 얼마쯤의 영웅적인 분투라도 할 듯이 그윽한 기대를 자부하는 소년심(少年心)을 가졌던터라 일찌

---

237) 밝은 호수.
238) 구름과 노을.
239) 비바람.
240) 공중에 낮게 떠서 빙빙 돎.

기 잊히지 않은 바이지만 이제 보매 틀림없는 그것이다.

대청 오라총관 목극등이 칙지를 받들어 변경을 조사하고 이곳에 이르러 살펴보니, 서쪽은 압록이 되고 동쪽은 토문이 되는 까닭에 분수령 위에 돌을 새겨 기록한다.

강희 51년(1712년) 5월 15일
필첩(筆帖) 식소이창(式蘇爾昌) 통관(通官) 이가(二哥)
조선군관(朝鮮軍官) 이의복(李義復) 조태상(趙台相)
차사관(差使官) 허량(許樑) 박도상(朴道常)
통관(通官) 김응헌(金應憲) 김경문(金慶門)

大淸烏喇總管穆克登奉
旨査邊至此審視西爲鴨綠東爲土
門故於分水嶺上勒石爲記

康熙五十一年五月十五日
筆帖 式蘇爾昌 通官 二哥
朝鮮軍官 李義復 趙台相
差使 官許樑 朴道常
通官 金應憲 金慶門

이라는 용치못한[241] 필치(筆致)에 깊지 않게 새긴 것이다.

그것이 모진 풍우(風雨)에 돌보는 이 없음인지 고단하게 땅위에 누워있다. 이 비석이 서있는 한마루[242]를 기점(基點)으로 서쪽으로 수십 간(間)에 분수령 우안계곡(右岸溪谷)이 있다. 담수(淡水)가 몇 척 직경(直徑)의 샘에 솟아 압록강의 근원을 이뤘

---

241) 변변하지 못한.
242) 꼭대기.

다. 동(東)쪽으로 영(嶺)의 왼편 기슭에는 송화강(松花江)에 들어가는 토문강(土門江) 물이 시작되어 이깔나무 삼림 가운데를 우회(迂回)하여 멀리 만주(滿洲) 돈화현(敦化縣)의 서북(西北)쪽으로 도는 것이니 전시대 조선(朝鮮)의 각종 여지도(輿地圖)는 모두 북간도(北墾道) 지방으로 강역내(疆域內)에 실어 아무도 의심하지 않던 바이다.

 이 정계비(定界碑)를 중심으로 좌우 500미터 사이에는 약 50미터만큼 적석(積石)을 두어 경계를 삼았으니 이 적석과 적석이 마주 닿는 선을 그어 길게 뻗치면 서쪽으로는 압록강 근원에 닿고 동쪽은 토문강(土門江)에 닿아 앉은뱅이로 뭉치고 소경으로 만져보더라도 두말없는 국경이다. 백두산(白頭山)의 동쪽 기슭에 서서 여기를 보며 계수(溪水)의 흘러가는 것이 또렷하고 명백하여 '동위토문(東爲土門)'이란 명문(銘文)의 앞에 군소리나 개소리 안 할 자리이다. 이것이 수백년 이래 문제되어 노(老) 대제국도 무염(無厭)[243]의 낭탐(狼貪)[244]을 부려대고 성의없는 강린(强隣)은 부조(扶助)는 커녕 제삿상 다리치는 억울한 국면으로 되어 한숨에 졸이고 눈물에 적신 이 일편 비석(碑石)이 파집잔란(破集殘卵)[245]도 못 부지하는 원한의 표상으로 되고 만것이다(『조선일보』, 1930년 8월 27일, 4면).

○ 1930년 8월 28일 분수령상에서 (2)

『조선일보』에 「정계비변산해비(定界碑邊山海悲)(2): 분수령상(分水嶺上)에서」라는 글을 썼다.

 "동위토문(東爲土門)의 경계선에 의하여 간도(間島)는 당시 조선

---

243) 싫증 없는.
244) 탐욕.
245) 깨진 둥지에 남은 알.

에 속하는 것이다. 간도(間島) 그것의 지형 지리의 현상으로서도 명명백백 조선적으로 되었으니"라며 간도는 조선땅임을 주장하고 있다. 또한 정계비를 세울 당시 백두산 분수령까지 오르지 않은 감계사 박권과 함경감사 이선부의 행태를 비판하고 책임을 다하고자 힘쓰며 끝까지 올라 청나라 칙사인 목극등에게 항의했던 통역관 김경문의 노고를 치하하고 있다.

  이 사이는 백두산(白頭山) 일대에 큰비가 없고 어제와 오늘은 쾌청(快晴)이 계속되어 분수령(分水嶺) 등성이에 건조한 맛이 있으며 토문강 근원인 계곡에도 물기운이 없다. 향토인(鄕土人)의 말에 의하면 여기서 15리쯤은 여간해 물이 가는 일이 없고 15리를 나가서 대각봉(大角峰) 저 비탈에서는 약 100미터 사이되는 벽립(壁立)[246]한 양안(兩岸)이 하릴없는[247] 토문(土門)으로 되었으므로 토문강(土門江)의 이름은 예서 기원됨이다. 강의 흐름이 분명히 시작된 고장에서부터 낙엽송의 밀림 속을 동북으로 40리나 우회하여 북으로 꺾이어 약 30리의 세류(細流)로 되고 곤곤(滾滾)한[248] 급류가 준초(峻峭)한 협곡의 사이로 흘러가기 180리에 이도강(二道江)이 되어 송화강(松花江)에 들어가는 것이다.
  동위토문(東爲土門)의 경계선에 의하여 간도(間島)는 당시 조선에 속하는 것이다. 간도(間島) 그것의 지형 지리의 현상으로서도 명명백백 조선적으로 되었으니 전천고(前千古) 몇십세기 역사적 인연은 차치하고 현재 조선의 경지(境地)로서도 간도(間島)의 소유주가 누가 되어야할 것은 용장(冗長)하게[249] 논할 필요가

---

246) 우뚝선.
247) 어떻게 할 도리가 없는.
248) 다함이 없는.
249) 쓸데 없이 길게.

없는 것이다.

그러나 정계비(定界碑) 있는 분수령 위에서 대각봉(大角峰) 부근까지 답사하여 무심코 이 계곡을 볼 때에는 그것이 두만강(豆滿江) 상류의 근원(根源)인지 과연 송화강(松花江)의 한 지류로 된 것인지 조솔(粗率)한[250] 자에게는 언뜻 판명되지 않는 바이다. 목극등(穆克登)이 당시 저간의 사정을 모르고 거오(倨傲)에 또한 독단으로 "서위압녹동위토문(西爲鴨綠東爲土門)"을 본대로 정하고 "고어분수령상륵석위기(故於分水嶺上勒石爲記)"하는 일막(一幕)에 이름이라고 청(淸)을 위하여 유리한 해석을 부치는 자 있게 된 것이다.

그러나 토문(土門)은 토문(土門)이요 두만(豆滿)은 두만(豆滿)이어서 양자가 서로 섞어 바뀔 바가 아니다. 두만강 근원의 최북단인 석을수(石乙水)와 원지(圓池)에서 내려가는 홍토수(紅土水)는 분수령(分水嶺)에서 70리이다. 무두봉(無頭峰) 저쪽으로 시작된 두만강 근원의 최고점인 신무치수(神武峙水)에도 또한 대연지봉(大臙脂峰)의 동(東)으로 뻗은 일맥(一脉)이 높다란 봉척(峰脊)[251]으로 되어 중간에 약 20리의 한계가 벌여있다. 북으로 돌아 송화강(松花江)에 합류된 토문강(土門江)과 동으로 창해(蒼海)[252]에 조종(祖宗)[253]하는 두만강(豆滿江)은 경토(境土)[254]의 관계가 매우 중대한 바이다. 이것이 200년 간 중중첩첩(重重疊疊)[255]하는 한청간(韓淸間)의 국제분의(國際紛議)[256]를 일으키는 초점으로 되던 것이다.

강희(康熙) 51년(1712)은 조선에는 숙종(肅宗) 38년 임진년

---

250) 거칠고 경솔한.
251) 산줄기.
252) 푸른 바다.
253) 가장 근본적이며 제일 주요한 것을 비유적으로 이르는 말.
254) 국경 안에 있는 한 나라의 영토.
255) 여러 겹으로 포개진. 쌓이고 쌓인.
256) 국가간 어수선하게 뒤섞인 의론.

(壬辰年)이다. 강희제(康熙帝)의 칙사(勅使) 오라총관(烏喇總管) 목극등(穆克登)이 장백산(長白山) 일경(一境)을 보유하여 청조 발상(淸祖發祥)의 성지로 그 관경(管境)의 안에 두고자 했다. 그 존천거오(尊天倨傲)[257]한 생각이 이미 독천적(獨擅的)[258] 행동을 하려고 했다. 조선의 감계사(勘界使) 박권(朴權)과 함경감사(咸鏡監司) 이선부(李善溥) 무리는 사인교(四人轎)[259]가 간신히 허항령(虛項嶺)을 넘자마자 심산절역(深山絶域)에 곰과 이리가 밀림에 헤매는 것을 겁냈던지 제발로는 촌보(寸步)를 걷는 것이 하치도 않은 귀골(貴骨)[260]들에게 당치않은 모독으로만 알았다. 종국(宗國)[261]의 일이야 어떻게 되었든 "나는 더 못 가겠소" 하는 추한 양탈(攘奪)[262]의 장면을 보였던 것이다.

두산섭수(豆山涉水)[263]하며 국가를 위하여 방위하는 것은 군관통사(軍官通事) 등 하료배(下僚輩)나 할 일이지 주자(朱子)하고 당쟁(黨爭)하고 그것의 버무림인 문벌(門閥)의 지상 가치를 떠메고 있는 감계사(戡界使)라 하는 자는 처음부터 아랑곳할 바 못되는 일인듯 했다. 가련한 생활의식의 소유자인 박권(朴權)·이선부(李善溥) 무리가 오늘날 혈성인(血性人)들에게 침 뱉고 짓밟힐 것은 아무럼 가뜩이나 오만(傲慢)한 당일의 목극등(穆克登)은 조소모멸(嘲笑侮蔑)의 냉전(冷箭)[264]을 무더기로 쏘면서 초목(草木)을 헤치고 수림(樹林)을 뚫어 백두산(白頭山)의 절정(絶頂)을 더듬은 후 동서를 지고(指顧)[265]하면서 자행(恣行)으로 독단(獨斷)의 정계비(定界碑)를 세우려고 하였던 것이다.

---

257) 잘난척하고 거만한.
258) 제멋대로 행동함.
259) 앞뒤에 둘씩 모두 네 사람이 메는 가마.
260) 귀하게 자란 사람.
261) 나랏일.
262) 억지로 빼앗음. 여기서는 추태(醜態)의 의미로 보임.
263) 산을 오르고 물을 건너는 일.
264) 차가운 화살.
265) 가리켜 돌아보며.

그래도 충의(忠義) 반만년에 동방풍운(東方風雲)에서 이민족(異民族)과의 각축(角逐)에 갖추어 고난(苦難)을 겪어온 조선인의 혈관에는 아주 씻은 듯 항쟁의 피가 끊일 줄이 만무(萬無)하여 일개 통역관인 김경문(金慶門)이 오히려 거의 항변하는 경골(鯁骨)[266]의 기풍을 들어내여 더 줄을 변강(邊疆)[267]이 분수령(分水嶺)에 오고 압록(鴨綠)의 서계에다 토문(土門)의 동계를 다하게 된 것이었다.

백두산(白頭山)을 복판에 놓코 남북동서 만리의 산하가 조선 선민의 발상(發祥)·성육(成育)·이동·발전의 탄탄한 무대이던 것은 회억(回憶)[268]이 이미 아득하다 하자. 그러나 이 일편 정계비(定界碑)에 오히려 이도강(二道江)의 우안(右岸) 천평천리(天坪千里)의 일반부(一半部)가 의연 현대조선의 기업(基業)이 되어 있는 것이다. 숙종(肅宗) 감계(戡界) 이래 200년에 도리어 비분(悲憤)·원노(怨怒)의 국경싸움을 겪어왔다. 그리고 소년심(少年心)에 장래의 노력을 그리어 보던 것은 어림도 없는 아름다운 환각이었구나. 오늘날 일편 정계비(定界碑)를 앞에 놓고 감회 과연 어떠한가? 그러나 이것은 누가 전혀 쓸모없는 회고적 감상이라고 할까?(『조선일보』, 1930년 8월 28일, 4면).

○ 1930년 8월 29일 분수령상에서(3)

『조선일보』에「정계비변산해비(定界碑邊山海悲)(3): 분수령상(分水嶺上)에서」라는 글을 썼다.

조선 근대의 역사적 흐름과 민중의 저항사를 소개하면서 일본과 청나라의 이해관계가 맞아떨어져 간도협약에 의해 일본이 안봉철도

---

266) 물고기 뼈.
267) 변경(邊境). 국경.
268) 지나간 일을 돌이켜 생각함.

(安奉鐵道)의 부설권(敷設權)을 위한 교환조건으로 거침없이 간도(間島)를 선물로 떼어 돌렸다고 비판하고 있다.

임진(壬辰)·병자(丙子)의 양역(兩役) 소위 남왜구로(南倭九虜)의 대사변(大事變)에 조선의 사회에는 일대 충동(衝動)을 일으켰다. 효종(孝宗) 북벌(北伐)의 10년 고심(苦心)도 이 일대 충동의 비극적인 한 반영(反映)이다. 숙종(肅宗)의 일대(一代)는 어느 의미로 당화(黨禍)의 재연(再燃)과 국가적 부흥기운(復興氣運)이 희박(稀薄)한 한 과정이었다. 영종(英宗)[269]과 정조(正祖) 대는 사가(史家)가 이른바 문예부흥시대이거니와 이때 이후는 한양조(漢陽朝)의 중앙정권이 그 위신(威信)을 실추(失墜)하여 민중흥기(民衆興起)의 신기원(新紀元)이 되었다. 여렴풋 되살아나는 조선의식(朝鮮意識)의 발아기(發芽期)로 된 것이다.

한양조(漢陽祖)를 위해 최대 유일의 광염을 떨친 세종대왕이 절세의 대사업으로 완성한 민족문자에 의한 민족정신(民族精神), 그때에 있어서 종국정신(宗國精神)[270]도 한화주의적(漢化主義的)인 유종(儒宗)의 반벌(班閥)들에 의하여 여지없이 짓밟혔던 것이 이 시기에 와서 되살아나기 시작하였던 것이다. 조선사(朝鮮史)와 조선지리(朝鮮地理) 기타 조선에 관한 학술과 저작 등이 울연(蔚然)히[271] 나타나던 것은 이때에 일이다. 초기적(初期的)인 잡박미(雜駁味)를 다분(多分)으로 가졌으나 그것이 짓밟히어 파묻혔던 조선의식(朝鮮意識)의 부활운동인 것은 의심할 수 없었다. 이는 실로 당나라 놈들의 평양 침고 이래 1천년 만에 갈수록 다했다고 했던 자존(自尊)과 진취(進取)를 본질로 한 고구려(高句麗)로 대표되던 진정한 조선의식(朝鮮意識)의 되살아남

---

269) 조선의 제21대 왕 영조의 원래 묘호(廟號)이다.
270) 제나라를 으뜸으로 여기는 정신.
271) 한꺼번에.

을 의미하는 것이었다.

　만한(滿韓)을 통일하여 대국가건설운동(大國家建設運動)이 백전여겁(百戰餘刼)[272]에서 한 많게 좌절(挫折)되지 않고 조선인의 본거(本據)이던 만주(滿洲)가 영구히 떨어짐이 아니었던들 조선인(朝鮮人)은 그 역사적 필연의 운명으로 거푸거푸 닥쳐오는 해륙풍진(海陸風塵)의 틈에서도 오히려 그 최선의 자위(自衛)를 확보하여 왔을 것이다. 소국안분주의(小國安分主義)로 고정될 밖에 없던 한양조 오백 년 동안에는 그 의식이 드디어 소마(消磨)[273]하여 다했던 것이다.

　그러나 되살아나는 조선의식(朝鮮意識)의 생성과정에서는 여러 가지 조솔(粗率)한 형태로써 일어나는 민중운동(民衆運動)이 대소(大小)의 파문(波紋)을 일으킨 자(者)있으니 순조 임신(純祖壬申)(1812) 홍경래(洪景來)가 평북(平北)에 일어난 것도 퍽은 순화(純化)치 못한 자(者)이었다. 철종 임술(哲宗壬戌)(1862) 진주(晉州)·익산(益山)·함흥(咸興) 삼정(三政)의 난(亂)이란 것은 제4계급(第四階級)의 일규식(一揆式)[274]의 반항형식(反抗形式)으로 또한 민중이 대두(擡頭)하는 한 잠류(潛流)[275]를 말하는 것이다. 고종갑오(高宗甲午)(1894) 동학당(東學黨)의 난(亂)이란 것은 제법 민중혁명(民衆革命)의 형식과 실질을 갖춘 역사 진전(進展)의 당연한 산물이었다. 그러나 이토록 추진하는 시대의 내면에서는 천주교(或天主敎)의 잠행적(潛行的)인 선교(宣敎), 이양선(異樣船)의 내항(來航), 불함대(佛艦隊)와의 전투, 노국인(露國人)의 두만강변(豆滿江邊) 진출 등이 크고 작은 충격을 준 것이었다.

　그리하여 혼란과 착잡(錯雜)한 중에 슬그머니 발양(發揚)[276]

---

272) 수많은 전쟁.
273) 닳아서 없어짐.
274) 한가지로, 한결같이.
275) 마음 깊은 곳에 숨어 있는 감정.
276) 마음이나 기세 따위를 떨쳐 일으킴.

되는 것은 되살아나는 조선의식(朝鮮意識)이었다. 고종갑신(高宗甲申)(1884)의 정변(政變)은 소수인 봉건층(封建層)의 사람들의 음모식(陰謀式)인 쿠데타에 의한 정치변혁(政治變革)의 일시적인 표현이었으나 이 전후의 조선에는 이미 국토와 국민에 관하여 의연한 귤중몽(橘中夢)[277]만을 꾸고 있지 않았다. 그리하여 북간도(北間島)에 있는 월간민(越墾民)[278]을 조선으로 쇄환(刷還)[279]이냐 청국귀화(淸國歸化)냐 하는 문제를 초점으로 국경문제, 즉 간도(間島)의 영속문제(領屬問題)가 한청양국(韓淸兩國) 사이에 불 붙기 시작한 것이다.

그리하여 고종 임오(高宗壬午)(1882) 이래 서북경략사(西北經略使)로 간 어윤중(魚允中)이 경원(慶源)에 가서 월간민(越墾民)의 애소(哀訴)를 듣고 종성(鍾城) 사람 김우식(金禹軾)으로 골고루 백두산(白頭山)을 답사하게 해서 정계비(定界碑)와 토문강원(土門江源)을 사득(査得)[280]한 간도(間島)가 당연 조선영유(朝鮮領有)인 것과 두만강 월간민(越墾民)을 청국(淸國)에서 쇄환(刷還)하기를 요구하는 것이 무리(無理)임을 역설(力說)하여 양국간의 국경쟁의(國境爭議)는 드디어 폭발되었던 것이다.

그리하여 고종을유(高宗乙酉, 1885)의 감계사(戡界使) 이중하(李重夏)는 청사(淸使)와 두만강원(豆滿江源)을 더듬고 토문강원(土門江源)에까지 미쳐 병력(兵力)으로 강제하려는 청(淸)의 무례(無禮)에 항척(抗斥)[281]했다. 광무(光武) 원년 정유년(1897) 함북관찰사 조존우(趙存禹)는 백두산과 토문강, 두만강의 지형을 정밀하게 조사하고 두 차례에 걸쳐 감계(戡界)의 경위를 변설(辯說)[282]하여 "한 치의 흙이나 한 자의 땅조차 잃지 않는다면,

---

277) 귤 껍질속의 꿈.
278) 국경을 넘어 토지를 개간하는.
279) 조선 시대, 외국에서 유랑하는 동포를 데리고 돌아옴.
280) 조사하여 사실을 알아냄.
281) 맞서다.
282) 옳고 그름을 가려 설명함.

못 백성들이 마치 회복 소생의 때를 만나는 것과 같은 것이다"라고 통렬하게 논의하였다. 무술년(1898)에는 종성 사는 백성 오삼갑(吳三甲) 등이 '월경하여 사는 백성이 호적을 잃은 데 대하여 올리는 말(越寓民失籍上言)'으로 더욱 묘당(廟堂)[283]의 근심과 분노를 돋우었다. 내부대신 이건하(李乾夏)가 훈령을 펴서 기해년(1899) 국경을 조사하는 운동이 되어 함북관찰사 이종관(李鍾觀) 경원부사(慶源府使) 박일헌(朴逸憲)에서 이범윤(李範允)의 무력적인 행동에 이르기까지 혹 간도관리(墾島管理)와 국토호위(國土護衞)로써 갈수록 국민적 정열을 환기시키던 것이다.

"관북은 연병(演兵)[284]의 땅이니, 총포와 탄환을 마땅히 다수 갖추어야 한다(關北演兵之地, 鎗砲藥丸, 宜備多數)"라고 북방군비(北方軍備)의 충실을 기획하여 가면서 늦었지만 응유(應有)[285] 힘을 기울이던 당시의 경험은 실로 오히려 무한정전(無限征戰)의 의식을 후인(後人)에게 고취(鼓吹)하는 것이다. 그러나 융희(隆熙)삼년(1909) 9월 4일(明治 42년年) 일청(日淸) 사이에 성립된 '간도(間島)에 관한 협약(協約)'에는 그 제2조에 "일청(日淸) 양국정부는 도문강(圖們江)을 청한(淸韓) 양국의 국경으로 하고 강원지방(江源地方)에 있어서는 정계비(定界碑)를 기점으로 하여 석을수(石乙水)로 양국의 경계를 삼음을 성명(聲明)함"으로 되었다. 이는 당시 안봉선(安奉線) 부설권 문제를 중심으로 오록정(吳祿廷)이 시위(示威)의 출병을 하고 유일(留日) 청국학생들이 봉천(奉天)을 중심으로 배일운동(排日運動)을 일으킬 때 안봉철도(安奉鐵道)의 부설권(敷設權)을 위한 교환조건으로 거침없이 간도(間島)를 선물로 때어 돌린 저들 보호정치(保護政治)의 솜씨로 나온 것이었다.

그러나 간도(間島)에서 통감부(統監府) 출장소(出張所)의 철폐

---

283) 의정부를 이르는 말.
284) 군대의 훈련.
285) 합당한, 당연한.

(撤廢)에만 고소한 생각이 없지 아니하였었지 모처럼 발흥(勃興)되던 의식도 드디어 헷갈리고 말았던 것이다. 50년 늦게 깨인 은둔국(隱遁國)이던 조선(朝鮮)은 되살아나는 조선의식(朝鮮意識)도 다난(多難)한 발육과정(發育過程)에서 드디어 중중(重重)한 침습(侵襲)의 밑에 반사적(半死的)인 상태에 빠졌던 것이다. 한 조각 정계비(定界碑)는 이 산해무한(山海無限)한 비통(悲痛)을 짊어지고 있는 것이다(『조선일보』, 1930년 8월 29일, 4면).

○ 1930년 8월 30일 장엄한 대백두(1)

『조선일보』에 「아! 장엄한 대백두(1): 통철무애의 신비경, 천지가에서」라는 글을 썼다. 백두산 천지에 오른 감회를 적고 있다. "태양이 찬란하고 영롱하게 수면으로 광선을 내려놓아 빠른 바람에 주름져 퍼지는 물결이 가볍게 밀릴수록 천변만화의 색태를 드러내어 장엄(莊嚴)하고 수아함이 형용할 수 없다"라며 천지에서 사면을 바라보며 느끼는 감동을 표현하고 있다. 또한 "좋다가 못견디어 다만 무량대 큰소리로 천지도 뒤집어지도록 방성대일곡(放聲大一哭)을 하였으면 반생의 울적이 씻은 듯 내려 갈듯하다"라며 탁트인 조망과 신비로움에서 얻는 감동을 표현하고 있다. 또한 그 감동을 담아 '망천후'라는 4연 시조도 지었다. 민세는 훗날 이 백두산 천지에 오른 것은 자신의 인생에서 가자 큰 기쁨 중 하나였다고 술회하고 있다.

〈사진 6〉 장엄한 대백두 (『조선일보』 1930. 8. 30)

    그러나 거푸거푸 닥쳐오는 해륙세력(海陸勢力)의 대침습(大侵襲)의 밑에 천백번(千百番) 고쳐나서 생존의 대항쟁(大抗爭)을 하던 세계에도 드세고 질긴 대한(大韓)의 인민(人民)들은 지쳤노라 잠깐 섰던 것이 대죄얼(大罪孼)[286]로 이제 낙후자(落後者)의 큰 수난(受難)을 치르고 있는 것이다. 이 역사가 물려준 무거운 멍에를 메고 현대의 청년들은 비킬틈 없는 대정진(大精進)을 하고 있는 것이 산해(山海)에 넘치는 비통(悲痛)으로 되는 것이다. 정계비(定界碑)를 어루만지며 우두커니 섰는대로 일행은 기념촬영 렌즈를 닫으면서 최종의 출발로 절정(絶頂)을 향해 기어오르는 것이다 "윤관(尹瓘) 장군이 세운 선춘령비(先春嶺碑)대로만 찾아더라도" 하는 소리가 마부(馬夫)들의 입에서도 나온다. 윤관 원수의 비가 두만강 밖 7백 리에 있어 '고려지경(高麗之境)'[287]

---

286) 큰 죄.
287) 고려의 경계. 국경.

이라고 새긴 글자가 있고 비면의 사면은 외인(外人)이 벗겨 없앴다고 전해진다. 이 말만으로 국토문제에 관한 민중적 향념(向念)[288]이 퍽은 깊고 간절(懇切)함을 알겠다.

대연지봉(大臙脂峰)으로 뻗어나간 능성이를 타서 노기등등(怒氣騰騰)한 현무암(玄武岩)의 사닥다리를 바꿔 디디며 이제는 절정(絶頂)에 다올라왔다. 때는 오전 11시이다. 오른편으로는 동(東)의 한 봉(峰)이 가장 웅건돈후(雄健敦厚)한 기상(氣像)을 업고 천지(天池)로 향하여 망천후(望天吼)의 엄청난 아구리를 치켜 쳐들고 벌렸으나 이 천왕봉(天王峰) 이 명칭은 넓히 사용되지 않는다. 그 다음이 잘룩한 안부(鞍部) 로 되고 왼쪽의 한 봉(峰)이 남쪽으로 등성이를 늘이고 북애(北崖)[289]에서 가장 돌원(突元)[290]한 흑요석(黑曜石)의 괴결(塊結)[291]인 준봉(峻峰)으로 되었으니 이는 병사봉(兵使峰) 혹은 대장봉(大將峰)으로 근자(近者)에 일장기(日章旗) 들고 오는 등산자(登山者)들에 의하여 대정봉(大正峰)으로 모칭(冒稱)[292]되는 자이다.

병사봉(兵使峰)이 최고봉으로 2,744미터에 상당하니 이 안부(鞍部)는 넉넉잡아 이천 수백 미터에 달할 것이다. 걸음을 옮겨 그 영상(嶺上)[293]에 다다르니 감벽(紺碧)한 빛을 진하게 드린 천지(天池)의 물이 그야말로 천지석벽(天池石壁) 깊고깊은 속에 고요히 담겨 파면(波面)의 깨끗함이 거울같이 곱다. 창고(蒼古)하고 유흑(黝黑)[294]한 외륜산(外輪山)[295]의 천인단애(千仞斷崖)[296]가 화구(火口)의 본색(本色)대로 사위(四圍)에서 치솟아서 신비

---

288) 어떤 것에 마음이 쏠림.
289) 북쪽 벼랑.
290) 튀어나온.
291) 뭉쳐있는.
292) 이름을 거짓으로 꾸며댐.
293) 고개 위에.
294) 검푸른.
295) 중앙의 분화구를 둥글게 둘러싸고 있는 산.
296) 천길 깎아지른 벼랑.

하고 영이(靈異)한 기색이 절로 초속적(超俗的)인 신운(神韻)을 나브끼게 한다. 단애(斷崖)에 곧바로 쏘이는 태양이 찬란하고 영롱(玲瓏)하게 수면으로 광선을 내려놓아 빠른 바람에 주름져 퍼지는 물결이 가볍게 밀릴수록 천변만화(千變萬化)의 색태(色態)를 드러내어 장엄(莊嚴)하고 수아(秀雅)[297]함이 형용할 수 없다.

내 갑령(甲嶺)에서 고열(苦熱)에 병와(病臥)하고 무봉(茂峰) 신무치(神武峙)에서 찬비를 만날 적마다 마음속의 암축(暗祝)으로 하루의 쾌청(快晴)이 이 천봉천지(天峰天池)의 대장엄(大莊嚴)한 경광(景光)을 정관정심(正觀靜審)[298]하기 얼마나 기원(祈願)하였는가? 안하(眼下)에 이러한 영경(靈境)이 동철무애(洞澈無碍)[299]하게 전개됨에 임하여는 오직 정론(靜論)한 감탄(感嘆)이 기식(氣息)[300]을 누르며 경건한 침묵이 가슴에 잠겼다.

천지(天池)의 신비경(神秘境)이 이미 이러한데 천왕봉(天王峰)의 저쪽 천지(天池)의 물도 슬며시 쏟아져가는 적벽산(赤壁山)의 나지막한 아굴텅이[301]로 닿은 듯, 떨어진 듯하다. 그대로 쭉 벌어진 만주(滿洲)벌의 억만경(億萬頃) 넓고 넓은 운해(雲海)가 동북(東北)으로 탁터짐은 요해(瑤海)에 닿은 벽해(碧海)인지, 신지(神池)로 이어지는 천만리 요해(瑤海)[302]인지 참치(叅差)한[303] 봉만(峰巒)들은 권석(拳石)[304]같이 끝만 나와 마치 탕탕(蕩蕩)하고 양양(蕩蕩)한 대요지(大瑤池)가 파심(波心)[305]에 기암(奇岩)을 싸고 굽어 노니는 깊은 물결이 보드러이 암각(岩角)을 물어 뜯는듯 하다.

---

297) 수려하고 우아하다.
298) 고요하게 살핌.
299) 아무 거침이 없고 탁트임.
300) 숨소리.
301) 주둥이.
302) 옥빛 바다.
303) 들쑥 날쑥한.
304) 주먹만한 돌.
305) 물결의 중심.

심혼(心魂)이 끌려 간것처럼 멍하니 바라보니 십주(十洲) 해상(海上) 그지없이 난혜(爛兮)한[306] 경운(慶雲)을 경희(驚喜)하고 찬탄(讚嘆)하며 아득하게 바라다만 보았다. 천장지구(天長地久) 일만년(一萬年)에 언제나 가 볼길 없는 양 허광호망(虛曠浩茫)[307] 표묘영원(縹緲靈遠)[308]한 경개(景槪)는 필설(筆舌)로 명상(名狀)[309]함을 떠나 일속(一粟) 같은 내 한몸은 있던가 없던가? 오직 공명동활(空明洞豁)[310]한 영감(靈感)만의 운하(雲霞)[311]와 함께 우주간(宇宙間)에 표탕(漂蕩)[312]한다. 좋다가 못견디어 다만 무량대(無量大) 큰소리로 천지(天地)도 뒤집어지도록 방성대일곡(放聲大一哭)을 하였으면 반생(半生)의 울적(鬱積)이 씻은 듯 내려 갈듯하다. 이를 무두봉상(無頭峰上) 삼숙정적(森肅靜寂) 신비유원(神秘幽遠)한 그 안계(眼界)에 비하니 대백두(大白頭)의 장엄홍박(莊嚴洪博)[313]한 대경상(大景像)은 마치 색상(色相)의 계(界)를 완전히 초탈(超脫)하여 말과 같은 신주제향(神洲帝鄕)에 넌지시 노니는 듯 소요유(逍遙遊)의 진경(眞境)을 이제야 체득(體得)할 것이다. 아아 숭엄장려(崇嚴莊麗)한 대포치(大舖置)이다.

1.
이 몸이 울어울어 우뢰같이 크게 울어
망천후(望天吼) 사자(獅子)되어 온누리 놀래고자
지치다 덜 깬 넋이 행여 내쳐 잠들리

---

306) 화려한.
307) 아득히 넓고.
308) 아스라한.
309) 형언하다.
310) 텅빈 허공에.
311) 구름과 노을.
312) 물에 떠돈다. 나부낌.
313) 장엄하고 드넓은 광경.

2.
이 산(山)이 터져터져 오늘로 탁 터져서
사납게 타는 불꽃 온세상 재 될세라
빈터에 새 일월(日月)이 하마 한번 비추리

3.
이 늪이 넘쳐넘쳐 단박에 와락 넘쳐
엄청난 홍수(洪水) 되어 이 강산(江山) 덮을세라
대지(大地)의 낡은 꼴이 확 씻긴들 한(恨)되리?

4.
저 숲을 다 족여서 억천호(億千戶) 집을 짓고
남북만리(南北萬里) 넓은 벌로 한마을 맨들랐다.
없노라 하소하는 님을 다 찾으면 어떠리?
(『조선일보』, 1930년 8월 30일, 4면).

○ 1930년 8월 31일 장엄한 대백두(2)

『조선일보』에 「아! 장엄(莊嚴)한 대백두(大白頭)(2): 통철무애(通澈無碍)의 신비경(神秘境), 천지(天池)가에서」라는 글을 썼다. 천지의 기후와 크기, 명칭 등에 대해 언급한 후에 이곳에 국조 단군이 하늘에서 내려와 신시를 만들고 홍익인간의 정신을 구현한 한민족의 발상지로써 '신비장엄한 산수의 진경이 극락정토도 별계(別界)가 아닌 듯 영원무한(靈遠無限)한 정감을 일으킨다'며 감회를 표현하고 있다.

장엄한 광경 속에 감탄의 저립(佇立)[314]을 지속하는 동안 대부

---
314) 우두커니 서 있음.

대(大部隊)는 벌써 최고점(最高點)인 병사봉(兵使峰)의 절정(絶頂)을 오르는 것이다. 오늘 대지(大池)³¹⁵⁾가에서 노영(露營)³¹⁶⁾키로 하고 반나절의 자유행동이 있음으로 우리 동반(同伴)은 바위 사이에 자리잡아 모진 바람 피하면서 우선 요기(療飢)하였다. 이 일경(一境)에는 기온이 매우 낮아 주간의 온도 화씨(華氏) 47도 혹은 41도로 양추(凉秋)³¹⁷⁾ 9월이 언제나 온듯하다. 불모지대로 된 사력(砂礫)³¹⁸⁾의 땅에 시누버들과 야생 우미인초(虞美人草)의 샛노란 꽃이 듬성듬성 피어있어 마치 천계(天界)에서 잠깐 내린 섬미(纖美)한 옥인(玉人)을 보는 듯하다. 드디어 병사봉(兵使峰)의 여윈 등성이로 한층 봉(峰)을 마저 오르기로 하였다. 절정(絶頂)에 다다르니 뾰족한 석봉(石峰)이 담심(潭心)³¹⁹⁾에 불끈솟아 남쪽 기슭은 부석(浮石)³²⁰⁾이 태반이나 씻겨 담백한 바탕에 칠분(七分)의 황량미(荒凉味)가 있다. 북쪽 기슭안에는 누누(纍纍)한³²¹⁾ 흑요석(黑曜石)이 화산 폭발 당시의 공하적(恐嚇的)³²²⁾인 집괴암(集塊岩)의 단애(斷崖)³²³⁾로 남아 시퍼란 담면(潭面)까지 실로 1천 6백 칠척(尺) 넘는 흑최외(黑崔嵬)³²⁴⁾한 위용(偉容)을 나타내었다. 발을 조심해서 올라서니 만천년(萬千年) 견디어 온 봉(峰)이 이제 하마 넘어지랴마는 서늘한 심담(心膽)이 담심(潭心)을 정시(正視)하기 겁이 나고 까닭없는 정감(情感)이 늠름(凜凜)한 신위(神威)에 눌리는 듯하다. 오래 있지못하리라 비탈을 내려설 때 왼편

---

315) 천지(天池)의 다른 이름.
316) 천막, 텐트 따위를 치고 야외에서 먹고 잠.
317) 시원한 가을.
318) 모래와 자갈.
319) 깊은 못의 중심.
320) 화산의 용암이 갑자기 식어서 굳어진 돌.
321) 쌓이고 쌓인.
322) 두려운.
323) 깎아지른 낭떠러지.
324) 검고 우뚝한.

으로 펑뚤어진 암혈(岩穴)[325]이 두 봉우리 사이에 끼어있어 밑으로 절벽(絶壁)에 부는 듯, 푸른 물결 뇌신(雷神)의 노목(怒目)[326] 같이 마주쳐서 나의 숨을 빨아드리는 듯하다. 바위에 기대어 서 남쪽으로 바라보니 만천리(萬千里) 운연(雲煙)이 삼엄묘망(森嚴渺茫)[327]하여 단예(端倪)[328]할 수 없는 것은 북동(北東)과 비슷하다. 그저 일탄삼탄(一嘆三嘆)[329] 다시 성해(聲咳)[330]를 발할 수 없고 함남과 평북 저편의 웅려(雄麗)하고 견고(堅固)한 산하(山河)는 바야흐로 명랑(明朗)하게 볕이 들었다.

이 외륜산(外輪山)의 윗부분으로 된 화구(火口)의 주위가 5일리(日里), 수면의 주위가 2일리(日里) 32정(町)이며, 그의 동서가 18정(町), 남북(南北)은 35정(町)이다. 면적 780정보(町步)요 수면의 높이 2천 2백 57미터로 이 절정(絶頂)까지 487미터의 단애(斷崖)로 된 것이다.

예서 부감(俯瞰)[331]하니 천지(天池)의 전경이 일모(一眸)[332]에 들어오는데 천왕봉(天王峰)의 망천후(望天吼)가 가장 웅위(雄偉)한 체세(體勢)로 되어 역시 암흑파(暗黑巴)인 흑요석(黑曜石)의 단락면(斷落面)으로 형성된 아구리[333]가 무한숙살(無限肅殺)[334]의 기상(氣像)을 보인다. 이것이 멀리 서남쪽에 향하여 입을 벌렸으니 고래(古來)의 술사(術士)들은 동북(東北)의 여러 민족이 서남쪽으로 향하여 중국에 입주(入主)한 자 왕왕히 있은 것에 신비한 인과(因果)를 부치었으며 천왕봉(天王峰)과 사자암(獅子岩)

---

325) 바위 구멍.
326) 성난 눈동자.
327) 삼엄하고도 아스라하여.
328) 맨끝을 봄.
329) 한번 탄식하고 세 번 감탄하다.
330) 소리.
331) 굽어보니.
332) 한눈에.
333) 아가리.
334) 끝없이 섬찟한.

의 명칭이 그들 사이에 유전(流傳)[335]되었다 한다. 병사봉(兵使峰)에서 비스듬히 서북쪽으로 화전현(樺田縣) 방면에 막아 선 것은 한봉(峰)(일본인은 西出峰이라고 한다)이다. 거의 정면 천지의 정북(正北)으로 방박(磅礴)한[336] 기세(氣勢)를 띤 것은 차일봉(遮日峰)(帳竹峰과 같다)이다.

북동쪽으로 끊어져서 천지(天池)의 물이 북으로 날려 넘는 곳은 달문(闥門)이니 그 동쪽에 제법 엄릉층릉(嚴陵嶒崚)[337]한 기세(氣勢)를 가진 것은 천왕봉(天王峰)에서 바로 뻗어 돌은 비류봉(沸流峰)(赤壁山과 같다)이다. 그런데 병사봉(兵使峰)의 불쑥 나온 비탈이 담심(潭心)에 들어 이것을 중심으로 감돌은 수면은 휘어감돈 외륜산(外輪山)과 함께 천지(天池)의 전체에서 일종의 산태극(山太極) 수태극(水太極)의 형국을 나타내니 병사봉(兵使峰)이 아니면 이 전경(全景)을 볼 수 없고 북쪽 기슭에서는 이와 다를 것이다.

달문(闥門)의 넘는 물이 송화강(松花江)의 진원(眞源)으로 되니 송화강(松花江)의 '숭가리우라'는 천하를 뜻함이다. 송화강(松花江)의 곡지(谷地)는 단군부여(檀君夫餘) 누천년(累千年)에 조선 선민 생육(生育)의 근거지이니 천산(天山) 천지(天池) 천평(天坪) 천동(天洞)으로 대백두(大白頭) 수원(水源)의 정맥(正脈)을 받음임을 수긍(首肯)하겠다. 동과 서의 웅견고밀(雄堅固密)한 석봉(石峰)이 철성무극(鐵城無隙)[338] 금구무결(金甌無缺)[339]한 상태이어서 다시 물 한방울도 샐 곳이 없으니 '동류위두만강(東流爲豆滿江) 서류위압록강(西流爲鴨綠江)'의 고문헌(古文獻)은 여기에서 파괴된 것이다.

다만 천지(天池)의 수면이 무두봉(無頭峰)의 노영지(露營地)보

---

335) 세상에 널리 퍼져 전함.
336) 드높은. 넘치는.
337) 깎아지른 바위가 층층한.
338) 빈틈없는 철성(鐵城).
339) 조금의 결점도 없는 황금단지.

다 267미터의 고위(高位)를 보이고 무두봉(無頭峰) 아래에서 튕겨지는 두만강원(豆滿江源)은 잠류수(潛流水)[340]가 암혈(岩穴)로 쏟아짐이 매우 급격하니 천지(天池)와 일맥(一脈)이 서로 통해서인지 단정하기는 어렵다. 이 천지(天池)는 명칭이 많아서 향토인(鄕土人)이 천상수(天上水)라 하고 대택(大澤)이 또 한 이름이요, 중국인(中國人)은 용왕담(龍王潭), 만주어(滿洲語)에는 달문지(闥門池)라 했음이 모두 그 다른 이름이다. 만천년(萬千年) 묵은 옛날 터지고 뛰놀던 대장엄(大莊嚴) 그대로의 이 화산(火山)이 어느새 멈추고 화구(火口)가 어느덧 호수(湖水)로 되어 신이영상(神異靈祥)한 기품(氣品)이 고금인(古今人)의 건숙경앙(虔肅敬仰)[341]의 성역(聖域)으로 되었던 것인가? 옛 진인(震人) 이래 조선선민(朝鮮先民)과는 본말(本末)과 형영(形影)으로 뗄 수 없는 기연(機緣)을 이루어 민족발전(民族發展)의 지리적 기축(機軸)이요 역사생장(歷史生長)의 성적적(聖跡的)[342] 연총(淵叢)[343]이 되었던 것이다.

 과학의 무자비(無慈悲)가 신화와 전설의 상화(想華)[344]의 전당(殿堂)에 뛰어들고 개척(開拓)의 부월(斧鉞)[345]이 야인(野人)으로 천장지비(天藏地秘)[346]한 초속(超俗)의 경역(境域)을 마구 밟게 될지라도 이 유사무사만천추(有史無史萬千秋)[347]에 깊이깊이 묻혔있는 앙모(仰慕)와 애련(愛戀)과 경앙(敬仰)과 집착의 믿음과 생각은 드디어 거부할 수 없을 것이다. 그리하여 신시하강(神市

---

340) 땅 밑으로 흘러가는 물.
341) 경건하게 우러르는.
342) 거룩한 자취.
343) 문물이 모여드는 곳.
344) 형식에 얽매이지 않고 보고 느낀 것을 생각나는 대로 써 내려간 산문 형식의 짧은 글, 수필. 만문(漫文).
345) 도끼.
346) 천지의 비밀을 감춘.
347) 역사 이전과 이후 만천년에.

下降)³⁴⁸⁾하고 홍익인간(弘益人間)³⁴⁹⁾하는 정경적(正經的)인 여러 사실(事實)로부터 승린조천(乘麟朝天)³⁵⁰⁾ 오룡어거(五龍御車)³⁵¹⁾하는 방계적(傍系的)인 모든 전설(傳說)도 태반은 이 일경(一境)을 무대(舞臺)로 생장분파(生長分派)된 바일 것이다. 이제 이 천백리 유벽(幽僻)한³⁵²⁾ 땅에 신비장엄(神秘莊嚴)한 산수(山水)의 진경(眞境)이 극락정토(極樂淨土)도 별계(別界)가 아닌 듯 영원무한(靈遠無限)한 정감을 일으키니 동북신명지택(東北神明之宅)³⁵³⁾ 삼신산불로(三神山不老)³⁵⁴⁾의 영총(靈叢)³⁵⁵⁾이 넓히 중외금고(中外今古)³⁵⁶⁾의 사람들이 상망숭봉(想望崇奉)³⁵⁷⁾하는 유래는 구태어 췌론(贅論)할 바가 아니다.

아아 우주십년(宇宙十年) 산하만리(山河萬里) 무량겁회(無量劫會)³⁵⁸⁾ 무변중생(無邊衆生)³⁵⁹⁾, 왔느니 갔느니, 기쁘거니 슬프거니, 부석(浮石)의 가루 와삭와삭, 천지(天池)의 물결 출렁출렁, 조화(造化)의 천연(天然)한 자취 누가 주제 넓게 간섭(干涉)할줄 있으랴? 두어라 가야할 인생(人生)이니 나 또한 내려가리라.

(『조선일보』, 1930년 8월 31일, 4면).

---

348) 신시(神市)로 내려와.
349) 널리 인간 세상을 이롭게하는.
350) 기린을 타고 올라가 하늘에 조회(朝會)하고.
351) 다섯 마리 용이 끄는 수레를 몰고 하늘에 오르는.
352) 그윽하고 외진.
353) 하늘과 땅의 신령이 사는 동북지역.
354) 신선이 살아 늙지 않는.
355) 신성한 곳. 영경(靈境).
356) 국내외 국외. 옛날과 지금.
357) 우러러 받드는.
358) 끝없는 재앙이 낀 운수. 겁운(劫運).
359) 끝 닿은 데가 없는 중생들. 풀 한 포기, 모래 한 알에 이르기까지 모든 세계가 무수(無數)·무량(無量)·무변(無邊)하다(화엄경).

○ 1930년 9월 1일 잡지 삼천리 백두산행 집필 홍보

잡지『삼천리』에 민세의 백두산기행 연재 관련 광고가 실렸다.

백두산(白頭山), 금강산(金剛山), 대동강(大同江), 경주(慶州), 부여(扶餘), 해운대(海雲臺), 명사십리(明沙十里), 촉석루(矗石樓)는, 우리의 금수강산 삼천리가 가진, 가장 자랑스러운 팔경(八景)이외다. 이것은 일찍이 본사에서 전조선 문사(文士) 50여 명으로부터 공정한 지적(指摘)을 받아 결정한 것으로 보천하(普天下)의 동포 모두 긍정하여 주실 줄 아나이다. 이제 본사에서는 당대의 문호(文豪)에 의촉(依囑)하여 현지에 일일이 가보시게 한 뒤 그 기행(紀行)을 받아 오는 9월호부터 매월 일경식(一景式) 널리 천하에 소개하기로 하였사외다. 그리하여 역사적, 정치적, 지리적으로 만고의 지보(至寶)를 감춘 백두산(白頭山)부터 발굴(發掘)하기로 하온바 그 때문에 이미 문명(文名)이 일세(一世)를 덮는 민세(民世) 안재홍(安在鴻)씨가 방금 삼복(三伏)에 불구하고 백두산(白頭山)을 탐험중에 있사외다. 신량(新凉)이 입(入)하는 다음 9월호(號)를 10만 독자여 손꼽아 기대하여주소서! 사진은 안재홍(安在鴻) 씨(『삼천리』8호, 1930년 9월호).

○ 1930년 9월 1일 자일혜풍의 성모애(1)

『조선일보』에 「자일혜풍(慈日惠風)의 성모애(聖母愛)(1): 서기(瑞氣)에 쌓인 천지(天池)의 밤, 천지(天池)가에서」라는 글을 썼다. 병사봉 정상에 일장기가 꽂혀있는 것에 대해 불편함을 느꼈으며 이날 낮시간을 이용해서 천지 가장자리를 둘러 보며 그 생태를 살폈다. 천지의 고요하고 평화로움을 이야기하며 백두산은 성모산(聖母山)

으로 거룩한 성모미(聖母美)의 구현자(具現者)라고 표현했다. 이날 일행과 함께 기념 사진도 찍었고 노영을 하며 밤하늘 가득한 별을 보고 그 아름다움도 예찬했다.

〈사진 7〉 백두산 정상에서 기념사진 촬영 (1930. 7. 31)

그들의 만세 소리는 높았다. 병사봉(兵使峰)의 절정에는 석퇴(石堆)를 쌓고 일장기(日章旗)를 꽂았다. 아까는 대자연(大自然)의 통철(通徹)한 경상(景像)에 건숙(虔肅)[360]한 침묵(沈默)이 있었고 이제는 다만 무연(撫然)[361]한 침묵이 있다. 의연히 동활(洞豁)해진[362] 나의 흉금(胸襟)에는 마치 경수무풍(鏡水無風)[363]의 심경(心境)을 파지(把持)하여 급작스럽게 흐려지지 않았으나 어즈버[364] 삭연(索

---

360) 경건한.
361) 머쓱한.
362) 변함없이 툭 트인.
363) 거울같은 수면에 바람조차 불지 않는.
364) 아아!

然)한[365] 생각도 없지 않았다. 동반한 4～5인이 초초(悄悄)히[366] 기념 촬영하고 그길로 안부(鞍部)에 내려 바위새인 휴게소(休憩所)에 누웠다. 누워서 창공(蒼空)을 보는 것은 영령(슈슈)한[367] 심금(心琴)이 저절로 울렸기 때문이다.

    점심 밥을 먹은 일행은 달문폭포(闥門瀑布)에 송화강 근원(根源)을 탐사하러 갈터인데 왕복 약 40리인 미지(未知)의 험로(險路)이다. 자신있는 자만이 참가하라는 권유이다 혜산진(惠山鎭) 가는 강행군(强行軍)을 따르기로 해서 탐험을 단념하고 차라리 천지(天池)의 호반(湖畔) 반일(半日)의 자적(自適)을 골랐다. 동반 7인 중 가장 건각(健脚)인 월파(月坡)와 황오(黃澳) 두사람을 제외하고 5인은 모두 떨어졌다. 남들은 달문행(闥門行)을 하는데 우리는 호반(湖畔)으로 내려간다. 달문(闥門) 가는 중도에는 온천이 있다 함으로 비세(備細)[368]를 월파(月坡)께 부탁하였다. 망천후(望天吼)와 병사봉(兵使峰)의 중간을 타서 급각도(急角度)인 화구(火口)의 속테[內輪]를 내려간다. 부석(浮石)의 잔돌이 되튀고 들어쌓인 암석(岩石)이 굴러서 여간이 아닌 신고(辛苦)이다.

    한시간 이상이 걸려서 화구(火口)의 아래자락 황화석남(黃花石楠)이 쭉덮인 관목대(灌木帶)와 백선(白蘚)과 초본(草本)이 어우러진 곳을 지나 매우 완경사로 된 호상(湖床)에 미쳤다. 백애애(白皚皚)[369]한 부석(浮石)벌이 포근포근하게 발밑에 밀려서 정토(淨土)를 밟는 성자(聖者)와 같은 생각이 난다.

    건숙(虔肅)한 정(情)을 가다듬어 물가에 들어 수세(漱洗)하고 두어 잔 물을 마셨다. 그다지 차지 않고 얼마큼 유황(硫黃) 취미(臭味)[370]를 섞었다. 호심(湖心)은 밑도 없이 깊어보이는데 호반

---

365) 가눌 길 없는.
366) 애태우며. 서둘러.
367) 애틋한.
368) 준비물.
369) 희디 흰.
370) 냄새와 맛.

(湖畔)의 얕은 물에는 실물결이 자디잔 부석(浮石)의 왕모래를 움직여 화구호(火口湖)의 가운데 다시 파륜상(波輪狀)의 모래테를 둘렀다. 가만히 보니 거기도 흑요석(黑曜石)의 작은 덩이와 부석(浮石)과 그것이 고열도(高熱度)에 단련된 것같은 주석(朱石)과 유문석(流紋石)처럼 실문(紋)이 놓인 청석(靑石)과 석회석, 석면(石綿) 등 자연으로 다듬어진 돌덩어리가 밤만큼 콩만큼 또 좁쌀만큼하여 물바닥의 미관(美觀)이 도저히 하계(下界)에서 볼 수 없는 바이다. 말과 같은 천지(天地)에 올라 몸소 우녀주(牛女洲)에 건너는 듯 끝으로 탁족(濯足)[371]하고 물속의 돌을 건져 돌아왔다.

개미처럼 감실감실 달문(闥門)의 곁으로 돌아가는 탐험자(探險者)들을 바라보고 비류봉(沸流峰) 밑창까지 호반(湖畔)을 혼자 돌다가 호젓한 생각이 나서 되돌아와 물 떠다 남은 밥 먹고 호심(湖心)을 살펴보니 조류(藻類)는 원래 없고 어개(魚介)[372]도 전혀 없는 듯하고 오직 조그만 갑충류(甲虫類)가 물살피[水際][373]에서 양서(兩捿)하고 있는 모양이다. 유황질(硫黃質)이 많은 화구호(火口湖)이므로 생물의 서식(捿息)은 어려울 것 같다. 고개를 드니 오직 한쌍(雙)의 후리새[岩燕]가 호상(湖上)을 휙 돌아서 어디로인지 멀리 떠 달아날 뿐이다.

예서보는 천지(天池)는 지극히 좋다. 자기(紫氣)를 띠운 화구(火口)의 번지르한 사방 벽(壁)은 자미천성(紫微天城)에 주호(周護)되어[374] 있는 듯하다. 쾌청(快晴)한 풍기(風氣)가 그지없이 정온(靜穩)하고 아랫 자락의 창연(蒼然)한 초본대(草本帶)는 하나같이 평정(平靜)의 빛을 보내주며 감벽(紺碧)하게 영상(靈祥)의 빛을 띠운 호면(湖面)에는 선운(仙韻)을 나브끼는 율동(律動)하

---

371) 발을 씻음.
372) 어류.
373) 물가.
374) 둘러싸여 있음.

는 물주름이 무한유화(無限柔和)[375]한 정감(情感)을 가져오니 마치 정수관음(淨水觀音)의 유한(幽閒)[376]하고 자비(慈悲)한 성상(聖像)을 대하는 듯 하다. 백두산(白頭山)으로써 백의관음(白衣觀音)의 접주지(接駐地)[377]라고 하던 불교화(佛敎化)한 신앙적 정서(信仰的情緖)가 배태성육(胚胎成育)된 근저(根底)를 이해(理解)하겠다. 화구호(火口湖)와 그 외륜산(外輪山)으로 형성된 백두(白頭)의 미(美)가 왕왕 늠늠(凜凜)한 위용(威容)에 눌리는 바 있는 채로 또 묘령기(妙齡期)를 다 지난 정정순아(貞靜純雅)[378]한 모성적(母性的)인 성녀미(聖女美)로 된 것임을 수긍(首肯)하겠다. 백두산(白頭山)은 그 최고(最古)한 어의(語意)에서 성모산(聖母山)으로 되어 있는 터이어니와 그 경상(景像)조차 거룩한 성모미(聖母美)의 구현자(具現者)이다.

그윽한 심경(心境)을 표할 길이 없어 『청심경(淸心經)』을 몇 번이나 외운 끝에 변수주(卞樹州)와 산수미(山水美)도 평하고 경성고보(鏡城高普) 박최길(朴最吉)씨와 암석(岩石) 이야기도 듣다가 반나절의 한가로움이 즐거웠다. 부석(浮石)벌을 자리삼아 한잠씩 자기로 했다. 등산침(登山枕) 배고 재킷 걸쳐 누웠으니 자일혜풍(慈日惠風)[379]이 나를 쪼여 따뜻함이 그대로 무한자애(無限慈愛)한 성모(聖母)의 가슴에 만취되었다. 완둔(頑鈍)[380]하여진 이즘의 가슴에도 형상(形狀)하지 못할 경처첨모(敬處瞻慕)[381]의 정(情)이 흐르고 있다. 한잠을 달게 자고나니 서일(西日)[382]이 이미 기울었는데 기온(氣溫)은 꽤 내려서 모직(毛織)의 속옷을

---

375) 끝없이 부드럽고 화평한.
376) 그윽한.
377) 머물러 있던 곳.
378) 정결하고 고요하고 순수하며 우아한.
379) 따뜻한 햇볕과 바람.
380) 완고하고 둔한.
381) 경건히 우러러 사모하는.
382) 서편 해.

겨입었다.

한봉의 그림자가 호심(湖心)에 잠기어 창창(蒼蒼)한 기색(氣色)이 비야흐로 떠돌 때 정상(頂上)에 있는 신탄(薪炭)을 운반하여 오늘의 취사(炊事)를 준비하는데 해 다 저물 때에 탐험대(探險隊)는 돌아왔다. 넉넉지 못한 나무로 저녁밥 지어먹고 명일분(明日分)까지 준비하기에 북새를 피우는데 호반(湖畔)의 황혼(黃昏)을 얻어 몇몇 사람과 기념 촬영하고 오늘은 노영(露營)도 칠 수 없이 천막(天幕)을 한쪽씩 덮고 부석(浮石)벌에서 노숙(露宿)키로 되었다. 등산자(登山者)가 올 때마다 건듯하면 탈이 난다는 대백두(大白頭)의 천지(天池)에도 오늘만은 쾌청(快晴)한 날씨에 호면(湖面)도 지극히 평정(平靜)하여 삼신(三神)의 가호(加護)가 융성(隆盛)한 은애(恩愛)로써 된 것임을 생각하게 한다. 이윽고 반공(半空)에 걸렸던 오야(五夜)[383]의 달이 뉘엿뉘엿 한봉(峰)으로 넘어가고 태백성(太白星)의 육리(陸離)한[384] 광채(光彩)가 파심(波心)에 잠기어 은사(銀蛇)[385]로 춤추는데 누워서보니 천관성좌(天冠星座)의 뺑돌은 별들이 조끔 서북쪽으로 천정(天頂)을 비끼었다.

정채(精彩) 나는 천상 백조(天上白鳥) 동상(東廂)에서 은하(銀河)를 건너는데 칠성북두(七星北斗)는 차일봉(遮日峰)을 간신히 떠나 도는 자루[柄]가 병사봉(兵使峰)의 서현(西弦)을 가리키고 안드로메다(Andromeda)의 휘유듬한[386] 왕녀(王女)는 천왕봉(天王峰) 등성에 허리를 걸쳤다. 때때로 유성(流星)의 광망(光芒)[387]을 놓아 어둠의 수면에 총총 비친 별은 고요한 천지(天池)로 한바

---

383) 오후 일곱 시부터 오전 다섯 시까지의 하룻밤을 갑야, 을야, 병야, 정야, 무야의 다섯으로 나누어 부르는 말.
384) 영롱하고 황홀한.
385) 은빛 뱀.
386) 비스드함.
387) 빛줄기.

탕 숙해(宿海)[388]를 만들었다(『조선일보』, 1930년 9월 1일, 3면).

○ 1930년 9월 2일 자일혜풍의 성모애(2)

〈사진 8〉 백두산 정상에서 기념사진 촬영 (1930. 7. 31)

『조선일보』에 「자일혜풍(慈日惠風)의 성모애(聖母愛)(2): 서기(瑞氣)에 쌓인 천지(天池)의 밤, 천지(天池)가에서」라는 글을 썼다. 백두산의 장엄함을 보려면 병사봉 위에서 전망을 보아야하고 천지 호반에서 백두산의 자애로운 아름다움을 보아야 함을 강조했다. 이날 천지가에서 하룻밤을 자면서 느낀 소회를 적고 있다. 백두산 온천과

---

388) 별자리의 바다.

관련한 이야기와 천지 달문 근처에 있던 종덕사 관련한 견문도 소개하고 있다.

 호반(湖畔)에 내려와서 천지미(天池美)를 마음껏 보는 것은 일대(一代)의 선연(仙緣)이다. 병사봉(兵使峰) 위 통철무애(通澈無碍)[389]한 대전망(大展望)을 아니하면 대백두(大白頭)의 장엄미(莊嚴美)를 볼 수 없고 천지호반(天池湖畔) 신비영상(神秘靈爽)한 암률(闇律)[390]에 노닐지 않고서는 또 성백두(聖白頭)의 자애미(慈愛美)를 볼 수 없다. 자연미(自然美)의 극치도 결국은 인격화(人格化)시킨 영감(靈感)을 얻음으로써만 비로소 그 묘미진경(妙味眞境)을 남김없이 맛보는 것이다. 천지(天池)에는 자애미(慈愛美)가 있고 또 숭엄미(崇嚴美)가 있으니 풍우(風雨)가 외륜산(外輪山)을 흔들고 운무(雲霧)가 호구(湖口)의 한면을 잡고서 소용도는 서운상무(瑞雲祥霧)[391]의 잠깐씩 열리는 틈으로 영롱(玲瓏)한 수면을 겨우 보는 것은 숭엄미(崇嚴美)의 좋은 제회(際會)[392]일 것이다. 혹은 자전벽뢰(紫電碧雷)[393]가 호수 가운데에서 야단칠 때에는 숭엄미(崇嚴美)로 그 고조(高潮)에 달하게 하는 것이다. 우리 이제 자애미(慈愛美)를 포착(飽着)하고 그 성녀미(聖女美)의 아름다운 품속에서 하루의 선연(仙緣)을 누린 것은 기뻐할 일이다. 다만 그 숭엄미(崇嚴美)를 못보게 된 것이 또 한 가지 한사(恨事)[394]이다.
 화구(火口)의 꼭대기는 단애(斷崖)가 수십 장(丈) 솟아서 붕괴(崩壞)되는 토석(土石)이 불시(不時)에 호반(湖畔)까지 떨어

---

389) 걸림없이 툭 터진.
390) 어렴풋한 가락. 운율(韻律).
391) 상서로운 구름과 안개.
392) 때마침 서로 만남. 기회.
393) 자줏빛 푸른빛의 번개와 우레.
394) 한스러운 일. 아쉬운 일. 유감(遺憾).

지니 상무(祥霧)의 아득한 속 왕왕 원뢰(遠雷)[395]의 소리를 듣는 다는 것은 이 까닭일 것이다. 수면의 위치에서 무두봉상(無頭峰 上)까지는 약 20리의 두터운 직경(直徑)이니 이러한 천심(千尋) 의 물이 괴어서 벽담(碧潭)[396]을 이룬 것은 또 당연한 일이다. 무 두봉(無頭峰)과 절정(絶頂)의 사이 거의 30여 리에 임우중(霖雨 中)[397]이 아니면 물이 없고 앞서 언급한 토문강원(土門江源)에 도 15리 간은 계곡에 수류(水流)[398]를 머무르지 아니하니 앙상한 부석(浮石)의 켜층(層)이 현무암의 암층(岩層)의 위를 덮어 물은 모두 지하로 잠류(潛流)하니 멀리는 계곡에 솟아 강원(江源)을 짓고 깊게 화구(火口)로 모여서 이 홍정묘망(泓渟渺茫)[399]한 천 지(天池)로 된 것이다.

화산(火山) 활동은 언제에 끊겼던가 아직도 그 연대가 천명(闡 明)되지 않았으나 대연지봉(大臙脂峰) 비탈에는 여러 자 높이의 부석층(浮石層)이 밑장에서 지금도 왕왕 고시대(古時代) 거목(巨 木)의 등걸들이 퉁겨져서[400] 거의 화석(化石)된 고괴(古怪)[401]한 꼴이 대략 2천년을 산정(算定)하나 무진(無盡)한 겁화(劫火)[402] 로 변환(變幻)되던 이 산의 꿈은 생각만해도 아득할 뿐이다.

백두산(白頭山)에 온천(溫泉)이 있다함은 고문헌(古文獻)에도 실려 정다산(丁茶山)이 그 강역고(疆域考)에 적은 바 있다. 향토 인(鄕土人)에 의하면 달문(闥門)으로 가는 곳 호반(湖畔)에 온천 (溫泉)이 나고 그 부근은 암석(岩石)이 오히려 더움으로 엽부(獵 夫)들이 온돌(溫突)로만 여겨 야간의 유숙소(留宿所)를 삼는다고

---

395) 먼 우레.
396) 푸른 못.
397) 장맛비.
398) 물길.
399) 드넓고 아스라한.
400) 튀어나와.
401) 괴상한.
402) 세계가 파멸될 때 일어난다는 큰불.

한다. 이번 탐험대원이 발견한 것은 그대로 호면(湖面)에 연(連)하여[403] 수온 섭씨 32도 내지 38도요 순연(純然)한 유황온천(硫黃溫泉)으로 된 것을 확인하였다. 천지(天池)물이 일반으로 유황취미(硫黃臭味)를 섞은 것은 까닭이 있고 천심(千尋)의 깊은 물이 식어서 얼음같이 차니 호중(湖中)에 생물이 있다는 것은 추단(推斷)할만 하다.

 달이 떨어진 깊은 밤 용왕(龍王)이 가만이 일어나 행혀 호심(湖心)에 읊조리는가 미심한 느낌도 없지 않았으나 그지없는 평화의 밤은 그대로 짙어가는 것이었다.

 달문(闥門)의 낙구(落口)[404]는 폭 20간(間)쯤되니 망천후(望天吼)의 밑창 노영지(露營地)에서 10리의 길이다. 일정(一町)쯤 내려가니 차차 좁혀들어 폭 수간(數間)쯤되고 단애(斷崖)의 미를 우회분방(迂廻奔放)[405]하여 급단(急湍)[406]을 이루기 수삼정(數三町)에 3간(間) 700척(尺)의 비룡폭포(飛龍瀑布)로 쏘처가고 그 맞은편 언덕에도 800척(尺)의 가느단 폭포가 있어 한데 합하며 여기서 다시 분류(奔流)[407]로 되어 수정(數町)을 내닫던 물이 부석층(浮石層)의 하상(河床)에 스며들어 잠류(潛流)로 되는 바 폭포(瀑沛)의 사변(四邊)에는 남에 300척(尺), 북(北)은 1천 여척(尺)의 흑색석회질(黑色石灰質)의 절벽이 솟아 거기에도 일종의 토문(土門)을 이루었다. 원뢰(遠雷)와 같이 소리치며 떨어지는 폭포(瀑沛)의 웅자(雄姿)는 실로 동방 제일의 위관(偉觀)이라 한다. 그 아래는 송화강(松花江)의 계곡으로 멀리 흑룡강(黑龍江)에 닿는[注]는 것이다.

 달문(闥門)의 낙구(落口) 가까운 곳에 순전히 목제(木製)로 된

---

403) 잇다은.
404) 물이 떨어지는 곳.
405) 돌아내려가.
406) 급한 여울.
407) 내달려서.

도교취미(道敎趣味)의 사원(寺院)이 있으니 종덕사(宗德寺)[408]이다. 남쪽과 서쪽의 정면에는 모두 '백두산 종덕사(宗德寺)'의 편액(扁額)이 있다. 동쪽은 '호천금궐상제전(昊天金闕上帝殿)'과 따로이 '대원당(大元堂)'의 편액(扁額)이 있고 북쪽에는 '백두산 대강수종덕사(白頭山大降水宗德寺)'의 편액(扁額)이 있다. 내당(內堂)의 남면(南面)에는 '옥황상제천불위(玉皇上帝天佛位)'의 편액(扁額)이 있어 내당(內堂)으로부터 8, 16, 32간(間)으로 두배씩 체증(遞增)한 삼중팔각전(三重八角殿)으로 지었으되 폐사(廢寺)로 되어 인적이 없다고 한다.

향토인(鄕土人)에 의하면 조선인 태극교도(太極敎徒)들이 조선 말년에 이곳에 와서 사원을 창건하고 수도(修道) 은둔(隱遁)의 생활을 하던터라한다. 건축년월(建築年月)은 병오(丙午)(1906) 6월 6일이요, 시주 김도암(施主金道岩) 남화궁(南化宮) 도목수(都木手) 조금주(曹金珠) 등 기록은 조선인의 것임이 틀림없다는 것이다. 이 사원(寺院)의 주산(主山)인 비류봉(沸流峰)의 북동안(北東岸)은 고산성(高山性)의 각종 철쭉과 황화석남(黃花石楠)과 들쭉과 시누버들, 기타 초화(草花)가 있어 정취(情趣)가 매우 청아(淸雅)하고 달문(闥門)을 통하여 천지가에 왕래하기가 편리하니 피세자유(避世者流)[409]가 이곳을 가려 안주(安住)를 구하였다가 마적(馬賊)으로 인하여 폐기된 양하다. 정취(情趣) 깊은 담화 중에 꿈의 세계에 들어갔다. 외륜산(外輪山)이 높이 두르고 이 밤에 큰바람이 없음으로 무두봉(無頭峰) 노영(露營)에 비하여 오히려 기온이 높다(『조선일보』, 1930년 9월 2일, 4면).

---

408) 1906년 백두산 천지 호반에 세워졌던 사찰. 남에게 은덕이 될 일을 한다는 것을 의미하는 종덕이라는 말을 붙여 종덕사라고 지었다. 종덕사의 건물들은 모두 나무로 지었는데 방이 무려 99칸이나 됐고 제일 가운데에 내당이 있고 그 둘레로 8칸, 16칸, 32칸, 즉 2배씩 늘어나게 3중 8각형식으로 배치된 방들이 있었다고 함(『연합뉴스』, 2009년 9월 22일자).
409) 속세를 피해 은둔하던 사람들.

○ 1930년 9월 3일 농민학교와 가정학교

『조선일보』에 「농민학교와 가정학교: 민중교양의 일면의 방책」이라는 글을 썼다. 다수의 남녀를 직업화하고 생활화하게 교양 훈련하는 것이 중요하며 조선농업의 기술적 지도와 조선인 농민의 상식의 계발과 조선 농촌의 특수한 조직을 위하여 농민학교를, 가사와 가계와 가훈과 가풍을 건설유지 처리하는 주부되기에 합당한 견식·기술과 경험을 쌓게 하기 위해 가정학교가 필요함을 강조하고 있다.

  조선인 교육의 직업교육화를 주장하는 오인은 동일한 취의(取義)에서 농민학교의 필요와 가정학교의 긴절한 요구를 주장하는 것이다. 그는 일반 인민의 생활화를 고조하는 견지에서 결국 그리되지 않을 수 없는 까닭이다. 모든 인민을 변혁운동으로! 라고 외치면서 통일집중을 고조하는 것은 특수한 역사과정에 있어서의 선구자의 임무일 것이다. 그러나 백만의 병(兵)을 통수하여 야전의 선에서 광일지구(曠日持久)의 방호전(防護戰)을 하는 자도 전투적이 아닌 후방의 세력 부식을 위하여 장구한 대책을 강구할 망중(忙中)의 한일월(閑日月)이 아니고서는 더불어 만세장책(萬世長策)이란 자를 말할 수 없는 것과 같이 오늘날의 조선에 있어서도 급격한 첨단적인 진출을 앞에 보면서 이러한 교양의 일방면을 착념·음미·강구·실현키에 노력함을 요한다.
  오인은 실무교육의 하나로서 조선의 특수성에 적응하는 농민학교의 필요를 주장한다. 지방사정과 또 당사자의 요구에 의하여 조선에는 아직도 남여고보를 증설할 필요가 있다. 그러나 그는 곧 고보만능주의를 의미함이 아니다. 우리 자신의 필요한 자각에 의하여서 다수의 남녀를 직업화하고 생활화하게 교양훈련하는 것은 시대에 적합한 일이다. 그는 반드시 어떠한 한국가의 기성한 경험을 그대로 뒤늦게 따라갈 것도 아니요 대다수 농민을 제대로 만드는 것이 최대한 열쇠인 것처럼 특수적으로 이이 필요한 것이다. 현하 해서(海西)의 배천군(百千郡)에는 여성의 독지가로 인하여 농민학교가 성립된 바 유지로서 모범 농장 설치를 설계한 바도 있었으나 이러한 것은 일층 현하 조선인의 민중적 교양의 한방책으로 하고 싶은 일이다.

이를테면 농민학교를 만들되 보교의 졸업자도 입학할 수 있고 고보교의 졸업자로서도 재적할 수있게 되어 조선농업의 기술적 지도와 조선인 농민의 상식의 계발과 조선 농촌의 특수한 조직을 위하여 일상생활에서의 반려적 지도를 주고 소비조합이나 협동조합이나 농촌야학 등을 관리하고 앙장(鞅掌)하게 되면 이는 실로 평시에 그 좋은 동무요 변하는 국면에서는 그 대응책을 그릇치지 않는 선량한 키(舵)가 될 것이다. 무릇 괭이와 전정도(剪定刀)와 또 살림의 주판(籌板)을 들고 그들과 되는 일에 또 안 되는 일에 명명백백한 현실의 지식을 들여다보면서 그들로보담 더 나은 사회를 만들기 위하여 의식 있게 노력하게 하는 것은 퍽은 필요할 것이다.

가정학교도 마찬가지이다. 현재의 조선은 대부의 미취학 남녀가 있으되 여성에게는 더욱 그러하다. 여성에게 신시대의 문화를 소화시키고 진취의 최첨단에서 활약하게 함이 퍽은 좋을 것이다. 그러나 상공과 기예의 술을 배워 직업 부인의 길로 나선 자로서도 용이히 그 직업을 차지하기 어렵다. 사회의 최첨단에서 영웅적 활약을 함도 좋고 직업전선에서 모던(modern)적 진출을 함도 좋다. 그러나 아무리 급진과 변혁을 고조하는 자이라도 대다수의 여성이 가정에 돌아가서 가정을 본거로 또 가정을 통해서 민족에게 인류에게 섬겨야할 것은 이의치 못할 바이다.

그러므로 여자를 위하여 선량한 가정학교를 만들어서 보교의 졸업자도 들어오고 고보교의 졸업자도 들어오고 혹은 전문학교의 졸업자도 들어와서 가사와 가계와 가훈과 가풍을 건설유지 처리하는 주부되기에 합당한 견식·기술과 경험을 쌓게 함이 퍽 필요할 것이니 이는 부형과 교육자와 경세적인 선배들의 한번 유의할 일이다. 다만 이것은 매우 면밀 냉혹한 사무적의 기획으로 되어야할 바이니 아름다운 동경은 너무 무용하다. 이 일필로써 유의한 방면의 고려를 제성(提醒)[410]하여 두는 것이다(『조선일보』, 1930년 9월 3일, 1면).

○ 1930년 9월 3일 천지의 꿈(1)

『조선일보』에 「천지(天池)의 꿈(1): 유유탕탕(悠悠蕩蕩)한 만고몽(萬古夢)」라는 글을 썼다.

태초에 우주가 시작되고 문명이 형성되는 과정에서 단군이 나라를 세우기 전에는 여성 중심의 모계 사회, 아사달을 중심으로 한 성모시대였으며 백두산의 아사달은 가장 근원적인 성모산(聖母山)이었고 신역(神域)이었음을 강조하고 있다.

우주(宇宙)의 개창(開創)은 그지없이 오래다. 인류가 있어서 온 지도 아득하게 묵었다. 백두(白頭)의 봉(峰)은 높은데 천지(天池)의 꿈은 어렴풋하다. 시베리아의 벌판에 맘모스가 울고 한해(翰海)[411]의 진펄에 공룡(恐龍)에 기었다. 고비 사막(沙漠)은 아직 내해(內海)였다. 발바다의 긴구비가 장령(長嶺)의 밑창을 감돌면 요하(遼河)의 상류까지 발해수(渤海水)가 통한 것은 근고(近古)까지의 일이다. 황하(黃河)와 백하(白河)의 북중국(北中國)의 대하(大河)는 산동(山東)의 슴[412]을 끼고 발해로 쏟아졌다.

산동반도(山東半島)는 유사 이전 동이(東夷)계 생활권내에 속

---

410) 일깨우다.
411) 사막.
412) 섬의 방언.

한 큰습이었으나 황하와 백하(白河)의 거하(巨河)가 충적토(冲積土)를 몰아 연륙(連陸)한 반도(半島)로 만들었다. 생각만해도 아득한 옛적이다. 그러나 그러한 현상도 그지없이 허구한 세월의 앞에는 모든 점에서 무상(無常)을 걱정하는 변전(變轉)이요, 환멸(幻滅)이며 얇은 꿈이었다.

한해(翰海)의 동방(東方) 광야(曠野)와 곡지(谷地)와 산악대(山岳帶)를 지나 가장 큰 산휘(山彙)[413]에도 으뜸가는 고봉(高峰)에서는 쉴새없이 복바치는 지심(地心)의 고열(高熱)이 만장(萬丈)의 겁화(劫火)로써 지극히 장엄한 광경을 바쳤다. 이 언저리에 살고있는 원시인들은 그이, 저이, 늙은이, 어린이 할 것없이 이 자연계의 엄청난 현상에 놀랐다. 오! 불뫼[火山]여 거룩하시니다. 환인(桓因)의 영광(靈光)이외다. 오! 밝은 뫼여! 만유(萬有)의 표치(標幟)니이다. 그러한 몽롱(朦朧)하고 조솔(粗率)한 신앙의 느낌을 부쳤다.

백산(白山)과 불함산(不咸山)의 의식(意識)은 그들에게 광명(光明)인 대신(大神)으로서의 환인(桓因)과 함께 지고(至高)한 신앙의 감격으로 쫓아 배태(胚胎)되던 것이다. 그들은 오직 여성의 배속에서 그 배아지 속에서 싱싱하게 태문(胎門)을 열고 사람의 씨가 나오는 것을 볼때에 여성만이 퍽은 갸륵하고 가장 존귀한 창조자인 것을 믿었다. 생식(生殖)의 문(門)을 씨의 입으로 명명(命名)하여 존경하고 숭배까지하였다. 자연계에 있어 생식(生殖)의 신(神)으로서 간소(簡素)한 형식의 창조신(創造神)을 믿는 그들은 사람에 있어 여성을 중심으로, 그를 어른으로 섬겼다.

이[人]의 어른은 어이이니 대인(大人)이요, 모성(母性)을 엄어이이니 엄은 암컷이다. 암은 오목한 생식기(生殖器)의 형용사에서 빌음이다. 엄어이 중에도 가장 일족(一族)의 어른으로 뫼시는 이 있으니 아지엄어이이요, 아지는 천명(天命)을 받드는 이[人]

---

413) 산의 무리. 산계(山系).

라는 의미로 자(子)이니 천자(天子)의 자(子)에 비길 것이다. 그 덕(德)에 있어 인(仁)을 의미하니 어지는 아지와 통하고 인(仁)은 즉 성(聖)을 이름이다. 아지엄어이(叔母)가 원시적인 부락(部落)의 여계중심(女系中心)으로 된 혈족사회(血族社會)의 수장(首長)으로 되니 그는 즉 성모(聖母)이시었다. 이 시대는 극히 묵고 묵은 초창(初創)한 시대이니 즉 성모시대(聖母時代)였다.

나를 미루어 남을 헤아리고 사람의 세상을 본으로 삼아 저 세상의 일도 어림한다. 그들은 하늘 위에도 우미자애(優美慈愛)한 여성(女性)인 아지엄어이가 있어 온천지(天地)를 다스리는 줄로 관념(觀念)하고 신앙(信仰)하였다. 이 세상에 있어 가장 저 세상 일을 잘 알고, 그 경륜(經綸)을 대행(代行)하는 이는 성모(聖母)인 아지엄어이(아지메)로 알았으니 지상(地上)의 성모(聖母)가 있어 천상(天上)의 성모(聖母)의 뜻을 받아내리는 성지(聖地)가 있어야 하게되었다. 성지(聖地)는 어지따이니 어지따는 반드시 산악(山岳)과 기타의 고지대(高地帶)로 세속(世俗)을 뛰어난 고원정벽(高遠靜僻)[414]한 고장이어야하였으므로 아지따는 고산휘(高山彙)를 중심으로 되었고 백두산(白頭山)은 그 태상적(太上的)인 아지따였다.

그들에게는 고산(高山)이 즉 따지방(地方)이요, 지방(地方) 따가 즉 고산대(高山帶)였다. 아지따는 또 아시따이니 아씨는 지금에도 여성에 대한 경칭(敬稱)으로 남았다. 아사달(阿斯達)이 조선민족 발상(發祥)의 최고(最古)의 산악이었으니 그는 즉 아씨따요 또 아지따이다. 아지따는 아지엄어이따의 약칭(畧稱)도 되니 아사달(阿斯達)은 성산(聖山)이요, 인산(仁山)이요, 성녀산(聖女山)이오 또 성모산(聖母山)이다. 인간(人間)에 있어 자녀아손(子女兒孫)을 쑥쑥 낳으시는 갸륵한 모성(母性)이요 천계(天界)에 대하여는 교통(交通)하고 척강(陟降)[415]으로 신의(神意)를 잘 부

---

414) 높고 고요하며 외딴.
415) 오르내림.

화(敷化)⁴¹⁶⁾하는 생생화육(生生化育)의 표상(表象)으로서의 성모(聖母)이다. 성모(聖母)가 없이 혈족사회(血族社會) 하나도 부지하며 다스릴 수가 없고 가장 소중한 신(神)과의 교통(交通)도 될 수 없는 일이었다. 동방각지(東方各地) 아사달(阿斯達)이 하나나 둘만은 아니었으나 대백두(大白頭)의 아사달(阿斯達)은 가장 태상적(太上的)이었으므로 성모산(聖母山) 중의 성모산(聖母山)이었고 신역(神域) 중의 신역(神域)이었다.

"有壇君王儉立都阿斯達"⁴¹⁷⁾이라 하니 아사달(阿斯達)은 단군시대(檀君時代)보다 앞서 있음이요 성모(聖母)는 즉 그 시대의 주인이었다. 아사달(阿斯達)인 성모산(聖母山)은 어렴풋한 홍황(鴻荒)⁴¹⁸⁾의 때를 받아 아득한 유사시대(有史時代) 바로 전까지 동방인민(東方人民)의 생활과 신앙의 중심지(中心地)로 되었다. 불꽃만이 그 장엄(莊嚴)한 광열(光熱)을 내어쏘던 이 산이 화구호(火口湖)의 신비(神秘)한 감벽(紺碧)의 물을 괴이는 동안 크고 아득한 꿈은 그 첫과 다음을 벌써 지난 것이었다(『조선일보』, 1930년 9월 3일, 4면).

○ 1930년 9월 4일 천지의 꿈(2)

『조선일보』에 「천지(天池)의 꿈(2): 유유탕탕(悠悠蕩蕩)한 만고몽(萬古夢)」라는 글을 썼다.

조선땅 곳곳에 성모산의 흔적이 남아있으니 구월산(九月山)의 아사달(阿斯達)도 중요한 성모산(聖母山)이며, 경성(京城)의 백악(白岳)도 한 아사달(一阿斯達)이라고 강조했다. 백두산(白頭山)은 '배

---

416) 베풀거나 살피는. 널리 펴는.
417) 단군왕검이 있어 아사달에 도읍을 세웠다.
418) 매우 먼 옛날. 태초에.

음'산(山)으로 불함산(不咸山)은 즉 배음의 잉산(孕山)으로 그 산휘 일대(山彙一帶)를 잉지(孕地)라고 하여 원생지(原生地)로 이름지으니 이는 배어따 혹은 배달의 지명이 기원된 것으로 역사는 이제 성모시대를 지나 단군왕검 시대로 넘어가게 되었다고 주장하고 있다.

백두산(白頭山)에 천왕봉(天王峰)이 있으니 모든 시기를 통해서 대표적 명칭을 이루었다. 동(東)으로 대각봉(大角峰)은 대갈봉(峰)의 어음(語音)을 남겼고 백두정간(白頭正幹)의 제일봉(第一峰)은 연지봉(臙脂峰)이니 성모산(聖母山)으로서의 아사달(阿斯達)의 유운(遺韻)이 분명하다. 천왕봉(天王峰)과 성모봉(聖母峰)은 좋은 대조일 것이다. 오래동안 활화산(活火山)으로 산형(山形)에 변동(變動)을 일으킨 백두산(白頭山)은 연지봉(臙脂峰)으로 상상봉(上上峰)을 삼던 시기도 있었을 것이다.

성모산(聖母山)은 백두산(白頭山)에 한정하지 않으니 구월산(九月山)의 아사달(阿斯達)도 중요한 성모산(聖母山)이요 경성(京城)의 백악(白岳)도 한 아사달(一阿斯達)이다. 대동강(大同江)의 옛이름 아사진(阿斯津)이니 평양(平壤)도 한 성모원(聖母原)이다. 합이빈(哈爾賓) 부근 송화강(松花江)의 지류에도 아집하(阿什河)가 있다. 지리산(智異山)에 성모천왕(聖母天王)이 있고 영일군(迎日郡)에는 신라 남해왕(新羅南解王)의 모후(母后)인 운제산(雲梯山) 성모(聖母)가 있으니 운제(雲梯)는 어지요, 혁거세왕(赫居世王)의 모후(母后)도 선도성모(仙桃聖母)이니 태고 성모시대(聖母時代)의 유운(遺韻)과 전설(傳說)을 보임이다.

신라 탈해왕기(脫解王記)에 아진포(阿珍浦)가 있으니 아지개로 성모포(聖母浦)이다. 같은 글에 "당시 포구가에 한 할미가 이름이 아의진선인데 바로 혁거세왕의 해적지모이다(浦邊一嫗 名 阿珍義先, 乃赫居王之, 海尺之母)"라고 하였으니 아진의선(阿珍義先)은 아지오의 이두식(吏讀式) 한역(漢譯)이다. 《삼국사기》

「신라본기(新羅本紀)」파사왕(婆娑王) 23년(102)에 음즙벌국(音汁伐國)의 기사가 있으니 음즙벌(音汁伐)은 어지벌로 아사원(阿斯原)의 별역(別譯)이다. 성모원(聖母原)을 의미하는 것이다. 성모시대(聖母時代)는 여계중심(女系中心)인 최고 원시사회(最古原始社會)의 원사적(原史的) 시기가 되는 것이다.

짐승이 새끼를 배고 풀도 이삭을 배었으며 새가 알을 배고 엄이는 아이를 배었으니 '배'는 것이 가장 신성존중(神聖尊重)한 일이었다. 그들은 차차 백두(白頭)의 고원지대(高原地帶)를 떠나서 평야에 발전하게 되었으나 성모산(聖母山)인 백두(白頭)에 대한 추모경앙(追慕敬仰)의 생각은 조금도 줄지 않았다. 그들은 백두산(白頭山)이 즉 생생화육(即生生化育)한 성산(聖山)으로 '배음' 산(山)인 것을 의식하게 되었으니 불함산(不咸山)은 즉 배음의 잉산(孕山)이오 그 산휘(山彙)를 잉지(孕地)라고 하여 원생지(原生地)로 명명(命名)하니 배어따 혹은 배달의 지명이 기원(起原)된 것이다.

원생지(原生地)를 의미하는 배어따는 이미 보통의 지방과 구별하는 상대적 명칭이니 근세국가(近世國家)가 시골에 대하여 서울을 구별한 것처럼 그는 일반부락과 촌락(村落)과 구별하는 상도제성(上都帝城)을 의미함이었다. 이미 배어따가 있으니 거기에는 반드시 군장(君長)이 있어야 할 것이다. 왕감이 있어 병교혼합(兵敎混合) 정치의 수장(首長)으로 되니 그는 즉 배어따 왕감이다. 단군왕검(檀君王儉)은 그의 한역(漢譯)이요, 의역(意譯)하면 원생지군장(原生地君長)으로 상도(上都)에 계신 제왕(帝王)임을 의식함이었다. 감은 신(神)이오 또 군(君)이니 단검신인(檀儉神人)은 그를 이름이었다.

하늘에 별도 많고 땅에는 꽃도 많으니 기상(氣像)이 깨끗한 고원지대(高原地帶)에서 광채(光彩)나는 별많은 천상(天像)을 우러르고 꽃내음 풍기는 지상(地上)의 풍광(風光)을 즐기면서 청정

영이(淸淨靈異)[419]한 감격에 어리는 것은 그들의 생활이었다. 칼을 든 사나이 사냥을 마치고 돌아오는데 그리워하는 계집애 꽃 꺾어 고름에 꽂아주고 달아래 춤놀이에 빙인(氷人)[420]이 가연(佳緣)[421]을 얽어줄 때 무심(無心)한 아이는 들쭉가지를 찢어들어 벽옥(碧玉)의 열매를 점점(點點)[422]이 먹으니 평화(平和)의 환락(歡樂)은 천평(天坪)의 곳곳에 벌어지고 천지(天池)의 언저리에는 왕왕히 정렬(貞烈)을 다짐하는 선남녀(善男女)의 순례자(巡禮者)가 담배(膽拜)[423]하는 것이었다. 춤추고 노래하고 뛰고 달리고 궁시창검(弓矢槍劍)을 시새워[424] 부리는 것은 신을 섬기고 용(勇)을 단련하는 대회(大會)이다. 영고(榮枯)와 우열(優劣)이 판단 나는 마당이다. 이러한 큰 굿, 작은 굿이 시절(時節) 잦아 거행(擧行)되니 무틀봉(峰) 구슨별은 그 대회(大會)의 성장(聖場)[425]이냐? 백두(白頭)의 상봉(上峰)을 치어다보고 천리천평(千里天坪)을 톡트이게 내려다보는 측근(側近)한 땅에 그들의 비약(飛躍)과 환희(歡喜)는 가장 웅대(雄大)하였던 것이다.

태극(太極)은 중국(中國)의 전유물이 아니다. 북미(北米)의 인디언도 태극(太極)을 사용하여 우주의 근본이라고 믿는다. 복희(伏羲)(배어)씨 동이계(東夷系)의 위인(偉人)으로 팔괘(八卦)를 그어서 태극(太極)과의 관계가 깊었다. 조선(朝鮮)에 배어따가 하나뿐 아니어서 민물(民物)의 번연(繁衍)[426]함을 따라 수많은 백(白), 백악(白岳), 백아(百牙), 부아(負兒), 평양(平壤), 부

---

419) 청정하고 신령스러운.
420) 남녀의 인연을 맺어 준다는 전설상의 노인. 월하빙인(月下氷人). 중국 진(晉)나라의 삭담(素紞)이 얼음 위에서 얼음 아래의 사람과 이야기했다는 고사에서 나옴. 중매인.
421) 아름다운 인연.
422) 하나하나.
423) 우러르며 절을 올리는.
424) 다투어.
425) 성스러운 장소.
426) 많이 퍼지다. 번영하다.

여(夫餘), 비류(沸流), 패(浿) 등 배어 어휘(語彙)의 경역(境域)을 가졌으니 태상적(太上的)인 배어따는 태백산(太白山)(山은 古語 달 즉 따)이고 군왕검(君王儉)은 한배달의 왕감 단(檀)(太山白君)이다. 그의 쏘처가는 물이 남북에서 패강천하(浿江天河)를 이루고 천평(天坪)의 나무와 꽃이 그지없는 봄과 가을을 보내고 맞이하는 동안 천지(天池)의 꿈은 또 정취깊은 한 장면을 바꾼 것이다. 아사달(阿斯達)로 태백산(太白山)에! 성모(聖母)로 단군왕검(檀君王儉)에! 시대(時代)의 막(幕)은 또 한번 고쳐 내린것이었다(『조선일보』, 1930년 9월 4일, 4면).

○ 1930년 9월 5일 천지의 꿈(3)

『조선일보』에「천지(天池)의 꿈(3): 유유탕탕(悠悠蕩蕩)한 만고몽(萬古夢)」라는 글을 썼다. 성모시대 이후 단군시대 출현과 그 이후 역사 과정을 서술하고 있다. 단군은 최초 성모시대를 대신하여 성모사회인 아사달에서 그 혁명적인 새제도로써 남계중심의 군장(君長)으로 출현한 정교합치(政敎合致)의 통치를 담당했던 성조(聖祖)이며 이후 국가 발전에 따라 군사적 실권을 장악한 기, 지, 치 계급이 계급이 성장하면서 왕의 지위를 물려주고 종교지도자적 상징성을 갖게 되었다고 보고 있다.

평양(平壤)(폐야: 배들)과 백악(白岳)을 구별하나 역사상 그의 위치가 각각 다를 뿐이지 어음상(語音上)으로는 백악(白岳: 배아)이 즉 평양(即平壤)의 이역(異譯)이오 백아강(百牙崗)은 백악(白岳)의 이자(異字)이며 백악산(白岳山) 아사달(阿斯達)이 단군이도(檀君移都)의 땅이로되 백악아사(白岳阿斯)는 같은 땅이로되 옛날과 지금이 다른 이름이 될 수가 있다. 백산패수(白山浿

水)가 예전부터 지명상의 징례(定例)이나 패(浿: 배)하(河)가 한 부여(夫餘: 배어)수(水)이다. 평양산(平壤山)도 한 백산(白山)이며 부아악(負兒岳)이 부여산(夫餘山)될 수 있고 백성(白城)이 평양성(平壤城)의 다른 표기 일 수 있으며 비류수(沸流水)는 부루하(夫婁河)이로되 또 패하(浿河)나 백강(白江)의 다른 이름이 될 수 있는 것이다. 태백산(太白山)은 대평양(大平壤)의 뜻을 이루고 대평양(大平壤)은 대부여(大夫餘)로써 통용(通用)될 것이다.

단군(檀君)의 존칭(尊稱)은 덩걸 혹은 단굴이니 천왕(天王)의 뜻이다. 지방의 군장(君長)인 따감에 상대하여 상도(上都)의 대군(大君)이 왕감이 그 제왕(帝王)의 존엄을 가지니 왕검(王儉)은 그의 사음(寫音)[427]이며 단군왕검(檀君王儉)은 덩걸인 왕검으로도 통하고 배달 혹은 밝따 왕검의 뜻으로는 단군(檀君)이 그 의역(意譯)[428]이 되는 것이다. 요컨대 단군(檀君)은 최초 성모시대(聖母時代)를 대신하여 성모사회(聖母社會)인 아사달(阿斯達)에서 그 혁명적(革命的)인 신제도(新制度)로써 남계중심(男系中心)의 군장(君長)으로 출현한 성조(聖祖)이다.

『삼국유사(三國遺事)』에 "단군왕검이 아사달에 도읍을 세웠다 (壇君王儉 立都 阿斯達)." 선사적(仙史的) 의미로는 태백신인(太伯神人)이다. 『고기(古記)에 "신인(神人)이 있어 태백산 단목(檀木) 아래에 내려오셨다(有神人, 降于太白山檀木"고 했다. 『고려사』「묘청팔성(妙淸八聖)」에는 "호국백두악 태백선인(護國白頭嶽, 太白仙人)"이라는 말이 나온다. 역사지리상의 명칭과 배합(配合)하면 평양왕(平壤王)에 해당하고『삼국유사(三國遺事)』에 "50 경인(庚寅)에 평양성에 도읍했다(五十年庚寅 都平壤城)"고 했고『삼국사기(三國史記)』에는 "평양성이란 것은 선인(仙人) 왕검(王儉)의 집이다(平壤者, 仙人王儉之宅也)"라고 하였다. 그의 선사적(仙史的) 관계로는 구려(駒麗) 평양선인(平壤仙人)에서도 그 유

---

427) 소리를 글이나 부호 따위로 그대로 옮겨 적음.
428) 뜻풀이.

운(遺韻)[429]을 방불(彷彿)케 하며 앞서 나온 『삼국사기(三國史記)』 "선인 왕검의 집(仙人王儉之宅)"이라 한 것이 그것이고 「묘청팔성(妙淸八聖)」에는 "팔성중 제4위(八聖中 第四位)"라고 나온다.

국명(國名)으로 역사상에 현저(顯著)한 자로는 대부여왕(大夫餘王)에 해당하며 『삼국유사(三國遺事)』에 북부여(北扶餘)와 동부여(東扶餘), 고구려(高句麗)의 해모수(解慕漱)와 해부루(解扶婁)와 해주몽(解朱蒙)은 모두 천제자(天帝子)이오 또 단군(檀君)을 계승한 자라고 하였다. 한인(漢人)으로서 낙랑(樂浪)에 왕래하여 조선 문화(文化)에 감화(感化)된 자(者)에게는 태평산군(太平山君)으로 숭경(崇敬)되던 바이니 용강현(龍岡縣)의 점제비(黏蟬碑)에 태평산군(太平山君)을 숭봉(崇奉)[430]한 기록이 있다.

역사사회학적 견지로는 원생지군(原生地君) 장(長)으로 잉지(孕地)의 수장(首長)이란 의의를 가지게되는 것이다. 사회학상(社會學上) 상대(上代)의 인민(人民)들은 그의 일정한 생활근거지를 자기들의 원생지(原生地)라고 믿고 그리 명명(命名)하고 있는 것이다. 그때까지의 수집경제(蒐集經濟)와 수렵경제(狩獵經濟)와 목축경제시대(牧畜經濟時代)를 뒤받아 그들은 밭을 이룩하여 보리와 벼농사로 밥을 먹고 살게하며 바듸를 맨들어 베를 짜게하며 바치로 공작(工作)을 힘써서 제작과 건축이 크게 진보하며 불[城]을 쌓아 읍락(邑落)을 방비하고 부루신(神)을 위하야 생생자식(生生孶殖)의 도를 숭상하고 환(桓)과 동일한 뜻인 밝의 대신(大神)을 숭경(崇敬)하니 그는 즉 광명(光明)인 우주의 주신(主神)으로 신앙(信仰)함이었다. 이와같이 농공업의 발명과 진보는 동방민족(東方民族) 중에 가장 진보한 국가의 체계를 맨먼저 건설하고 태백산(太伯山)에 하강(下降)하신 천왕(天王)과 대제(大帝)인 환인(桓因)을 숭봉(崇奉)하는 정교합치(政敎合致)의 통치를 하게 되었던 것이다.

---

429) 남은 자취.
430) 숭상하여 받듦.

일찍부터 법술전관(法術專管)하는 지웅(승려, 마술사) 계급이 있어 그 지배의 권(權)과 마술(魔術)의 힘으로 멀리 한민족(漢民族)과 신화적인 대쟁투(大爭鬪)의 역사를 남긴 자도 있으니 치우(蚩尤)(지웅)씨도 그 하나였고 배어실아치[公卿]로서 근시(近侍)하는 계급(階級), 구실아치(관리)로서 제정(祭政: 굿) 그 용품(需用品)을 만는 계급, 베어치(바치=工)로서 공작을 맡는 생산자 계급 등이 있어 문운(文運)이 진보하고 사회가 더욱 복잡하게 되니 민물(民物)의 이동과 국가의 건설은 바야흐로 왕성·활발하게 되었던 것이다. 천지(天池)의 물이 쏘쳐 넘어가 천하(天河)(숭가리 우라)의 줄기를 따라 송화강(松花江)의 곡지(谷地)에 최초로 국가를 건설한 것은 북부여국(北夫餘國)이다.

현도(玄菟)와 진번(眞番), 구려(句麗)와 낙랑(樂浪)의 붙이가 모다 압록강(鴨綠江)의 동서에서 일어나고 숙신(肅愼)과 옥저(沃沮)로 기록된 자들은 두만강(豆滿江)의 남북에서 시초를 잡는 바 있었다. 이는 단군왕검(檀君王儉)이 태백산(太白山)에 일어나 평양(平壤)에 옮기시고 시조(始祖)인 때로부터 역대 단군(檀君)이 물려가면서의 일이었다. 그러나 덩걸 제실(帝室)과 가장 인연이 깊은 병정(兵政)의 실권(實權)을 장악(掌握)한 기, 지, 치의 계급이 발흥(勃興)하여 삼연(薪然)히[431] 두각(頭角)을 들어냄에 미쳐서는 왕감의 정권(政權)도 필경 이동됨을 면(免)치 못하고 교왕적(教王的)인 신사(神事)의 직(職)만이 그에게 보유(保有)되어 오직 사회적 존경의 지위만을 가지게 되니 이는 구월산(九月山)을 중심한 말세(末世) 단굴의 형태이었다.

천평천리(天坪千里) 인적(人跡)도 멀어져서 교임무초(喬林茂草)[432]가 순례자(巡禮者)의 자취를 파묻는 동안 천지(天池)의 꿈은 어수선한 대일막(大一幕)을 내린 것이다. 만일 또 금고천년

---

431) 우뚝서서.
432) 키큰 숲과 무성한 풀.

(今古千年) 한시(恨尸)[433]가 만주(滿洲)의 벌을 휘넘고 원혈(冤血)[434]이 반도(半島)의 산하에 물들이어 천지(天池)의 가장자리가 비통(悲痛)의 순례자(巡禮者)로 슬퍼지는 것은 이루 다 말할 수가 없는 바이다(『조선일보』, 1930년 9월 5일, 4면).

○ 1930년 9월 6일 천지의 꿈(4)

『조선일보』에 「천지(天池)의 꿈(4): 유유탕탕(悠悠蕩蕩)한 만고몽(萬古夢)」라는 글을 썼다. 이날 천지가에서 자고 다음날 8월 1일 새벽에 하산 길에 올라 신무치까지 걸어갔다. 새벽녘 일출을 보면서 감격에 겨워 시도 짓고 백두산의 빼어난 경치에 다시금 감동했다. 끝없이 맑고 아득하며 텅비어 있는 고요함은 이미 속세를 벗어난 느낌이라고 표현하고 있다.

8월 1일 새벽 3시 천지(天地)가에서 영이청상(靈異淸祥)[435]한 하루밤을 지낸 순례(巡禮)의 나그네는 깨었다. 실상은 얕게 든 잠에 묽은 의식(意識)은 싸늘한 지속(持續)으로 지금까지 왔다. 휘어밝는 새벽에 으스름히 보이는 천지(天池)의 경호(鏡湖)은 트여가는 공명형철(空明瑩澈)[436]한 기상(氣像)이 그저 다만 신비로써 형용(形容)할뿐인데 망천후(望天吼)와 병사봉(兵使峰)의 시커먼 단애(斷崖)가 지극 우람스러운 배경으로 되어있다. 물가에 나가 가벼운 수세(漱洗)를 마치고 병에 담긴 물로 찬밥을 두 합(盒)을 먹었다. 어제 차행국(車行國)군이 유황온천(硫黃溫泉)을

---

433) 한스러운 시체.
434) 원통한 피.
435) 신령스럽고 해맑고 상서로운.
436) 환하고 해맑은.

길어온 물이 식어 누린 내가 많이 나서 가까스로 식사를 한 것이다. 부지런히 수습(收拾)하는 행장(行裝)이 끝나자 속속(續續) 출발하여 귀로(歸路)에 올랐다.
　이날의 배낭(背囊)은 여간 무겁지가 않았다. 제각기 짊어지고 다시 천왕봉(天王峰) 아래의 안부(鞍部)를 향하여 화구호(火口湖)의 내벽(內壁)을 기어오른다. 오르기도 힘들지만 내려가는 것에 비할 바가 아니다. 구르는 돌, 다시 튀는 자갈을 밟으면서 쉬엄쉬엄 안전한 코스를 찾는 것이다. 4시의 출발이 5시 30분이 훨씬 지나 6시 가까워서 돋는 해가 높다랗게 솟았다. 대백두절정(大白頭絶頂)에서 대수해(大樹海)의 저 바깥 운산(雲山) 위로 뜨는 아침해의 장관(壯觀)을 보고 태양숭배(太陽崇拜)와 동명예찬(東明禮讚)의 고운의(古韻意)[437]를 마음껏 맛보지 못한 것은 한사(恨事)이다. 천지(天池)를 떠나는 호호(浩浩) 묘묘(杳杳)[438]한 회포(懷抱) 무엇으로 표현할 수가 없다.

　　휘파람 길게 불어
　　천장지구(天長地久)[439] 함께 길어
　　앞선 천고(千古)[440] 가신 님네
　　다 깨어 힘 보태고
　　뒤로 천고(千古) 올 님들도
　　마음마음 가다듬어
　　가는 길 막힌 덤불
　　홱 찔러 치우소서.
　　그 뒤에 잔시름 있어란[441]

---

437) 옛 운치.
438) 아득한.
439) 하늘과 땅이 영원함.
440) 아주 오랜 세월.
441) 있다고 한들.

알어무삼?[442]

이때에 대오(隊伍)를 풀어 삼오(三五) 칠구(七九) 되는대로 하산(下山)하는데 정계비(定界碑) 다시 보고 압록강원(鴨綠江源)의 샘을 길어 몇 잔을 마신 후에 동반 여러 사람과 결합(結合)하여 담화(談話)를 사괴면서[443] 오전 10시 다시 무틀봉에 다다랐다. 내려오며 보는 무틀봉 일대의 임상미(林相美)는 선향(仙鄕) 영경(靈境)의 맛이 담뿍하다. 예서 다시 끓는 국 건어(乾魚) 반찬으로 점심밥 잔뜩 먹고 작별인 두만강원(豆滿江源)을 석 잔씩 넉 잔씩 속시원토록 퍼마신 후 남겨두었던 행장을 챙기어 또 다시 마상객(馬上客)으로 신무치(神武峙)를 향하였다.

이날 행정(行程)은 천지(天池)가에서부터 계산하여 약 100리였다. 오후 5시 지나 신무치(神武峙)에 도착하였으되 다리에 여력(餘力)이 있고 얼굴 희색(喜色)을 띠었으니 수일(數日)의 쾌청(快晴)에 흔쾌(欣快)한 등산을 계속함을 의외로 만족함이다. 혜산대(惠山隊)와 함께 합영(合營)임으로 영사(營舍)가 풀밭에 질펀하고 화광(火光)[444]이 숲 사이에 그득한데 주흥(酒興)이 겨워서 손 쳐서 노래하는 소리 사면초가(四面楚歌) 성성동백(聲聲動魄)[445]의 느낌이 무르녹았다.

다음날 아침에는 혜산대(惠山隊)로 옮기어 7일간 동도(東途)의 우의(友誼)가 끊어지기에 부대단장(隊長團長) 이하 모든 간부에게 고별(告別)하고 일찍 자기로 했다. 석천대위(石川大尉) 와서 회사(回謝)[446]했다. 밤중에 장외(帳外)에 나서니 이미 인어(人語)가 끊기고 청랭(淸冷)한 기온(氣溫)은 오직 추공야정(秋空夜靜),[447] 사

---

442) 알아 무엇하겠는가?
443) 이야기를 하면서.
444) 불빛.
445) 노랫소리가 마음을 움직이고 흔듦.
446) 답례 인사를 하다.
447) 맑고 차가운 기운.

고초연(四顧悄然)⁴⁴⁸⁾한 느낌이 깊을 뿐이다. 절정(絕頂)을 지나 내려가는 길은 언제나 이 느낌이 있기 쉽다.

8월 2일 새벽 3시, 졸린 눈을 뜨고 계곡에 내려가 세면 한 후 출발을 착착 준비하니 일행은 아직도 잠을 잔다. 동반 7인 장외(帳外)에서 밥먹고 물을 넣어 출발을 바삐하니 혜산대(惠山隊)는 승마(乘馬)를 허락하지 않고 건각자(健脚者)로 강행(强行)하는 바 중도에 음료수가 귀함이다. 5시 30분 출발인데 혜산대(惠山隊)의 일원 군조(軍曹)⁴⁴⁹⁾가 와서 사무를 알선(斡旋)하고 이윽고 무산대(茂山隊)의 간부 제씨 석별(惜別)의 인사를 다하며 혜산대(惠山隊)의 책임자(責任者) 또한 와서 주진(注進)⁴⁵⁰⁾한다. 짐꾼 2명으로 물품을 지게하고 신무치(神武峙)를 뒤로두고 낭자(曩者)⁴⁵¹⁾에 오던 길로 약 20리를 행진하여 구슨벌의 일경(一境)에서 혜산(惠山) 길로 넘어섰다.

30분 뒤에 떠난 무산대(茂山隊)는 뒤를 쫓아와서 왕왕(往往)히 서로 만나니 오히려 연연고인(戀戀故人)의 정(情)이 움직인다. 구슨벌과 간삼봉(間三峰)의 부근 대산화(大山火)가 백화림(白樺林)을 태워 십수 리(里) 동안 아직 임상(林相)을 회복하지 못하니 풍매화(風媒花)인 백화(白樺)의 씨로도 신속한 자연하종(自然下種)⁴⁵²⁾이 어려운 까닭이다.

간삼봉(間三峰)을 지나 구릉(丘陵)이 적이 기복(起伏)한 지대(地帶)에서 백두(白頭)와 포태(胞胎)의 연봉(連峰)을 보며 잠시 휴게하는데 도방(道傍)⁴⁵³⁾ 객사자(客死者)의 무덤이 있어 겨우 먼가랫밥을 둔것이 어찌한지 가엾다. 일호주일주향(一壺酒一炷

---

448) 사방을 둘러봐도 서글픈, 근심스러운.
449) 군국 시대 일본 육군 하사관 계급의 하나.
450) 급하게 알리다.
451) 지난 번.
452) 저절로 뿌리 내림.
453) 길섶.

香)⁴⁵⁴⁾으로 그 고혼(孤魂)을 위하지 못함이 아깝다. 에서 가는 길은 노목(老木)의 쓰러짐이 퍽은 많아 보행이 매우 힘드는데 간삼봉(間三峰)을 뒤로 두면 허항령(虛項嶺)의 동북안(東北岸)에 접어드는 것이다. 임상(林相)이 대체로 같으나 백화목(白樺木)이 흔히 섞였고 들쭉의 밑참에는 딸기가 열어서 무틀봉 도중보담 풍부하니 따먹으매 연감(軟甘)⁴⁵⁵⁾함이 또한 평지의 것과 다르다.

백두(白頭)의 경승(景勝)은 퍽은 단조(單調)하다. 농사동(農事洞)으로부터 다니기 200 수십 리에 오직 널다란 대고원(大高原)에 삼숙(森肅)한 대수해(大樹海)가 더부룩한 대초원(大草原)의 위를 덮어 탄평(坦平)한 땅에는 기봉수학(奇峰秀壑)⁴⁵⁶⁾ 완전참차(宛轉參差)⁴⁵⁷⁾하는 변화(變化)가 없다. 밀직(密直)⁴⁵⁸⁾한 수림(樹林)에는 '줄기가 굽거나 용이 가로 걸리고 이무기가 거꾸로 박힌 듯(臥莖曲幹橫龍倒蛟)'하는 기교(技巧)도 없다. 오직 무한청원(無限淸遠)하고 일률공정(一律空靜)함이 이미 연화세계(烟火世界)를 벗어난 듯하다. 깨끗한 아침에는 서애(瑞靄)⁴⁵⁹⁾가 임고(林皐)⁴⁶⁰⁾에 엉클어지고 가는비 지나간 자리 상풍(祥風)이 백화방창(百花芳蒼)한 속을 건드린다. '물을 건너오는 그윽한 향기가 다 가서면 문득 사라질(渡水幽香近却無)'듯한 솔곳한 향기(香氣)가 꿈같이 옷깃을 씻으며 사라져가는 것은 그 웅대(雄大)한 단조(單調)와 영상(靈爽)한 평범(平凡)이 도저히 범계(凡界) 추종(追從)을 허락하지 않는 바이다. 오! 나는 감사합니다. 대백두의 웅원영상(雄遠靈祥)⁴⁶¹⁾한 진경(眞境)을 무애(無碍)하게⁴⁶²⁾ 건너게 해

---

454) 술한잔에 향 하나로.
455) 부드럽고 달다.
456) 기이한 봉우리와 아름다운 골짜기.
457) 구불구불 돌아나가고 들쭉날쭉한.
458) 곧게 솟고 빽빽한.
459) 상서로운 안개.
460) 우거진 숲.
461) 웅장하고 아득함 신령스럽고 상서로운.
462) 막히거나 거칠 것 없이. 어려움 없이.

주시는 그곳에 계신 님께!
(『조선일보』, 1930년 9월 6일, 4면).

○ 1930년 9월 7일 정명섬려한 삼지미(1)

『조선일보』에「정명섬려(貞明纖麗)한 삼지미(三池美): 천녀전설(天女傳說)의 산 무대(舞臺), 허항령(虛項嶺)에서(1)」이라는 글을 썼다. 이날 신무치에서 허항령으로 가는 중에 삼지연에 들러 그 아름다움에 감동하고 시를 짓는다. 민세는 백두산에서 꼭 보아야할 세 명소로 백두산 상상봉과 천지(天池), 무틀봉(峰) 위의 멋진 전망(大展望)과 삼지연(三池淵)의 호산미(湖山美)를 꼽고 있다.

〈사진 9〉 삼지연 (『조선일보』1930. 9. 7)

신무치(神武峙)에서 허항령(虛項嶺) 사이는 60리가 넘는다. 허항령(虛項嶺)의 동북안(東北岸)에 삼지연(三池淵)이 있다. 풍경도 좋거니와 여기가 중화지(中火地)[463]로 되었으매 새벽밥 먹고 떠난 일행은 여기 오기를 마음에 졸인다. 북포태(北胞胎)의

---
463) 점심밥 먹는 곳.

제법 험준(險峻)한 석봉(石峰)을 쳐다보니 유사 이전 옛 분화구(噴火口)가 이 근처에 있었으리라고 추정하는 바이다. 길고 굵은 선(線)이 무미웅려(嫵媚雄麗)하게 성녀미(聖女美)의 특색(特色)을 나타낸 백두산(白頭山)의 풍경 중에는 꽤 강맹(剛猛)한 이채(異彩)를 가졌다. 남서쪽으로 돌아가보면 더욱 그렇다. 간삼봉(間三峰) 지나 이쪽은 얼마큼 올라가는 비탈이요 삼지연(三池淵)이 멀지않은 곳에 소소(小小)한 홍사(紅砂)의 사막(沙漠)이 있어 수 정(町)됨직한 자리에 일초(一草)도 머무르지 않았다. 이는 수원(水源)의 고갈(沽渴)로 호상(湖床)이 드러남인 듯하다. 더욱 가매 의연(依然)한 이깔나무 숲은 수령(樹齡)이 잠깐 젊어져서 적이 세연미(細軟美)[464]가 있다. 오른쪽으로 취림(翠林) 속에 은영(隱映)하는 호광(湖光)이 보이는 것은 삼지연(三池淵)이다. 모래펄이 많이 드러난 제4지(池)를 내려다만 보고 일행은 제2지(池)의 호반(湖畔)에 들어섰다. 고원(高原)에 목마른 손이 물보고 반갑거든 하물며 이 절경(絶景)은 천지간(天地間)의 기적(奇蹟)이다. 밑창의 제3지(池)는 수초(水草)가 일면(一面)에 가득한데 교본림(喬本林) 듬성듬성 기슭에 막아선 이편에는 일편명호(一片明湖)가 고요히 담겨있다. 남북에 비스듬 타원형의 거울을 이루어 공명정벽(空明靚碧)[465]함이 추수(秋水)같이 흠집이 없고 진푸른 침엽림(針葉林)이 뾰죽뾰죽 사안(四岸)에 둘려있어 천녀(天女)의 눈썹인양 알맞고 어여쁘다. 벼개[枕]봉(峰) 가느단 등[背]이 취림(翠林)을 가득 싣고 서북 기슭 즘쑥한[466] 잔숲 위로 다부룩 넘겨다보이는 양은 마치 산수(山水)의 명화가(名畵家)가 일족호산(一簇湖山)[467]의 위에 다시 일층눈강(一層嫩崗)[468]으

---

464) 섬세하고 부드러운.
465) 환히 비어 푸르르니.
466) 조금 낮은.
467) 족자 위의 호수와 산.
468) 한층의 여린 묏부리.

로 얼없이[469] 영필(靈筆)을 댄듯하다. 남안(南岸)의 굽은 펄이 반월(半月)같이 호(弧)를 그어 앙상한 수초(水草)가 바람맞아 흔들린다. 정유리(淨瑠璃)의 호면(湖面)에는 나부끼던 나른한 물결이 힘 부치는 듯이 그대로 잦아든다. 섬려세연(纖麗細軟)한 곡선(曲線)과 점선(點線)이 조화되고 합류(合流)되고 율동(律動)하고 탕양(蕩漾)[470]하는 미(美)가 참으로 진세간(塵世間)에 두 번 보기 어려운 조화(造化)의 신공(神工)이다.

눈을 들어 둘러보매 북으로 백두연봉(白頭連峰)과 연지봉(臙脂峰) 소백산(小白山)이 줄렁줄렁 굵고도 시원한 선을 놓고 남으로 포태산(胞胎山)의 수봉(秀峰)은 남실남실 이어졌는데 구슨벌 저편으로 툭트인 천평(天坪)의 안계(眼界)가 창망(蒼茫)하게 전개되었다. 예서 보는 백두산(白頭山)의 전경(全景)은 도무지 이 삼지연(三池淵) 하나를 위할 일인듯 태백산(太白山) 아사달(阿斯達)의 조화(造化)의 포치(舖置)가 이만하면 여한(餘恨)도 없겠다. 그늘에 잠깐 쉰 후(後) 옷끌러 물에 들어서니 일진상풍(一陣祥風)이 가벼히 이는 곳에 노니는 물결 기슭을 쳐서 기장쌀 같은 부석(浮石)의 모래가 살짝살짝 움직이는 것은 야인(野人)의 투박한 발이 천녀(天女)의 설부(雪膚)[471]에 닿아 핀잔을 받을 것 같다. 이 일대(一帶)의 영수정명(靈秀貞明)[472]한 풍경(風景)과 정취(情趣)는 그윽한 찬미(讚美)가 미소(微笑)와 함께 나오는 것을 금(禁)치 못하겠다.

천하(天河)에 바람칠때
은(銀)물결 넘쳐내려
뜬세상 실으려고

---

469) 무심히.
470) 출렁거리는.
471) 눈 같이 하얀 피부.
472) 신령스럽고 빼어나며 곱고 밝은 풍경.

이 늪이 됐는고야
옥녀(玉女)가 게 있으리
보고가면….

엇그제 우레칠 때
옥경(玉京)에 일 있던가?
항아(姮娥)[473]의 내친 거울
예와서 놓였세라
티끌에 물 안든 빛이
숲에 새여 환하구나.

베개봉(峰) 들은 볕은
노을 되어 아지리고[474]
삼지연(三池淵) 고운 바람
깁 물결 주름질 때
벗님네 이 강산(江山) 좋으니
가서 무삼?

　　일컬어 삼지(三池)로되 실상 5개(個)의 호소(湖沼)[475]이니 이 제2지(池)는 정선(汀線)[476]이 굴곡(屈曲)되어 목측(目測)[477]하기 거북하나 주회(周廻)[478]가 16~7리 넉넉하고 제3지(池) 제4지(池)가 모두 좁은 개울로 마주 닿았으며 제5지(池)는 저 아래 있어 숲속의 적은 웅덩이요. 제1지(第一池)는 맨 위에 떨어져 있어 30정(町) 주회(周廻)도 풍광(風光) 또한 좋으며 호심(湖心)에 온

---

473) 월궁(月宮)에 사는 궁녀.
474) 번져가고.
475) 호수와 늪.
476) 물가.
477) 눈으로 잼.
478) 둘레.

천(溫泉)을 뿜어서 미지근한 물이 너무 차지 않고 곧추솟는 수증기(水蒸氣)가 이채(異彩)를 짓는다. 제2지(第池)의 물도 그리 차지 않으나 가라앉은 낙엽(落葉)의 썩은 가루 발끝에서 일어나고 퍽 많은 미생물(微生物)이 섞여서 끓이지 않으면 마시지 못한다. 지질학자의 주장에 의하면 이 삼지연(三池淵) 다섯 못은 모두 다 허항령(虛項嶺)을 지나 압록강(鴨綠江)으로 쏟아져 든 개울로 백두산(白頭山)의 분출물(噴出物)이 지형을 변경할 때 배수구(排水口)가 가로막혀 이 소택(沼澤)으로 된 것이라 한다.

목욕을 마치고 물 끓여 밥 먹은 후에 무림(茂林) 속에 숨겨 있는 제1지(池)의 유벽염정(幽僻艷靜)[479]한 맵시를 반해 돌아다만 보며 걸음걸음을 더 간다. 내가 본 백두(白頭)의 경승(景勝)은 세가지 중심이 있으니 상상봉(上上峰)과 천지(天池)가 첫째요, 무틀봉(峰) 위의 대전망(大展望)이 또 하나이며 이 삼지연(三池淵)의 정명섬려(貞明纖麗)한 호산미(湖山美)가 또 그 하나이다.

천리천평(千里天坪)은 조선 상대(上代) 민족생장의 보금자리이다. 역대국조(歷代國祖) 용흥(龍興)한 사실(事實)을 골자(骨子) 삼아 천비선녀(天妃仙女)를 주인공으로 가지가지의 순미(純美)한 전설(傳說)이 구성되었으니 삼지연(三池淵)은 실로 그 자연의 무대요. 청조조흥(淸朝肇興)의 신이(神異)한 사실(事實)로 장백산(長白山)의 동변(東邊) 포이호리(布爾湖里) 못의 세자매 천녀(天女)의 강욕구혼(降浴媾婚)[480]한 전설도 그 신택소(神澤素)[481]는 이곳과 연관이 있는 것 같다. 정취(情趣) 무르녹은 삼지연(三池淵)의 상화세계(想華世界)[482]를 밟지 않고서는 조선사상 허다한 희곡적(戲曲的)인 장면의 진경묘미(眞境妙味)를 저작(咀嚼)[483]할 수 없을 것이다. 백두산(白頭山)에 노는 자 반드시 또

---

479) 그윽하고 어여쁨.
480) 목욕하러 왔다가 혼인함.
481) 신이한 점.
482) 상상의 세계.
483) 음미하다.

이 삼지미(三池美)를 보아야 할 것이다(『조선일보』, 1930년 9월 7일, 4면).

◯ 1930년 9월 8일 정명섬려한 삼지미(2)

『조선일보』에「정명섬려(貞明纖麗)한 삼지미(三池美): 천녀전설(天女傳說)의 산 무대(舞臺), 허항령(虛項嶺)에서(1)」이라는 글을 썼다. 이날 삼지연을 지나 포태리의 합수촌까지의 여정과 견문을 담았다. 허항령 천왕당을 지나며 고구려 이래 왕성하던 국풍(國風)이 한화주의(漢化主義)의 신문화(新文化)에 휩덮이어 민족적 정열이 질식했기에 이제라도 냉정한 역사의식을 가진 자기객관화가 필요하다고 역설하고 있다.

  백두산(白頭山)의 남쪽으로 뻗은 일맥(一脉)이 연지봉(臙脂峰)으로 뭉쳐 떨어져 소백산(小白山)이 되고 간백산(間白山)·선오산(鮮奧山)·침봉(枕峰)·허항령(虛項嶺)으로 돌아 북보다회(北寶多會)와 남보다회(南寶多會)의 연산(連山)[484]이 되어 최가령(崔哥嶺)으로부터 더욱 남으로 달아난다. 이것이 즉 동해안을 남으로 내뽑은 척량산맥(脊梁山脈)의 밭은목이다. 보다회(寶多會)는 즉 포태산(胞胎山)이요 벼개[枕]봉(峰)과 같이 가냘픈 자도 그 표고(標高)는 1,610미터가 넘거니와 허항령(虛項嶺)은 그보담 좀 낮아 1,401미터로 이름이 고개이지 실상은 늦고 늦은 비탈이 60~70리(里)의 웅혼돈후(雄渾敦厚)한 긴 커브를 엎혀서 오직 삼삼(森森)한 원시림(原始林)에 쌓여 있을뿐이다.
  그러나 차유령(車踰嶺)을 넘은 하삼봉(下三峰) 일대의 고원(高

---

484) 이어진 산.

原)에 올라서서 홍단산(紅湍山) 일경(一境)의 탄직(坦直)⁴⁸⁵⁾한 대지를 넘고 백두절정(白頭絶頂)을 끝까지 다녔다. 그후에 천평천리(天坪千里)의 웅려공정(雄麗空靜)한 대자연의 품속을 헤쳐가가 골고루 역사성장의 아득한 유운(遺韻)을 호흡(呼吸)하고 돌아오는 길에 또 삼천리(三千里) 세로로 뻗은 대정간(大正幹)을 넘게 되니 이것도 등산하는 사람의 한 쾌사(快事)요 성사(盛事)⁴⁸⁶⁾이다. 삼지연(三池淵)을 떠나기 십여 정(町)에 벌써 영척(嶺脊)⁴⁸⁷⁾에 오니 이 부근서부터 더욱 깊어지는 임상(林相)의 주경호대(遒勁浩大)⁴⁸⁸⁾함이 다시 내백(內白)⁴⁸⁹⁾의 그것과는 다르다.

허항령(虛項嶺)의 지질은 부석(浮石)에 덮힌 현무암의 구릉(丘陵)인데 백두산(白頭山) 폭발의 분출물(噴出物)이 이 선까지 미쳐 영외(嶺外)로는 그 액(厄)을 면한 것인 까닭이라한다. 허항령(虛項嶺)의 계선(界線)은 무산(茂山)과 갑산(甲山)의 군계(郡界)이자 또 함북(咸北)과 함남(咸南)의 도계(道界)이다. 가장 가까운 남포태산(南胞胎山)의 2,494미터에 비하면 문자와 같은 빈목이어서 등척자(登陟者)⁴⁹⁰⁾에게 퍽은 편리한 터이다.

영척(嶺脊)의 복판에는 수백평(數百坪)의 초원이 있고 주위의 수목을 솎아내어 적이 통창(通暢)한 기세를 돋우는데 한 사우(祠宇)가 교림(喬林)을 등지고 놓였으니 이는 즉 허항령(虛項嶺) 천왕당(天王堂)이다. 간소한 목제(木製)의 묘우(廟宇) 속에는 북벽(北壁) 바로 가까이 '천왕지위(天王之位)'를 봉안(奉安)하였고 그 신탁(神卓)⁴⁹¹⁾의 뒤로는 정면 벽에 상신정(上神幀)⁴⁹²⁾을 걸어 모

---

485) 곧고 평탄한.
486) 성대한 일.
487) 고개의 등허리.
488) 깊고 굳세고 호방한.
489) 백두산의 안쪽.
490) 올라가는 사람.
491) 신위를 모신 탁자.
492) 신의 모습을 그린 탱화.

대(帽帶)[493]한 인물에 시녀(侍女)가 파초선(芭蕉扇)을 들었으나 모대(帽帶)가 흐려져서 마치 장삼(長衫) 입은 승려(僧侶)와 같았다. 오직 시녀(侍女)가 목상(木像)을 지녔을 뿐이며 옆으로 국사대천왕(國師大天王)의 얼굴이 있다. 홍단영사(紅湍靈祠)에 비하여 그 묘모(廟貌)[494]와 내용이 적지 않게 틀리며 그도 또 퇴락(頹落)하는 중에 있다. 다만 신탁(神卓)의 앞에 향안향로(香案香爐)가 있어 향(香) 피운 재는 탁상(卓上)에 넘치는데 동서양벽(東西兩壁)에 붙였던 익장(翼將)[495]의 화본(畵本)도 대반이나 끄슬리고 해져서 만목소연(滿目蕭然)[496]의 정을 일으킨다. 예서보매 남포태산(南胞胎山)의 기수(奇秀)함이 가장 뚜렷한데 꼬박꼬박 짐을 진 순례자(巡禮者)들이 묘문(廟門) 밖에 3~4인 쉬고 있다.

이곳에는 신축한 묘우(廟宇)가 또있다 함으로 눈여겨 둘러보나 밀림에 가리었는지 망연(茫然)히 안 보이고 바삐 닿는 걸음 찾을 겨를 없음이 딱도하다. 홍단영사(紅湍靈祠)가 관폐대사(官幣大社)[497]이면 이는 민간영조(民間營造)의 성사신궁(聖祠神宮)이다.

앞에 것을 북본원궁(北本願宮)이라 하면 이것은 남본원궁(南本願宮)이겠다. 근래에 외래(外來)한 속객(俗客)들이 이 선을 많이 지나는 탓에 아마도 석일(昔日)[498]의 모습을 많이 상한 것 같다.

영조 41년(1765) 을유(乙酉)에 구월산(九月山) 삼성사(三聖祠)를 수선(修繕)하고 동명왕(東明王)의 묘(廟)를 단군(檀君)과 공향(共享)[499]하게하며 영조 43년(1746) 정해(丁亥)에 비로소

---

493) 모자의 끈.
494) 사당의 모습.
495) 늘어선 신장(神將). 귀신 중에 무력을 맡은 장수신.
496) 눈에 가득 쓸쓸한 마음이 듦.
497) 관에서 폐백(幣帛)을 올리는 사당.
498) 옛날.
499) 함께 제사를 지냄.

백두산(白頭山)에 망질(望秩)[500]하게 되었다. 종국의식(宗國意識)이 되살아나고 국토애모(國土愛慕)와 국조숭경(國祖崇敬)의 염(念)이 따라서 발흥(勃興)하던 무렵이다. 50여 년을 지나 순조 11년(1821) 신사(辛巳)에 부령군수(富寧郡守) 고승익(高升益)으로 홍단영사(紅湍靈祠)에 봉제(奉祭)하여 만고명산(萬古名山)과 일국조종(日國祖宗)으로 높이고 '대천왕영신지위(大天王靈神之位)'를 일신(一新)하게 모시던 데 비하면 이 허항령(虛項嶺)의 천왕당(天王堂)은 그저 민간신앙(民間信仰)의 전당(殿堂)으로만 되었던 것을 짐작하겠다.

다만 동일한 고신도(古神道)의 신앙(信仰)이 해양에 들어간 자로는 대향신상(大饗神甞)[501]의 최고형식에까지 존숭(尊崇)되고 앙양(昂揚)하게 되었다. 그 본향(本鄕)에 떨어져 있는 편은 도도(滔滔)한 한화(漢化)의 물결 속에 심산밀림(深山密林) 부엉이 울음 우는 만곡황량(萬斛荒凉)[502]한 경지(境地)에 맡겨두어 조솔(粗率)한 형식이 체모(體貌)를 갖추지 못하였다. 여기에도 대륙풍진(大陸風塵)에 알뜰히 부대끼던 악전(惡戰)의 한 민족(民族)과 해양(海洋)의 속에 그윽히 소박(素樸)을 지녀오던 안온(安穩)안 한 국민(國民)과의 각각 다른 처지(處地)가 영상(映像)[503]되는 것이다. 신라(新羅)의 강역(彊域)이 남우(南隅)[504]에 치우치고 백두산(白頭山)의 성적(聖跡)이 북새(北塞)에 격리(隔離)되자 고구려 이래 왕성(旺盛)하던 국풍(國風)이 발호(跋扈)하는 한화주의(漢化主義)의 어설픈 신문화(新文化)에 휘덮이어 민족적 정열(情熱)이 거의 질식(窒息)하고 항진(抗進)의 기백(氣魄)이 이미 폐쇄(閉鎖)되려던 경로(經路)는 이제라도 또 한번의 자기객관(自己客觀)이 퍽은 필요하다.

---

500) 제사를 지냄.
501) 신에게 크게 제사 지냄.
502) 아주 황량한.
503) 떠오르다. 비춰지다.
504) 귀퉁이.

이 일경(一境)에서부터 더욱 넘어오매 이깔나무 외에 박달나무·오엽송(五葉松)·사시나무·백화목(白樺木) 등 문자대로 참천폐일(參天蔽日)⁵⁰⁵⁾하는 교림(喬林)이 호대(浩大)하기 그지없고 양치과(羊齒科)의 한길 차는 싱싱한 잎과 퍽은 많은 난과식물(蘭科植物)의 잎과 꽃이 청영상신(淸靈爽新)하기 스스로 별계(別界)를 이루었다. 교목(喬木)의 속에 눌려있는 활엽림(濶葉林)의 터널을 빠져 통나무 벌교(筏橋)⁵⁰⁶⁾로 느런한 진펄길을 건너 다카하시(高橋) 아무개의 채벌장(採伐場)에서 잠시 휴게(休憩)했다. 비로소 태령(泰嶺)의 준판(峻坂)⁵⁰⁷⁾을 한 400미터 각도로 미끄러져 내려와서 포태리(胞胎里) 합수촌(合水村) 수십 호 부락(部落)에서 인간(人間)에 돌아온 첫밤을 지내는 것이다(『조선일보』, 1930년 9월 8일, 3면).

○ 1930년 9월 9일 인간세에로 바쁜 걸음

『조선일보』에 「인간세(人間世)에로 바쁜 걸음: 동경(憧憬) 되는 천평세계(天坪世界), 포태리(胞胎里)에서」라는 글을 썼다. 백두산의 다양한 수종에 대해 언급하고 있다. 이날 허항령에서 갑산군 보혜면 포태리까지 1백 리를 걸었고 여기에서 하룻밤을 묵었다.

백두산(白頭山)의 대수해(大樹海)는 이깔나무라는 조선 낙엽송(落葉松)이 거의 그 대부를 차지 한다. 상상봉(上上峰) 아래 약 20리(里) 무트리봉 부근에서 시작하여 50~70리(里)로 150리(里) 멀리는 120~130리(里)까지 뻗쳐 동쪽은 농사동(農事洞)

---

505) 하늘을 찌를 듯 해를 가리는.
506) 뗏목 다리.
507) 몹시 가파른 산비탈.

의 남방 홍단산(紅湍山) 부근으로 서쪽은 포태리(胞胎里) 합수촌(合水村) 일대까지 그 창울삼숙(蒼鬱森肅)함이 일대(一大) 위관(偉觀)[508]이다. 껍질이 하얀 백화림(白樺林)이 그 사이에 섞여 있어 옥수경림(玉樹瓊林) 왕왕히 선자(仙子)의 노니는 마당을 꾸몄으니 이는 그 임상(林相)의 대관(大觀)[509]이다. 태백산(太白山) 단목(檀木)이 역사상에 유명하되 무트리봉 부근까지 낙엽송(落葉松)·백봉(白棒)·문비나무(전나무의 別種)·전나무 등이 있어 박달이 드무니 이는 대체로 백두 화산활동의 재액(災厄)을 받음이라 한다.

  백두산 최후의 폭발은 언제런지 판정되지 않으나 벌서 300~400년 이전이라고 추측하며 정계비와 돌무더가 아무 이상이 없는 점으로 최근 백수십 년 이내에는 분화가 없었던 것이 확정되었다. 허항령의 남안(南岸) 일부로부터 농사동까지 낙엽송과 백화(白樺)와 약간의 박달이 섞인 삼림지대는 최후의 대분화(大噴火)로 부석(浮石)이 덮혔던 지대인 것이 사정(査定)[510]된 바 상상봉 부근의 예에서 보아 일장(一丈) 내지 십장(十丈)으로 이 부석의 층이 덮혀 초목은 거의 전멸되었다.

  낙엽송과 백화(白樺) 등 자연하종(自然下種)에 의한 묘목(苗木)이 생기기는 대분화 후 40~50년 이후 일 것을 추정하는 것이니 시방 울밀(鬱密)한 삼림의 밑창에는 초목에 의한 부식토(腐蝕土)가 비교적 적은 셈이다. 노목(老木)의 옛등걸도 거의 없는 것이니 이것이 최후의 대분화가 있은 후 초대(初代)의 삼림이라고 추측된다. 증설(曾說)[511]한 연지봉(臙脂峰)의 비탈 두터운 부석층(浮石層) 밑에는 크나큰 고목의 옛등걸이 빼곡하여 태고의 꿈을 속삭이고 있거니와 천평천리(天坪千里)과 천지(天池)를 중

---

508) 훌륭하고 장엄한 광경.
509) 뛰어난 경치.
510) 조사해서 결정함.
511) 앞서 말한.

심으로 한 200~300리(里) 동안에는 거듭하는 분출물(噴出物)이 몇 번이고 이런 대삼림을 휘덮어서 지하에 다소의 매장물(埋藏物)이 있을 것이다.

지형상에도 적지 않은 변동이 있었을 것이다. 그러므로 이 일경(一境)의 낙엽송은 가장 큰 자 한아름 내외로 그의 수령(樹齡)이 150~160년이요, 혹은 80~90년 내지 150~60년으로 된 것이어서 천고(千古)에 도끼를 안대인채 실상은 의외로 그 임상(林相)에 연소생신(年少生新)한 감(感)을 일으키는 이유다. 이토록 변환번복(變幻飜覆)되는 겁회(劫會)[512]가 많이 있었으니만큼 이 대백두(大白頭)의 전체 역사(歷史)에는 도리어 무한한 신비를 감추고 있는 느낌이 깊은 것이다. 백두산은 동방산악의 조종(祖宗)이어서 조선과 만주(滿洲)의 산악(山岳)으로 낙맥여룡(落脈餘龍)이며 멀리는 발해(渤海)를 건너 산동성(山東省)의 태산(泰山)까지도 마천령산맥(摩天嶺山脈)을 거쳐간 백두여맥(白頭餘脈)인 것을 지리학자가 승인하는 터이다. 그래서 북선남만(北鮮南滿)과 흥안령산맥(興安嶺山脈)을 제외한 동쪽 일대(一帶)의 산악(山岳)을 장백산휘(長白山彙)라고 하고 백두산(白頭山)은 그 산휘(山彙)의 주축이거니와 조선안으로 쳐서 허항(虛項)과 포태(胞胎)의 동쪽 홍단의 서쪽을 내백두(內白頭)로 하는 것이 옳을 것이다. 허항령(虛項嶺) 이쪽 포태산(胞胎山)의 남안(南岸)은 이미 그 바깥 지역으로 된 것이다. 천산성지(天山聖地) 고요히 놀던 손이 또 다시 어수선한 인간세(人間世)에 고개 넘어내려오니 인간(人間)에 매인 몸은 결국 인간(人間)에로 바삐 올 약속이 있는 까닭이다.

허항령(虛項嶺)의 이쪽 남안(南岸)의 일반부(一半部)에서는 임상(林相)도 다르고 초본(草本)의 분포상황도 적지 않게 다르다. 연포(連抱)의 거목(巨木)이 있어 허항령 저편으로 자연하종(自然

---

512) 큰 재앙. 액운.

下種)을 보낸 중조림(中祖林)이라고 한다. 금후 분화가 끝을 막고 박달나무·전나무·문비나무·오엽송(五葉松) 따위가 차차로 번식하면 내백두(內白頭)의 거의 단순한 낙엽송의 대수해(大樹海)도 결국은 그 임상(林相)을 고치리라고 한다. 신무치(神武峙)에서 허항령까지 60리(里) 허항령에서 합수촌(合水村)까지 40리로 이날 행정(行程) 100리이다. 허항령 넘어선 후 동반(同伴)이 한떼 되어 담화(談話)가 가끔 무르녹는데 승마(乘馬)를 하지 않으려고 고집쓰시던 경암(敬菴)이 피로를 느꼈든지 왕왕히 동반(同伴)에서 떨어지며 벌교(筏橋)로 연결한 진펄길이 피로자(疲勞者)에게는 적지 않게 예기(銳氣)를 꺾는다.

오후 6시가 가까워서 남쪽으로 대밀림(大密林)의 터널을 뚫고 나아가는 동안 앞에 백화(白樺)의 치목림(稚木林)이 섞인 깨끗한 만취(巒翠)[513]가 보이고 중간에로 명랑한 기운이 뜨는 동학(洞壑)[514]이 있서 운수(雲樹)[515]의 사이에 오히려 귀밀 같은 산전(山田)이 보이고 무엇인지 인환(人寰)[516]의 채를 잡은 기색을 바라보니 이는 갑산군(甲山郡) 보혜면(普惠面) 포태리(胞胎里)요 농사동(農事洞)을 떠나 홍암동(紅岩洞)을 뒤로 한 후 무인지경(無人之境)에서 5일간의 노영(露營)을 한 후 제6일 늦은 해에 다시 이 인간세계에 나온 것이다.

남포태산(南胞胎山)의 거의 정서(正西)에 있어 그 북안계곡(北岸溪谷)의 물이 북계수(北溪水)요 그 남방(南方) 장군봉(將軍峰)의 북안(北岸)에서 떨어지는 물이 남계수(南溪水)로 되어 소소한 촌락을 지나 여기 와서 합류(合流)하니 합수촌(合水村)의 부락 이름을 가진 것은 이 까닭이다. 경관주재소(警官駐在所)가 있어 맥다(麥茶)[517]를 시켜놓고 일행을 대접한다. 이때 혜산대(惠山

---

513) 푸른 산봉우리.
514) 골짜기.
515) 구름과 나무.
516) 인간 세상.
517) 보리차.

隊)의 간부에게 교섭하여 동반 7인(人)은 이로써 대(隊)에서 탈퇴하여 자유행동을 하기로 하고 촌중에 제일 정결(精潔)한 구장(區長) 집 사랑에서 하룻밤 숙식하기로했다.

(『조선일보』, 1930년 9월 9일, 4면).

○ 1930년 9월 10일 변경 동포의 생활상(1)

『조선일보』에 「변경동포(邊境同胞)의 생활상(生活相): 고풍(古風) 그대로 목조건물(木造建物)」라는 글을 썼다. 포태리 지역의 가옥 구조와 생활 풍습 등에 대해 언급하고 있다. 목재를 건축 자재로 많이 쓰고 귀밀과 감자 등 추위에 잘 견디는 작물을 재배하고 있으며 변경 생활의 어려움에 대해 언급하고 있다.

포태리(胞胎里)는 압록강(鴨綠) 방면에서 백두산에 가는 최고점(最高點)의 촌락이다. 북계수(北溪水) 상류에도 인가가 약간 있고 남계수(南溪水)를 끼고 올라가면 상중하 각촌이 있어 산곡간(山谷間)에 끼어살되 양계수(兩溪水)가 합류하는 이 고장에 합수촌(合水村)이 있어 호수 20 미만이며 사립인 강습소(講習所)가 있고 주재소(駐在所)가 있고 객주(客主)를 겸하는 구장(區長)의 집이 있다. 강습소(講習所)를 방문하여 담화도 하고 싶으나 겨를을 얻지 못하였다.

주재소에서는 그 주임이 일부러 와서 주재소내에 유숙(留宿)키를 청하나 사퇴(辭退)[518]하였고 오직 그 호의(好誼)를 뇌거(牢拒)[519] 하지 않고자 두 세명 사람이 온탕(溫湯)에 입욕(入浴)키로만 했다. 두만강과 압록강 두강의 변경지대에는 주재소와 세관감시소

---

518) 정중하게 사양함.
519) 딱 잘라 거절함.

등을 모두 일종의 성채식(城寨式)으로 지었다. 장방형(長方形)의 토성(土城)에는 정면으로 보루(堡壘)를 쌓아 성벽(城壁)에 총안(銃眼)을 뚫고 혹은 뒤에 망대(望臺)를 두며 토성(土城)에 맞춰 장방형(長方形)의 줄행랑(行廊)을 지어 외면은 통창(通窓)이 없고 안으로 만 창호(窓戶)가 있으니 일본인 경관(警官)은 각각 주택을 주재소 내에 두는 것이다.

경비(警備)의 노래가 가장 잘 설명하는 바이거니와 위험지대라고 하여 일본인은 가봉(加俸) 2할(割)을 덤으로 주고 일반(一般)으로 국경수당금(國境手當金)이 있으며 또 재직 4년이면 은급(恩給)에 부쳐준다는 특례를 베풀었다. 그러나 그 생활은 상당히 단조롭고 조악(粗惡)한 모양이어서 대부분을 저축으로 후일의 계획을 삼는 것 같다. 구장(區長)집에 거처 잡은 후에도 양복을 입은 승마객(乘馬客)이 사랑을 차지하고 마부(馬夫)를 상대로 말썽을 부려 말 빌린 값을 안 주려고 고압(高壓)의 태도로 나오더니 혜산단원중 유지(有志)가 중재하여 1월 60전 삭감으로 마부(馬夫)가 굴종(屈從)했다. 그는 고산식물(高山植物)을 짐에서 좀빠뜨린 징책(懲責)[520]인지 분풀이인지 위세가 당당해서 물어보니 갑산군속(甲山郡屬) 신전(神田) 아무개 씨(氏)라고 한다. 이곳에는 신탄(薪炭)[521]이 풍부함으로 문제가 적을 법도하나 금테를 두른 영림서원(營林署員)이 서슬있게 주동(走動)[522]함을 보았다. 이 부근에 전야(田野)가 열리고 촌락(村落)이 형성되어 언뜻보면 낙토(樂土)인 것도 같은데 벽추(僻陬)[523]한 땅에 인민(人民)이 어찌 지내는지 피상(皮相)만 보고서는 경단(輕斷)[524]할 바 못 된다.

양계(兩溪)가 합수(合水)하여 촌(村) 뒤로 쏘처가는 곳은 포태

---

520) 울분.
521) 땔감.
522) 어떤 일에 주장이 되어 움직임.
523) 궁벽하고 외진.
524) 가볍게 단정하다.

천(胞胎川)이라 급단(急湍)[525]에 들어서 세수하고 석반(夕飯)을 먹은 후 취침하기로 하니 연일 피곤을 위로하고 순례선종(巡禮善終)[526]의 축배를 들고자 닭을 삶고 술을 받으라한다. 닭과 술은 10리 내지 20리를 가지 않고서는 살 수 없다 함으로 단념하고 마침 촌인(村人)이 이면수라고 수명(水名)[527] 붙여 이름진 망둥이 비슷한 강어(江魚)를 가져왔음으로 30전(錢)에 사서 진미(珍味)를 먹기로 하였다. 저녁밥은 이 고장의 정식(正食)인 귀밀에 감저(甘藷) 섞은 잡곡밥이다. 강어(江魚)의 진미(珍味)의 외에 배차김치와 파김치가 있어 노영(露營)에 병찬(兵餐)[528]만 먹던 끝에 얼씨구나의 대포식(大飽食)이다. 석반(夕飯)한 후 조금 거닐다가[529] 삿자리 위에서 그대로 잤다. 마음을 늦추고 자던 중 꿈결에 여성대갈(勵聲大喝)[530]을 몇 번이나 하였든지 곤(困)이 잠든 동반(同伴)들이 하마 달아날뻔 놀랐다고 듣고 고소(苦笑)를 금치 못하였다.

　8월 3일 5시 기침(起寢)했다. 밤에 닭개의 소리가 없고 낮에도 그 시늉을 못보되 오직 도야지 우리가 있으되 기호(嗜好)의 관계인지 사료가 부족함인지 무진(無盡)한 화원(花源)을 두고 양봉(養蜂)이 없는 것과 함께 알지 못 할 일이다. 북도(北道)의 가옥이 장방형(長方形)으로 되고 대체로 두줄의 방과 간(間)을 두어 정지라는 부엌을 놓고 붓두막이 안방으로 이어져 거기가 정짓 간(間)으로 가로[橫]전폭(全幅)에 통하고 그 다음이 윗간(間) 맨위가 뒷간(間)으로 외면부(外面部)는 남자용(男子用)이고 이면부(裡面部)가 여자용(女子用)이다. 맨위의 뒷간(間)은 남조선(南朝鮮)의 안방과 같이 사용하니 길가의 집은 왕왕히 울타리가 없

---

525) 급한 여울.
526) 순례를 잘 마침.
527) 물이름.
528) 군대밥.
529) 큰 소리.
530) 군대밥.

고 또 대문을 베풀지 않았으며 정지의 뒤가 마구(馬廏)[531]로서 위양(餧養)[532]에 근편(近便)할 뿐 아니라 겨울철의 채난(採暖)[533]에 자(資)[534]하는 것이다. 그는 숙신(肅慎) 이래의 옛기록에도 머무른 바로 인축(人畜)이 아울러 한식구이어서 우마(牛馬)에게 더욱 그러한 것이다. 기후풍토와 경제사정이 그렇게 만드는 것이다. 계견(鷄犬)이 흔치 못한 것은 건축(建築)에도 관계가 많은 모양이고 도야지 우리만은 반드시 견고하게 했으니 맹수(猛獸)의 침범을 막고자 함일 것이다.

　북도(北道)에는 목재를 건조(建造)에 많이 써서 굴뚝에도 통나무가 많다. 합수촌(合水村)에는 촌락(村落)이 통나무로 짜올린 벽(壁)이다. 나무쪽으로 덮은 기와여서 곡초(穀草)[535]로 이었거나 외얽고 벽(壁)을 치는 풍속(風俗)이 없으니 그는 물산(物産)의 관계이다. 귀밀과 감저(甘藷) 등 내한(耐寒)하는 작물이 주장으로 되어 도작(稻作)[536]은 거의 없는 데가 많다. 건물양식은 꽤 넓은 범위로 같다. 이 지방 사람들이 근로역작(勤勞力作)함으로써 귀밀밥 든든히 먹고 통나무집에 들어 살며 장작 피워 방을 덥게하면 큰부족(不足)함은 없겠는데 순사(巡査)가 있고 영림서원(營林署員)이 있고 또 이원(吏員)이 있고 마적(馬賊)과 무장단(武裝團)의 사건이 있어 왕왕히 다사(多事)한 때를 겪는 것이 눈에 선히 지나간다. 이제 구장(區長) 집의 뒷면 전포(田圃)에는 정상(井上) 순사부장(巡査部長)의 순직비(殉職碑)가 있다. 어제 혜산대(惠山隊)가 이 촌에 내려올 때 머리깎은 아동(兒童)들이 노방(路傍)에 서서 수없이 경례함을 보았다. 변경(邊境)의 생활은 또한 어려운 것이다(『조선일보』, 1930년 9월 10일, 4면).

---

531) 마굿간.
532) 가축에게 먹이를 줌.
533) 난방.
534) 밑천. 보탬.
535) 짚.
536) 벼농사.

○ 1930년 9월 11일 변경 동포의 생활상(2)

『조선일보』에 「변경동포(邊境同胞)의 생활상(生活相): 고풍(古風) 그대로 목조건물(木造建物)」라는 글을 썼다. 이날은 포태촌을 지나 혜산진으로 떠나는 일정이다. 포태천을 지나 홍경수를 거쳐 대평리와 가림리를 거쳐 혜산진까지 갔다.

8월 3일 오전 7시 동반하는 7인은 합수촌(合水村)을 떠나 혜산진(惠山鎭)을 향한다. 말 한마리를 세(貰)내어 짐을 전부 싣고 일공일모(一笻一帽)[537]로 담화하며 내려온다. 마음에 연연(戀戀)한 것은 변경의 간고(艱苦)한 동포들이다. 그러나 이 방면에는 아직도 대대적으로 농업민을 이식(移植)할 여유가 있어 무산(茂山)과 갑산(甲山)을 합하면 200만 정보(町步)의 가경지(可耕地)가 있다고 한다. 작년에 문제되던 보혜면(普惠面)의 대흥동(大興洞) 보흥리(普興里)에도 일망무제(一望無際)한 흑토대(黑土帶)가 개간농경(開墾農耕)하기에 적당하며 근년(近年) 천연림(天然林)을 개척하고 인환(人寰)이 깊이 퍼져감을 따라 기온도 다소 변화되어 서리철이 좀 늦어지는 편이라고 한다. 화전민(火田民)이 이동하는 안주지(安住地)로서도 적당하고 각지 재민(災民)을 이 지방에 이식(移植)하게 하면 퍽 좋을 것이다.

포태천(胞胎川)의 쏘처가는 물줄기를 따라 남으로 남으로 내려온다. 어젯밤 혜산본대(惠山本隊)가 유숙(留宿)하던 대평리(大坪里)(큰버덕)에 왔다. 7리쯤이다. 포태천(胞胎川)이 여기 와서는 차가수(車哥水)이다. 동안(東岸)에 화개산(花開山)을 놓아 볼 만한 국세(局勢)로 되었는데 유란(柳蘭)과 애기씨개나리 등 고원성(高原性)의 초화(草花)가 길가에 흐드러져 왕왕히 조그만 군락(群落)을 이루었다. 경비대의 교통(交通)때문에 길은 제법 넓다.

---

537) 모자 하나에 지팡이 하나.

쉬지않고 그대로 지나는데 맞은편 집에서 중년인 듯한 여성(女性)의 포달진 통곡성(痛哭聲)이 대처 퍽은 슬픈 모양이다.

겨우 인간계(人間界)에 내려오매 길에 황진(黃塵)[538]이 날리고 마을에는 통곡성(痛哭聲)이 들려오니 진해고락(塵海苦樂)은 워낙 인생의 상태이다. 벌써 한 15리 지나오니 서쪽에 벽계일곡(碧溪一曲)[539]이 산(山) 밭을 씻어내려 이 포태천(胞胎川)에 합하니 흥경수(興慶水)이다. 벼개봉(峰)의 남안(南岸) 계곡의 물이 북포태산(北胞胎山)의 여맥(餘脈)을 끼고 여기까지 내림이다. 수명(水名)을 따라 흥경촌(興慶村)이요, 촌락의 중앙에는 청홍(靑紅)깁 이불을 몇 채나 걸었으니 고교(高橋) 채벌소원(採伐所員)들의 숙소라한다. 이곳에도 목재로 구조(構造)한 갑문식(閘門式)의 벌거(筏渠)가 있어 벌부(筏夫)들이 모여 떼목을 겯고있으니 갑문(閘門)을 닫아 물을 싣고 뗏목이 다 된 후에 갑문(閘門)을 열어 물결 쫓아 내려가는 것이 도시의 나그네로는 눈에 새롭다.

흥경수(興慶水)를 지나매 청청양양(靑靑楊楊)[540]이 하교송객(河橋送客)[541]의 정(情)을 짓는데 대평리(大坪里)에서 우리들의 어제 쓴 지혜를 배워 짐짓 떨어진 무산대(茂山隊)의 제군(諸君)이 세마(貰馬)를 타고 한 사람 두 사람 끄덕대며 내려온다. 우안(右岸)에 백화림(白樺林), 좌안(左岸)에 낙엽송과 키 큰 나무와 어린 나무가 서로 섞여 이단성장(二段成長)의 회소(恢疎)한[542] 임상(林相)을 이룬 것도 퍽은 좋다. 7~8리 왔는가 하는 때에 독산(獨山)의 연장(連嶂)[543]이 마주보며 일파장류(一派長流)가 서쪽에서 여울지어 쏘치며 달려오니 압록강(鴨綠江)의 본류(本流)이다. 하폭(河幅)이 7~8간(間) 쯤 되고 잠벽(湛碧)하기는 모두

---

538) 누런 먼지.
539) 한구비 푸른 시내.
540) 푸른 버드나무.
541) 강가 다리에서 전송하는.
542) 엉성한.
543) 이어진 가파른 산.

가 한가지다.

분수령상(分水嶺上)에서 강원(江源)을 잔(盞)질 하였더니 여기 와서는 벌써 일곡장강(一曲長江)이다. 압록강(鴨綠江)을 끼고 내려오는 계곡의 풍경은 기환진퇴(奇幻進退)[544]의 변국(變局)도 적으나 대체로 기수영대(奇秀映帶)[545]함이 일대(一代)의 형승(形勝)임을 잃지 않는다.

사지령(四之嶺) 마루에 올라서니 혜산대(惠山隊)의 군병(軍兵)들이 뒷끝에서 바삐 걷고 있기에 우리가 지름길로 왔는가 여겼더니 강안(江岸)의 준령(峻嶺)[546] 회돌은 비탈길이 내눈을 속인 것이다. 과물행상(果物行商) 만나 사과(砂果)를 몇 개씩 먹고 농산리(農山里) 구역인 기푼개[深浦]를 지나 수양(垂楊)의 그늘에서 옷 끌러 청강(淸江)에 목욕하고 점심밥 먹고 떠나간다. 이 일대에는 왕왕 수수와 양배추의 농사가 많고 이제는 누런 방울 나는 맥작(麥作)도 있어서 농산리(農山里)의 이름을 짊어지고 있다. 얼마가니 동쪽으로 좌안(左岸)에 수십 길 석벽(石壁)이 솟고 6~7정(町)의 전야(田野)가 열린 곳에 곡강(曲江)[547]이 노괴(老槐)[548]의 언덕으로 감돌고 청류(淸流)가 곤곤(滾滾)한 곳에 반석(盤石)이 떼임떼임[549] 놓여 마치 좋은 휴게소이다. 석벽(石壁)의 그늘 청풍(淸風)이 마주치는 곳에 누워서 땀들이고 서서히 떠나간다.

이날은 예대(詣岱) 성순영씨(成純永)씨 발병(病)이 나서 좀 신고(辛苦)[550]하는 양이다. 대안(對岸)은 만주(滿洲)의 장백현(長白縣) 지역이다. 강변에는 백의인(白衣人)도 있고 청의(靑衣)한 중

---

544) 나가고 물러서는 이상한 변화.
545) 기이하고 빼어난 경치나 풍광.
546) 험한 고개.
547) 한굽이.
548) 늙은 회나무.
549) 드문드문.
550) 고생하는.

국 여성 반석(盤石)을 타고 빨래하니 국경정취(國境情趣)가 한폭 화경(畵境)[551]을 나타낸다. 흥경촌(興慶村)에 떨어졌던 단원중에 떼 타고 달아나는 강위의 사람들을 부러워하며 언뜻 보내면서 오후 5시 지나 가림리(佳林里)에 다다랐다. 농산리(農山里)와 여기에는 모두 주재소(駐在所)가 있다. 북포태산(北胞胎山)의 동남쪽으로부터 장군봉(將軍峰)과 곽지봉(郭支峰: 각시봉)의 사이로 흘러 북쪽의 푸른봉, 남의 시루봉 등등 1천 300~400미터 되는 연산(連山)의 물을 받아 내리는 가림천(佳林川)이 동쪽으로 와서 합류하고 촌락은 상당히 넓으며 가림천(佳林川) 위의 목교(木橋) 하나는 길이가 수십 간(間)이다.

합수촌(合水村)을 떠나 혜산진(惠山鎭)에 오는 길이 둘이니 하나는 남계수(南溪水)를 잠깐 거슬러 화개산(花開山)의 동편 계곡(溪谷)으로 곽사봉(郭沙峰)을 서쪽에서 돌아 보태리(寶泰里)와 보천보(普天堡)를 거쳐 오는 길로 보천보(普天堡)는 가림천(佳林川) 상류 4~5리의 땅에 있어 중요한 유벌소(流筏所)이다. 또 하나는 우리가 취한 선로(線路)이다. 월파(月坡)가 앞서 와서 숙소를 잡았는데 정원(庭園)에는 꿀통이 5~7개(個)나 있고 방은 꽤 깨끗하다. 닭을 볶아 귀밀밥을 잔뜩 먹었다. 아까 농산리(農山里)를 지나올때 노사(路舍)[552]에 풍염(豊艶)한[553] 북국미인(北國美人)이 있는 것을 보고 이야기 못해본 것을 이제껏 아쉽다. 북국(北國)의 여성(女性)이 깨끗하고 또 풍염(豊艶)하여 많은 남성을 반하게 한다. 오늘길 60리 동안 대안(對岸)에도 왕왕 지류(支流)가 있어 청산첩첩(靑山疊疊) 녹수중중(綠水重重)의 풍경을 이루었는데 오직 작작(灼灼)한[554] 도화(桃花)가 묘연(杳然)히 유수(流水)에 뜨지 않은 것이 북국(北國)에 온 하계(夏季)의 나그네

---

551) 그림처럼 경치가 맑고 아름다운 곳.
552) 길가에 있는 집.
553) 아름다운.
554) 활짝 핀. 흐드러진.

의 섭섭한 바이다(『조선일보』, 1930년 9월 11일, 4면).

○ 1930년 9월 12일 진인성패의 근간지대(1)

『조선일보』에 「진인성패(震人成敗)의 근간지대(根幹地帶)」라는 글을 썼다. 이날은 뗏목을 타고 압록강 하류 화전리까지 이동하면서 주변 풍광을 적었다. 이곳 압록강 골짜기도 백의민족 성패의 항전지였음을 강조하고 있다. 이곳을 무대로 성장한 부여와 고구려의 역사를 언급하면서 이제는 그 찬란한 역사를 뒤로하고 식민지라는 대수난을 겪고 있음을 안타까워 하고 있다. 이고장 사람들과 대화하다가 건너편 장백부에 가서 잠시 만주의 도시도 찾았다.

8월 4일 어젯밤에 온수(穩睡)[555]하고 6시 기침(起寢)해 조반 후에 담화하며 가림천(佳林川)의 뗏목을 기다리다가 10시 출발해 도보로 천물[泉水]까지 와서 강안(江岸)에 앉아 뗏목 뜨기를 기다린다. 여기도 벌거(筏渠)가 있고 뗏목은 십수 척(隻)이나 쌓여있다. 6~7리 채 못와 오정(午正)이 지나도록 이 곳에서 담화하다가 오후 2시 가장 큰 떼목을 타고 환소중(歡笑中)[556]에 떠났다. 아름이 넘는 통나무떼가 퍽은 긴데다 수량은 많지 않음으로 몇 리(里)를 못와서 여울 위에 걸리었다. 벌부(筏夫)들이 비상(非常)한 노력을 하였으나 실패에 돌아가고 우리는 다시 하륙(下陸)[557]하였다.

벌부(筏夫)들은 모두 선량하고 친절하였다. 고심하며 떼를 띄우려는 데는 이 방면의 상식을 얻은 것이 흥미 있다. 화전리(樺

---

555) 잠을 푹 자다.
556) 기쁘게 웃으며.
557) 육지에 내리다.

田里) 구역인데 순사(巡査)가 와서 대소(大小)⁵⁵⁸⁾를 알선(斡旋)하며 영림서(營林署) 소속의 유벌(流筏)⁵⁵⁹⁾을 선발(選拔)하여 특히 출발을 빠르게 하고 국경하천 망(望)을 보는 이까지 동승(同乘)케 되었다. 3시 30분에 출발이다. 급단(急湍)에 떠내리는 떼가 빠르기 살과 같은데 뛰는 거품 눈(雪)을 뿜고 굽이진 여울 바삐 돌 때, 떼의 꼬리가 석벽(石壁)을 부비어 와닥닥 몸부림을 치며 원뢰(遠雷)와 같이 소리하여 내려가는 분류(奔流)에는 잠긴 바위들이 물결 속에서 눈을 어리어 춤추는 어룡(魚龍)의 떼가 사람에 놀라 상류로 쫓기는 듯, 병병한 깊은 개를 지나면은 유유 또 탕탕(蕩蕩)한 정취가 비길데 없다. 양안(兩岸)의 곡지(谷地)가 대체로 모두 백의인(白衣人)의 촌락이다. 물레방아 물방아는 제맥대로 울려가며 찧고 어렵(漁獵)⁵⁶⁰⁾하는 무리 그물 끌고 싸댄다. 아이들은 강가에서 빨가숭이 채로 첨벙대고 있다.

　번뜻번뜻 지나가는 산과 들과 촌과 전원이 모두 꿈나라 같다. 더운 날에 애 업고 소 끌고 변경의 길로 가고 또 가는 남루한 옷을 입은 여성들은 무얼 하러 가는가? 접때는 두만강을 끼고 올라오고 또 올라왔는데. 이제는 압록강을 쫓아 내려오고 또 내려온다. 두만강은 실로 그 대부분이 텅 비고 평탄한 대륙성(大陸性)을 띤 유역을 가졌다. 압록강은 전반 천 리의 땅은 거의 다 협곡 속을 쫓아 내리는 것이다. 두만강은 동아(東亞) 풍운(風雲)의 중심지를 떠난 한 모퉁이에 있어 신흥하는 부족들이 고요히 그 바탕을 길러내어 천하에 웅비(雄飛)하는 소질을 매어 들던 안전지대가 되었다.

　압록강 골짜기는 실로 진인(震人) 성패의 급격한 항전지(抗戰地)가 되었던 것이다. 송화강의 골짜기에 유유히 그 태평연월을 즐기던 북부여의 왕업이 벌써 굳던 한편으로, 졸본부여(卒本夫

---

558)　크고 작은 일.
559)　뗏목.
560)　고기잡이.

餘)의 새로 생긴 마을들을 중심으로 필경은 천하의 풍운을 뒤흔들면서 만한(滿韓) 통일 대국가의 건설로 진역(震域) 인민을 규합하여 만년 안전의 기초를 세우려고 하던 동명제(東明帝) 이래, 대고구려의 근간(根幹) 세력을 실로 이 골짜기에 두어 여순(旅順)의 배후까지 뽑은 마천령의 산맥을 천연의 울타리로 삼고, 앞으로 관전(寬甸)평야와 뒤로 훈춘(琿春) 평야까지 모두 다 그 활동력의 원천이요, 집단의 중추를 심어놓았던 고장이었다.

천평천리를 가로 건너 이 장강(長江)의 급류에 떠내리는 자는 실로 또 드넓은 감탄이 없을 수 없다. 만일 그 천상(天上)의 줄기를 따라 광원한 송화강의 골짜기에 그 제1착의 대국을 건설한 것이 대국인 부여(夫餘)였다면, 나중에 이 골짜기에 들어와 할거한 각 부족을 통합하면서 고구려 9백 년의 기업을 말미암은 것은 조분[卒本] 부여가 아닐 수 없다. 그러나 요동(遼東)과 계주(薊州)의 평야는 동방 풍운이 세차게 일어나는 요충지(要衝地)에 붙어 있어, 5부(五部)의 군국제로써 전투적인 근세국가의 조직을 이룩한 것은 스파르타(Sparta)적인 고구려인의 정치적 천재가 저절로 각 부족 가운데 뛰어남을 증언한다. 이 압록강의 골짜기, 진인 성패의 기축(基軸)이 꺾이어서 오늘날 동쪽으로 패하고 또 서쪽에서 욕을 보는 과정적인 대수난에 빠져 있다. 이 패하(浿河: 부여하)의 계곡에 흘러오는 자가 이 한 번의 회고가 없을 수 없다. 마지막으로 이 골을 떠나던 청조(淸朝) 2백 년의 역사도 이제는 다 저물고, 세상의 국면은 온전히 그 뒤집혀 바뀌는 막(幕)에 들어온 것이다.

화전리에서 뗏목 위에 있던 강면하(姜冕河)씨와 해후했다. 반갑게 대화하고, 많은 일을 알선(斡旋)해 준다. 중류에서 중국인 소유의 뗏목으로 갈아타고 5시 30분에 혜산진 맞은편 강의 북쪽 언덕에 내렸다. 장백부(長白府)에 가서 짧은 시간이나마 이국 정조를 맛보기로 한다. 강 기슭에는 두 나라의 부녀들이 섞여 일을 한다. 목재가 쌓인 저편으로 시가에 들어서니 비록 거칠기는 해도 오히려 은부(殷富)하고 생활양식이 일부 실질적인 기색을 띠었다. 시가에는 이따금 머리를 짧게 깎고 가벼운 복장을 한 소녀들이 있다. 정복을 입은 순경들은 망대(望臺)를 기점으로 왕래하고 있다. 요정에 들어기 식탁을 열어 임시로 와서 살고 있는 사람들과 함께 이 고장의 사정을 들으면서 저녁 시간까지 대화를 나누었다. 재작년에 안동현을 밟아본 이후 만주의 도시를 찾기는 이번이 또 처음이다.

(『조선일보』, 1930년 9월 12일, 4면).

○ 1930년 9월 13일 진인성패의 근간지대(2)

『조선일보』에 「진인성패(震人成敗)의 근간지대(根幹地帶)」라는 글을 썼다. 이날은 혜산진에 들어와 숙박을 하고 다음날 아침 쾌궁정에 올랐다. 저녁에는 공립학교 강당에서 '사적으로 본 조선'이라는 주제로 강연도 했다. 2일을 쉬고 다시 출발해서 안계령을 넘어서 산간을 지나며 다른 계절이 피는 메밀꽃과 감자꽃이 함께 피는 자연현상도 살폈다.

압록강변을 따라가며 조선동포와의 만남에 감격하면서 "산천이 그립고, 촌락이 그립고, 전야와 곡작이 그립고, 동포 더욱 그리워서 헬멧모자에 오른 손을 들어 소아에게 경례, 소녀에게 경례, 미인에게도 경례 길 고치는 노동자에게도 경례, 미소띤 얼굴"로 그 감회를 표현하고 있다.

장백현(長白縣) 안에는 1,130호(戶)의 조선인 동포가 사는데 이 부내(府內)에 있는 조선인 소학교(小學校)는 근래 중국 측의 교육권(教育權) 회수(回收)로 그의 관립소학교(官立小學校)에 합동(合同)되어 130인이나 되던 학생이 40인으로 격감(激減)하였다고 한다. 그 실황(實況)을 시찰(視察)하지 못한 것이 유감이다. 저녁에 강을 건너 혜산진(惠山鎭)에 들어와 평원여관(平元旅舘)에서 숙박키로 하였다. 혜산진(惠山鎭)은 원래 첨사(僉使)의 진(鎭)이다. 광무(光武) 9년(1905)까지 한국의 주둔군(駐屯軍)이 있었으나 고대(古代)에는 마적(馬賊)의 침입이 왕왕있어 어떤 때는 전 시가지가 잿더미로 되기도 하였다. 지금은 영림서(營林署)가 있어 재목을 두는 사이에 그로 인하여 압록강(鴨綠江) 가에 흥왕(興旺)[561]하는 새도시로 되어 작금(昨今)의 불황으로 침체는 하였으나 오히려 활기가 있다. 1천 여호(戶)로 5천 넘는 주민이 다 우리의 오는 것을 맞이하고자 육로(陸路)에 나아가 고대(苦待)하였다는 본보지국 제씨와 중외지국(中外支局)과 기타제씨가 내방(來訪)하여 한참 담화하고 입욕(入浴)한 후 취침했다. 여기도 고지일대(高地一帶)임으로 낮에는 더운 땀 흘리고 밤에는 솜이불을 덮고 잔다.

 8월 5일 조반(朝飯)을 먹고 괘궁정(掛弓亭)에 오르니 첨절제사(僉節制使)의 유적(遺跡)이다. 압록강(鴨綠江)의 동안(東岸)에 있어 먼밑으로 굽이진 벽파(碧波)[562]가 흐르고 건너편에는 장백부(長白府)의 시가와 탑재산(塔在山) 위의 백탑(白塔)이 덩그래서 그것도 국경정조(國境情操)를 진하게 한다. 이편에는 전투연습하는 수비대원이 돌격나팔(突擊喇叭)에 맞춰 아우성치며 산판(山坂)[563]으로 짓쳐 들어간다. 나팔소리는 언제나 단장(斷腸)의 비애(悲哀)를 긋는 것이다. 백탑(白塔)은 보통 중국식의 8각고탑(八角高塔)으로 당대(唐代) 유물이라고 하나 고증(考證)하지 못했다. 괘궁정(掛弓亭)에 앉아 이 지방 명산(名產)인 참외를 마음껏 먹고 내려서 시가를 일순(一巡)한 후 독지가(篤志家) 차시환

---

561) 왕성하게 발전하는.
562) 푸른 물결.
563) 산갓. 벌채를 금지한 구역.

(車時煥)씨의 초대로 오찬을 먹고 저녁에는 공보강당(公普講堂)에 열린 강연회에 임하여 '사적(史的)으로 본 조선(朝鮮)'을 한참 동안 말하였다. 이 지방의 사녀(士女)들은 퍽이나 질박(質樸)하고 또 실용적이어서 하기(夏期)에는 주의(周衣)[564]를 대부분 폐지(廢止)하고 기침없이 활보하고 있다. 그러한 그들인지라 생활 상태도 대체로 극빈자(極貧者)는 적은 것 같다. 목판(木板) 지붕인 전 시가지는 다소 풍윤미(豊潤味)[565]가 있다.

8월 6일 반일(半日)[566]을 한산하게 지내고 오후 5시 지나 출발한다. 본보지국 이학준(李學濬)씨, 중외지국 박세관(朴世寬)씨, 어제 만난 강면하(姜冕河)씨 외 제씨는 여러 가지로 우리를 위하여 우의(友誼)를 다하는 것이 기뻤다.

괘궁정(掛弓亭)의 밑을 휘돌아 수비대영사(守備隊營舍)를 옆으로 두고 벌서 비탈길을 올라 마상령(馬上嶺)을 넘는다. 936미터의 높이인데 이 부근은 이미 식림(植林)이 없어졌다. 영(嶺)을 넘어서서 행(行)하기 20리에 운총강반(雲寵江畔) 운총리(雲寵里)를 지나니 육영학교(育英學校)의 소재지(所在地)이다. 유위(有爲)한 청년들이 많이 있는 고장이다. 벽초(碧初) 홍명희(洪命憙)[567]씨 그의 작품인 『임거정전(林巨正傳)』에 백두산(白頭山)에 온 꺽정이가 삼림 속 외딴집 딸인 운총(雲寵)이와 연애(戀愛)한 이야기를 묘사하여 정취 자못 깊었는데 이 땅을 만나 까닭 없이 반가웠다. 운총강(雲寵江)은 멀지 않아 허천강(虛川江)에 들어간다. 안계령(安溪嶺)을 잠깐 넘어 산간으로 자꾸만 달아나는데 촌락의 집은 둘씩 셋씩 혹은 6~7호(戶)가 있는데도 있고 조와 감저(甘藷)와 옥수수가 있으며 중복(中伏)이 갓지난 윤유월(閏六月) 상순(上旬)에 보리이삭이 벼이삭과 같이 숙었다. 메밀꽃이

---

564) 두루마기.
565) 풍부하고 넉넉한.
566) 반나절.
567) 홍명희(洪命憙, 1888~1967): 호는 벽초(碧初). 충북 괴산 출생으로 『임거정(林巨正)』을 쓴 소설가이자 언론인으로 안재홍과 함께 신간회 운동을 주도했다.

감저(甘藷)꽃과 서로 비추어 남국(南國)에서는 못보는 경광(景光)이다. 영(嶺) 위에 쏘치는 물은 나무홈을 대어 관개(灌漑)에 쓰고 지나는 물로 물레방아를 부려 키들은 백의부녀(白衣婦女)들이 바람에 찧은 곡식 까부는 것은 이 고장의 생활이 퍽은 유한(悠閑)함인지 처음 보는 나그네는 반갑다가 구슬픈 생각조차 난다. 안계령(安溪嶺) 넘어 이쪽은 삼수군경(三水郡境)인데 대덕산(大德山)과 운주봉(云柱峰)의 두산 사이 1,130미터의 재를 넘어 돌아드는 커브를 누비어 백마산(白馬山)과 백조봉(白鳥峰) 치솟은 산악대(山岳帶) 속에 사립학교도 있고, 시장도 있고, 헌병대(憲兵隊)와 면사무소 있는 소촌낙(小村落)들을 지나간다. 이 코스는 원래 혜산방면 변경지대(邊境地帶)에 통하는 군국(軍國)의 추요(樞要)[568]한 길목이었으므로 봉두(峰頭)에 봉화대(烽火臺)가 있고 길가에는 역(驛)터가 있어 만첩산중(萬疊山中) 오히려 개화(開化)의 꽃이 일찍부터 피었던 것이다.

갑산(甲山)·삼수(三水)·장진(長津)·풍산(豊山) 각읍은 소위 고지대(高地帶)에 있는 4군(四郡)으로 일컫는 터이다. 이 일경(一境)은 고구려(高句麗)의 성시(盛時) 졸본부(卒本府)의 관영(管領) 아래에 두었고 발해(渤海)가 그 5경(京) 16부(府)를 베풀 때 솔빈부(率賓府)로 고쳐 졸본(卒本)의 유운(遺韻)을 지녔던 고장이다. 휼품(恤品)과 홀본(忽本) 등 지명은 모두 졸본(卒本)의 이역(異譯)[569]으로 고구려 시대의 전통을 받음이다. 내 이제 천산(天山)에 놀고 천평(天坪)을 건너 다시 이 졸본고원(卒本高原)을 내려오니 회고(回顧)가 비록 무용(無用)하나 한편 동경(憧憬)의 정이 실끝같이 끊어지지 않는다. 걷잡을 수 없는 회포 이 무슨 회포인가? 산천이 그립고, 촌락이 그립고, 전야(田野)와 곡작(穀作)이 그립고, 동포 더욱 그리워서 헬멧모자에 오른 손을 들어 소아(小兒)에게 경례, 소녀에게 경례, 미인(美人)에게도 경

---

568) 요긴한. 중요한.
569) 다른 풀이.

례, 길 고치는 노동자에게도 경례, 미소띤 얼굴로 다 감회(感懷) 있는 때에 바로 경례(敬禮)하니 삽들은 노동자는 황망(慌忙)히 답례(答禮)한다. 아아 관산만리(關山萬里)[570] 갈 길이 유유(悠悠)한데 이 해는 벌써 저무는구나!
(『조선일보』, 1930년 9월 13일, 4면).

○ 1930년 9월 14일 진인성패의 근간지대(3)

『조선일보』에 「진인성패(震人成敗)의 근간지대(根幹地帶)」라는 글을 썼다. 이날 갑산읍을 거쳐 여러 고개를 지났고 풍산읍에 있는 갑산 여관에서 하룻밤 잤다.

  달아나는 자동차가 큰골물[大洞川]을 끼고 한참 와서 다시 허천강(虛川江)가에 나오니 석의봉(石衣峰)·연두봉(蓮頭峰) 등 하늘에 닿은 연산(連山)을 좌우로 보며 중간에 강물의 흐름이 세차 조붓한 평야가 길게 늘어섰다. 7시 지나 해는 아주 졌는데 진동천(鎭東川)의 다리를 건너 갑산읍(甲山邑)에 들어갔다. 경리(警吏)가 쫓아나왔다. 잠시 정류(停留)[571]하고 개벽지사(開闢支社)가 있기에 조선일보지국을 물으니 지나온 북쪽 시가에 있다 한다. 장평산(長平山)을 등지고 영산(靈山)의 연봉(連峰)을 안산(案山)[572]으로 놓아 고대에는 이 지역의 웅주(雄州)이던 면목(面目)이 남았다. 석성(石城)은 반 넘게 무너졌고 진북루(鎭北樓)의 2층 적루(敵樓)가 아직도 당시의 모습에 머물렀다.
  내닫는 자동차가 허천교(虛川橋)를 건너 강의 남안(南岸)을 끼고 한 10리(十里) 왔을 때에 한줄기 소낙비가 차창(車窓)을 후린

---

570) 만리 아득한 고향의 산을 생각.
571) 멈춰 서다.
572) 풍수지리에서 터의 맞은편에 있는 산.

〈사진 10〉 졸본고원 넘기
(『조선일보』 1934. 9. 14)

다. '허천강(虛川江) 저문 비에' 흥이 겨워 환성(歡聲)이 일어난다. 비 맞고 오는 중에 동서의 두 강이 골짜기 가운데서 합류(合流)하니 동쪽은 황수원강(黃水院江)이요, 서쪽은 웅이강(熊耳江)이다. 노상(路上)에 고인 북정물[573]을 헤치면서 웅이강(熊耳江)의 남안(南岸)을 지나 상리(上里)의 비탈까지 오니 삼수(三水)로 가는 째진 길이 있는 곳에 봉(峰) 위에 익연(翼然)한[574] 정자(亭子)가 있어 일단(一段)의 풍치(風致)를 돕는다. 웬간한 급커브를 돌아 1,186 미터의 호인령(呼麟嶺)을 넘을 때엔 비는 이미 지나갔고 구름이 슬어지자 11일 밤의 밝은달이 벌써 중천(中天)에 걸렸다. 운전수 이련봉(李蓮峰) 군은 안상(安詳)하고 지리(地理)에 통하여 이 지방사정을 찬찬하게 응수(應酬)한다.

호인령(呼麟嶺)을 다내렸는가 했더니 웅이강(熊耳江)을 다시 건너 헐떡이며 올라오는 것은 응덕령(鷹德嶺)이다. 달이 더욱 밝은데 치목림(稚木林)이 산(山)벌에 깔렸고 낭랑(朗朗)한 기우(氣宇)[575]가 비길데 없다. 짧은 커브로 재주 누벼 가는 것은 영척(嶺脊)[576]과 거의 평행하는 까닭이다. 더욱 올라오매 안계(眼界)는 한창 넓어지되 달 아래 전개된 지경이 오직 청허(淸虛)[577]하고 창망(蒼茫)[578]

---

573) 구정물.
574) 날아갈 듯. 날렵한.
575) 기개(氣槪).
576) 고개 등허리.
577) 몹시 맑고.
578) 몹시 푸르다.

할 뿐이다. 부감(俯瞰)하는 협곡미(峽谷美)도 꿈과 같이 어렴풋하다. 그 절정에 다다르니 1,546미터로 넘어 오는 졸본고원(卒本高原)의 최고점(最高點)이다. 서쪽으로 응덕산(鷹德山)의 절정(絶頂)은 멀지 않게 솟아 1,837미터가 넘는 것이 하늘에 꽂혀 홀로 푸르렀다.

응덕령(鷹德嶺)은 매덕재로 마등령(馬騰嶺)의 별역(別譯)[579]이니 백두대맥(白頭大脈)이 최가령(崔哥嶺)으로부터 남쪽으로 달아나는 중간에 있어 후치령(厚峙嶺)를 지나 부전령(赴戰嶺)·황초령(黃草嶺) 등 여러 고개를 거쳐 대관령산맥(大關嶺山脈)으로 이어진 것이다. 덕(德)은 덕으로 고원(高原)을 이름이며, 버덕은 대평(大坪), 매덕은 산평(山坪) 즉 대지(臺地)를 의미하니 절정(絶頂)을 이름이다. 백두산(白頭山)에 놀고 또 이 영(嶺)을 타서 내리는 것도 흥미가 깊은 일이다. 천평(天坪)의 남곽(南廓)[580]을 에워싼 것은 남북 포태산(胞胎山)으로 설령(雪嶺)과 갓모봉 등 접천(接天)[581]한 높은 산휘(山彙)로 되었고 허항령(虛項嶺)의 한 고개가 적이 교통(交通)에 자(資)[582]할 수 있다. 마상령(馬上嶺)·운주봉(雲柱峰)·원봉(圓峰)·응덕령(鷹德嶺) 등 졸본고원(卒本高原)의 대산휘(大山彙)는 옛시대(時代) 교통을 가로막았으니 송화강·압록강·두만강 세강의 곡지(谷地)에서 일찍부터 옛 진인(震人) 발흥(勃興)의 역사를 보되 평양 이남(以南)은 도리어 그 후진성(後進性)을 띠었던 것은 차라리 필연한 일이다. 절정(絶頂)에 인가(人家)가 있어 산점(山店)으로 되었으니 허다한 차마(車馬)가 북청(北靑)과 혜산(惠山)의 사이에 왕복함을 인(因)함이다. 응덕산(鷹德山)의 비알에는 한때 백의인(白衣人)이 달 아래 내려오니 약천(藥泉)[583]이 있으되 맹수(猛獸)를 겁내 떼를 지어

---

579) 다른 풀이.
580) 둘레.
581) 맞닿은.
582) 도움을 주다.
583) 약수(藥水).

갔다오는 것이라고 한다. 잠시 하차하여 담화(談話)하고 속력을 줄여 내려오니 회인령(會麟嶺)의 저쪽은 갑산군경(甲山郡境)으로 고구려(高句麗)의 구적(舊蹟)인 간의대(諫議臺)의 각자(刻字)가 있다 하나 찾을 겨를이 없었다.

응덕령(鷹德嶺)을 내리면 그 중턱이 즉 풍산읍(豊山邑)이다. 응덕산(鷹德山)·삼봉산(三峰山)·뭉글봉(峰)·고족봉(高足峰)·시성산(柴星山) 등 남북으로 솟은 산이 모두 1천 700~800미터의 태산교악(泰山喬嶽)으로 장엄하고 층릉(嶒崚)[584]하게 싸고 돌았다. 동서로 가로터진 고원부(高原部)가 한 개(個)의 분지(盆地)로 되어 읍내(邑內)의 표고(標高)도 1,150미터로 조선 내 도시의 최고 지점으로 된다. 갑산군(甲山郡)의 동점(銅店)은 1,300미터의 고원(高原)으로 이보담 오히려 높되 풍산읍(豊山邑)은 자고이래(自古以來)로 대로(大路)를 껴서 하늘밑 첫 동네의 속담을 가졌던 자이다. 왕년 경술변국(庚戌變局)의 뒤에 군폐합(郡廢合)이 있어 풍산군(豊山郡)을 신설하여 이래 20년에 일찍 오는 상설(霜雪)[585]로 폐군(廢郡)의 논의도 전혀 없지는 않았으나 농작(農作)이 오히려 유망(有望)하고 더욱 혜산(惠山)의 통로(通路)로 이제에는 자못 은부(殷富)한 산간(山間)의 도시로 되었다.

오후 10시 30분에 정차(停車)하고 갑산여관(甲山旅舘)에 숙박키로 하였다. 혜산진(惠山鎭)에서 여기까지 280리이다. 석양(夕陽)과 황혼(黃昏)비 뒤의 밝은 달에 재넘고 강 건너고 골 지나고 숲을 뚫고 온 등산자의 청복(淸福)이 이날에 매우 많았다. 주인은 원래 연산(連山)의 광산김씨(光山金氏)로 삼대(三代)째 여기서 산다하며 방이 깨끗하고 응접(應接)이 한숙(嫺熟)[586]하다. 고원(高原)의 닭밝은 밤이 맑고도 시원하여 솜이불 덮고 자기가 남

---

584) 높고 험한.
585) 눈과 서리.
586) 세련되고 익숙하다.

지(南地)의 국추(菊秋)[587]보다 맛이 있다. 이날 변수주(卞樹州)가 신양(身恙)[588]이 있어 종일 신음(呻吟)하고 차중(車中)의 노고(勞苦)가 심하였으므로 한약을 두 첩(貼) 달였다(『조선일보』, 1930년 9월 14일, 4면).

○ 1930년 9월 15일 후치령 내려 북청에

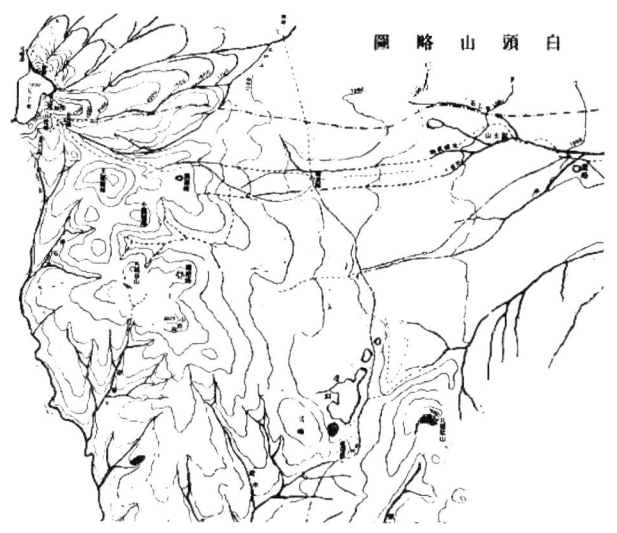

〈사진 11〉 백두산 약도 (『조선일보』 1930. 9. 15)

『조선일보』에 「후치령(厚峙嶺)내려 북청(北靑)에」라는 글을 썼다. 이날은 풍산읍 시내를 돌아보고 황수원강과 배개상덕과 후치령을 지나 북청에 도착했다. 북청시내를 돌아며 이지역과 관련한 인물과 역사를 소개하고 저녁 5시 북청을 떠나 경성으로 돌아가는 차를 탔다.

---

587) 국화꽃 피는 시절.
588) 신병(身病). 몸에 생긴 병.

8월 7일 조조(早朝) 조선일보 풍산지국장(豊山支局長) 이임수(李任洙)씨가 내방(來訪)하여 이 지방 사정을 이야기 하고 시가지를 일별(一瞥)[589]하기로 한다. 나무쪽 지붕이 번지르한 신성도시(新成都市)가 반듯하게 자리 잡혔는데 대로(大路)를 끼어 비스듬 앉은 시가에는 산곡(山谷)의 물이 좌우의 도랑을 씨처내려 청정고조(淸淨高燥)함이 천성(天成)한 피서지(避暑地)로 되었다. 인물까지도 땟물을 벗어서 거연(巨然)히 애착(愛着)의 정(情)이 돈다. 이 고장의 명건물(名建物)인 신축(新築)한 향교(鄕校)를 보고 조반(朝飯) 먹은 후 바삐 떠난다. 읍내의 부근에는 범부채와 기타 난과식물(蘭科植物)이 모를 붓듯이 퍼졌는데 차는 산(山)모퉁이를 동쪽으로 돌고 다시 서쪽으로 꺾여 고지대(高地帶)의 협곡(峽谷)을 타고 달아난다. 아직도 가끔 있는 낙엽송(落葉松)과 백화본(白樺本)의 혼성치림대(混成稚林帶)를 지나 계류(溪流)를 쫓아온 지 십수 리(里)에 문득 허화령(虛火嶺) 1,366미터의 태령(泰嶺)[590]을 넘게 되었다. 영(嶺)을 넘어 내려오매 동류(東流)하는 한 줄기 황하(黃河)가 있으니 즉 황수원강(黃水院江)이다. 자못 은부(殷富)한 소도시에 현대적 건물이 많은 것은 황수원리(黃水院里)이다.

장교(長橋)를 건너자 그대로 대지(臺地)에 오르니 대원봉(大圓峰: 큰두른봉)으로 송동산(松洞山)에 연(連)한 1천 400~500미터 이상 절정(絶頂)의 밑에 깔린 평평한 벌판은 즉 배상개덕이다. 10리 사방이나 되는 대지(臺地)에 백두산 명산(名産)인 들쭉의 관목림(灌木林)이 덮혀 거의 무진장(無盡藏)의 산출(産出)이다. 일본인 경영의 회사에서 창고를 두고 들쭉을 도매(都買)하여 청량음료(淸凉飮料)로 거리(巨利)[591]를 얻는 터이다. 조선(朝鮮)의 인사(人士)들이 들쭉을 따 먹은지 몇천 년에 그 이권(利權)은

---

589) 한번 둘러봄.
590) 큰 고개.
591) 큰 이익.

마침내 남에게 내주었으니 생각하면 도리어 답답한 노릇이다. 배상개덕을 지나 파발리(把撥里)에 내리니 예부터 내려오는 역촌(驛村)으로 시가 제법 번창하며 예서 다시 비탈을 올라 어느덧 영(嶺)의 절정(絶頂)에 닿으니 즉 후치(厚峙)이다.

  1,336미터의 높이로 졸본고원(卒本高原)에서 북청평야(北靑平野)에 내리는 최종(最終)의 높은 고개령이니 북쪽에서 오기는 높을성 싶지 않고 서남쪽으로 2천 미터 가까운 들어 엉킨 층봉첩장(層峰疊嶂)은 오히려 이 준령(峻嶺)을 위압(威壓)하는 느낌이 있다. 절정(絶頂)에서 동남(東南)으로 내리는데 길고도 먼 구비가 찔막한 간격으로 연방 사리고 또 사려서 직선 10리의 거리로되 50리(里)의 대우회(大迂廻)로 되어 속력을 줄인 채로 정신을 모아 돌고 또 도는 행정(行程)이 대체 퍽은 아슬아슬하다. 성예대(成詣垈)[592]의 "관사(官舍)에 살면서 이인(吏人)을 시켜 공언(公言)[593]으로 송사를 듣고(舘官舍使吏人公言聽訟) 기이한 말을 타고 긴 활을 당겨 홑창으로 전쟁에 나간다(騎奇馬張長弓單戈出戰)"[594]하는 한문학자(漢文學者)스러운 이야기가 호기심의 귀를 끌지 않는 것은 아니나 새까맣게 내려다보이는 절협(絶峽)의 되똑함[595]이 때로는 소름끼칠 뿐이다.

  중턱에 명당(明堂)이 위치한 덕이[596] 있어 국사천왕(國師天王)을 위하였고 두 시간이나 허비하여 밑에 곡지(谷地)에 내리니 동쪽으로 쏫는 물은 북청(北靑)으로 남대천(南大川)에 조종(祖宗)함이오. 직동(直洞: 고든골)의 장터거리에는 점포(店舖)가 느런하다.[597] 4천4백 척(尺) 넘는 준령(峻嶺)임으로 기후에도 위아

---

592) 동행한 지인 예대 성찬영.
593) 공평한 말.
594) 관(舘)은 관사(官舍)의 두 글자를, 사(使)는 이인(吏人)의 두글자를 합해 만든 유머 감각이 있는 한시.
595) 쓰러질 듯 한쪽으로 기울어짐.
596) 작은 언덕.
597) 줄느런하다. 한줄로 고르게 벌여있다.

래가 딴판이니 춘추(春秋)의 계절(季節)에는 반개월(半個月) 틀리는 자연계의 현상을 나타낸다고 한다. 교통이 불편한 앞 시대에 있어 후치령(厚峙嶺) 이외에도 많은 태령(泰嶺)을 넘고 또 넘어 갑산삼수(甲山三水)의 변경(邊境)에 가는 것은 다소 고위(孤危)[598]한 느낌이 있는 것도 괴이하다고 할 것이 없겠다.

석자(昔者)[599] 이시애(李施愛)가 길주(吉州)에 반란하였을때 물러와 이 영(嶺)을 웅거하였다가 관군(官軍)의 추습(追襲)[600]을 만나 패(敗)하여 효수(梟首)[601]한 바 되었다하니 패한 나머지의 외로운 군사로 이 절지(絶地)[602]에 기대면 그 운명(運命)은 별조(別條)[603]없을 것이다. 직동(直洞)에서 하차하여 국수로 요기(療肌)하고 북청읍(北靑邑)을 향하여 들어오는 길에 촌락도 자못 은부(殷富)하고 와가(瓦家)가 윤택(潤澤)하며 서제(書齊)와 사우(祠宇)가 퍽 많다. 남대천(南大川)의 중류를 끼고 토성유지(土城遺址)가 뚜렷한 덕성면(德城面)을 지나 정오(正午) 가깝게 북청읍(北靑邑)에 들어오니 때마침 장날로 가로(街路)에는 인중(人衆)이 들끓고 상점(商店)거리의 번화(繁華)함은 관북웅부(關北雄府) 임에 걸맞으며 주동(走動)하는[604] 사랑들은 모두 활기를 띠고 있다.

풍산(豊山)과 북청(北靑) 사이는 240리다. 조선일보지국(朝鮮日報支局)에 들어가니 이종담(李鍾淡)씨가 있어 조우(趙宇)씨와 반겨 맞이한다. 제도(濟島) 고용환(高龍煥)[605] 씨가 놀러나와 악수하며 신간회(新幹會) 김유백(金裕百)씨도 마침 와서 만났다.

---

598) 외롭고 위험한.
599) 옛날에.
600) 추격 받아 습격당함.
601) 죄인의 목을 베어 높이 매다는 일.
602) 멀리 떨어진 외진 땅.
603) 별다른 것.
604) 길을 거니는.
605) 고용환(高龍煥)(1887~?): 독립운동가. 호는 제도(濟島). 함경남도 북청 출생. 물산장려운동에 참여했고 신간회 북청지회 부회장을 지냈다.

함께 나가 시가를 잠깐보니 남병사(南兵使)의 영문(營門)인 옛 건물은 태반이 헐리어 회사의 사옥(社屋)으로 개건(改建)[606]되었다. 세전문(洗箭門)의 웅대하던 적루(敵樓)[607]는 치워서 빈터가 되었으며 성벽의 자리는 회환도로(廻環道路)[608]로 되고 각종 학교와 회관(會舘)과 교회당(敎會堂)과 관공해(官公廨)[609]와 은행 등 새로운 면목(面目)이 또한 볼만하다. 북청(北靑)은 숙신(肅愼)의 고도(古都)라고하여 청해면(靑海面) 토성리(土城里) 일대로 비정(比定)[610]하며 석기시대(石器時代)의 유물(遺物)이 많이 나오나 아직도 단정되지 않는 바이다. 광해조(光海朝)에 백사(白沙) 이항복(李恒福)이 이 땅에 유적(流謫)[611]되어 "철령(鐵嶺) 높은 고개 자고 넘는 저 구름아"의 비가(悲歌)를 남긴바 있어 그의 유풍(遺風)을 숭모(崇慕)하는 노덕서원(老德書院)이 동남성(東南城) 밖 동덕산(東德山)의 여록(餘麓)[612]에 있다.

이지란(李之蘭)의 영풍(英風)을 생각케하는 청해사(靑海祠)는 벽해암(碧海庵)의 저쪽에 있어 모두 이 고장의 명소로 되었다. 정수(貞秀)[613]하여 보이는 영덕산(靈德山)은 시가지의 서북쪽으로 청강눈록(靑崗嫩麓)[614]을 이루어 천성(天成)한 공원지(公園地)이다. 북으로 삼각산(三角山), 동(東)에 동덕산(東德山), 남(南)과 서(西)로 천의봉(天儀峰)과 남령(南嶺) 등 웅려(雄麗)한 산악(山岳)이 천부금탕(天府金湯)[615]처럼 둘렸는데 전개된 대야(大野)에는 몇 갈래로 흘러가는 남대천(南大川)의 물이 수십리

---

606) 다시 고쳐 지음.
607) 주위의 동정을 살피기 위해 성 따위에 높게 세운 누대.
608) 굽이 굽이 도는 도로. 순환도로.
609) 예전에 관가의 건물을 이르는 말. 관공서.
610) 비교하여 추정함.
611) 죄인을 귀양 보내는 일.
612) 남은 산. 산소 근처의 산 중 주산(主山)과 안산(案山) 등을 제외한 산.
613) 곧고 빼어난.
614) 푸른산과 고운 기슭.
615) 땅이 비옥하고 방어하기 좋은.

옥야(沃野)를 불려주고[潤]있다. 참으로 형승(形勝)의 땅이오 근년에 국내와 해외에 이 지방출신의 지도자가 각 방면에 많은 것도 까닭이 있다. 오후 5시에 떠나 전송(餞送)하는 제씨(諸氏)를 뒤로 두고 경성(京城)에로 돌아오는 길을 바삐했다(『조선일보』, 1930년 9월 15일, 3면).

〈사진 12〉 백두산에서 하산한 민세 (1930. 8)

○ 1930년 9월 29일 근화여학교 기념식

9월 29일에 오전 10시 안국동에 있는 근화여학교 창립 10주년 기념식에 윤치호와 함께 참석해서 축사를 했다. 근화여학교는 여성교육자이자 독립운동가 차미리사 선생이 설립한 여성인재 육성 학교로 해방 후에 세워진 덕성여자 대학의 모체가 되었다.

〈사진 13〉 근화여학교 기념식 (『조선일보』 1930. 9. 30)

　시내 안국동 근화여학교(槿花女學校)에서는 29일 오전 10시 동교 창립 10주년 기념식을 거행하였는데 수백 내빈과 3백 여학생의 참집으로 성황을 이루었는 바 동교는 강습소 시대까지 넣으면 10년의 역사를 가진 학교이며 동교의 특색은 '모친은 근화여학교로 그의 어린이는 근화 유치원으로' 들어가게 되는 것이라는데 동교의 존재는 사회적으로 간절한 요구라 할 것이다.
　내빈으로서 본사 부사장 안재홍·윤치호 두사람의 축사가 있고 오전 11시부터는 공로 많은 교장 차미리사 여사의 근속 10주년 기념식이 있었는데 이시완(李時琓), 신봉조, 신알베트 제씨의 축사가 있은 뒤 기념품 증정과 차 교장의 답사가 있은 뒤 폐회하고 여흥으로 아동 유희와 생도 일동의 연합 댄스가 있었다 한다 (『조선일보』, 1930년 9월 30일, 2면).

○ 1930년 10월 1일 애국심 비판

잡지『삼천리』에「애국심 비판: 시대를 따라 변천하는 형태」라는 글을 썼다. 애국심이라는 것은 시대 환경에 따라 여러 형태로 바뀌는 것으로 민족과 국제의 문제가 깨끗하게 나눠질 수 없으며 국제주의가 중요하기는 하나 계급 이전에 민족의 중요성을 간과할 수 없다며 국제주의(사회주의)를 비판하고 있다.

애국심이라고 하지만은 떼어놓고 말하자면 자못 막연하여 종잡을 수 없는 것이다. 그러나 일부러 그 개념을 추려내어 정의(定義)처럼 짓자면은 언어동일체(言語同一體)나 역사동일체(歷史同一體)로 일정한 지역 안에 집단된 어떤 인민들의 자기보존이나 자기확장(自己擴張)을 위한 동류의식의 표현형태라고 하면 우선 조선인의 견지에서는 크게 틀릴 것이 없겠다. 그런데 이러한 애국심(愛國心)이란 그것이 시대환경에 따라 여러 형태로 바뀔 것은 당연하다. 상고(上古)의 혈족사회 또는 부족사회의 시대를 통하여는 편협한 애족의 감정이 맹렬한 배타심(排他心)으로 되어 평시에는 통혼(通婚)의 두절(杜絶)로 되고 전시(戰時)에는 적측의 성원을 전부 적대함과 전패자(戰敗者)를 학살함과 그 부로(俘虜)를 학살 또는 노예로 하는 일종의 관습으로 되었던 것 같은 것도 애국심의 원류(原流)를 이룰 것이다.

부족사회가 근고류(近古流)의 민족국가로 형성 된 후 제일 먼저 배태(胚胎)된 것은 종국사상(宗國思想)이니 이것이 대외관계에서 표현되는 국가사상·국민사상의 선구로 된 것이요, 민족사상 혹은 민족의식의 선구(先驅)로 된 것이다.

고구려 고국천왕(故國川王)이 붕(崩)한 후에 셋째 연우(延優)가 대통(大統)을 가로차지하였을 때 둘째 발기(發岐)가 요동(遼東)의 공손도(公孫度)과 결연(結連)하여 고구려를 기우리려하매

넷째 계수(罽須)가 대병을 거느려 방전(防戰)할새 발기(發岐)가 가로되 "네가 이제 차마 늙은 형을 해치려느냐?" 계수(罽須)가 골육(骨肉)의 우애에는 어찌할 수 없어 감히 해치는 않았다.

"연우(延優)가 나라로 사양하지 않는 것은 의(義)가 아니지만 공(公)이 일시의 분(憤)으로 종국(宗國)을 멸하려 하니 이 무슨 뜻이냐. 몸이 죽은 뒤에 무슨 면목으로 선인(先人)을 보려느냐?"고 엄려(嚴勵)하게 공박(攻駁)한대 발기(發岐)가 참회(懺悔)함을 못이겨 달아나다가 목찔려 죽거늘 계수(罽須)가 슬피울고 주검을 거두어 초장(草葬)하고 들어왔다. 이런 것은 삼국시대에 있어서 종국사상의 발로(發露)의 좋은 예이려니와 이러한 형태의 종국사상은 조선에 있어 최근대까지 지속되었던 것이다. 주위의 정세가 다소의 변동은 없지 않았으나 대체로 국민운동이나 민족의식이 선명·백열(白熱)해지던, 만근(挽近) 국제경쟁이 급격해지던 전기(前期)까지 자못 오랜 시기를 통해 대표되던 애국사상의 한 형태였다.

만근(挽近) 애국사상의 원류(原流)는 구주(歐洲)에서 시작된 것이라고하겠다. 그러나 구주의 애국사상이란 것도 그 국민적 자존심을 정면으로 발양(發揚)한 것은 근대의 일이어서 15~16세기까지에도 신성로마제국의 제관(帝冠) 밑에 굴종예속(屈從隸屬)함을 당사(常事)로 아는 것이 구주(歐洲) 열국민(列國民)의 태도였다.

루이 14세의 불란서(佛蘭西)에 대하여는 영국과 독일 열국(列國)의 궁정을 비롯하여 불어(佛語)를 지껄이고 불풍(佛風)의 옷을 입고 불국(佛國)의 속상(俗尙)을 따라가야 비로소 얼굴을 들고 남을 대할줄로만 알던 것이니, 앵글로색슨의 우월을 자랑하는 풍습도 과거에는 이런 구석이 많이 있을 것이다. 이 점은 동양에서 심하여 오늘날에 국민적 자부가 비길데 없는 그들로도 100여년 전에는 강호성(江戶城)의 동에서 서로 이사(移舍)만하고서도 내가 조금 더 중화(中華)에 가까웠노라고 좋아한 유자(儒

者)가 있던 것이다. 미국인(米國人)의 국민적 자부가 이제는 하늘에 닿을 듯 하지만은 컬럼비아 대학같은데는 지금도 찰스 몇 세 운운의 영국제왕의 당시 일을 기념하는 전통을 그대로 지키고 있다. 애국심이라든지 국민적 자존심의 소장성쇠(消長盛衰)는 대체로 이와 같은 것이다. 국민적 의기와 민족적 감정의 고조가 시대정세를 따라 많은 굴요성(屈撓性)[616]을 가져오는 것은 운위함을 기다릴바 아니다.

전대에 있어 ××이 한번 결단나면 혹 도시가 빈터로 되고 주리(州里)조차 일공(一空)하게 되는 수 있으니 종국사상(宗國思想)이 까닭없는 편견이 아니었고 근대에 있어 ××가 한번 넘어지매 억제(抑制)와 주구(誅求)에 시달려서 인민이 회소(回蘇)하기 어려우니 애국사상이란 것이 진부한 국견(局見)이 아니다.

요컨대 역사동일체로 하여 동일한 이해관계에 서게되는 일정한 인민의 집단이 공통한 난국에 당면하여서 그 공동한 동작으로 공동한 목표를 향하여 진출하려는 동류의식의 총합형태(總合形態)인 점에서는 종국사상(宗國思想)이고 애국사상이고 민족의식이고 모두 이형동질(異形同質)의 것이며 광명을 쫓고 개방을 그리워서 공동으로 애쓰는 점에서는 일정한 경우에 놓여있는 집단들의 계급의식과도 그 본질을 같이하는 것이라고 나는 보고 싶다.

선진국가의 권병(權柄)을 잡은 자의 사람들이 국가를 추들고 국민을 내세우고 역사를 떠받들며 애국의 이름으로 각층의 각방면의 사람들을 외골수로만 몰아넣어 소위 계급의식을 마비한다는 따위의 일과 후진적인 특수정세의 밑에 있는 애국심이거나 혹은 그의 전환형(轉換型)인 민족의식의 문제는 전혀 그 취의(趣意)가 다른 것이다.

이런 점에 있어 조선과 세계의 문제 즉 민족과 국제의 문제가

---

616) 마음이나 기개가 굽혀지거나 꺾임.

깨끗하게 분간(分揀)되고 감쪽같이 합치되는 줄로 생각된다. 즉 우리들은 국제주의가 왕일(旺溢)하는 이 시대에 있어 그 세계의 인류를 위하고 만국의 ××지내는 자를 위하여 살고 일하고 싸운다고 할지라도 그러한 진보된 사상·감정·의식이 퍽은 좋은채로 그대로 우리는 자기의 가까운 소속집단인 민족을 위하여 구체적인 조건에서 살고 생각하고 일하고 싸우게 되는 것이다.

이것은 이미 맹목적인 배타(排他)도 아니요, 관념의 질곡(桎梏)에 끌리는 편견도 아니요 자기의 처한 경우가 꼭 그것을 요구하는 것인 까닭이다. 이를테면 만국의 노동자라든지 혹은 무산자(無産者)라든지 넓게 모두 동무로 삼고 또 동무된 순수한 열정으로 세계의 한 귀퉁이인 이 지역에 만국의 ××지내는 자(者)의 한 집단인 이 사람들을 대부(大部)의 대원으로 하고 그 목적하는 바를 위하여 노력하고 있다하면 그는 주관에 있어 계급인들이었더라도 객관에 있어서는 결국 민족인 것이니 이러한 의미에서 애국심이란 그것이 변혁된 오늘날의 시대가 혼란한 이 땅의 사회에서도 살아 맥동(脉動)하는 것이라고 믿는 것이다.

그리하여 그것은 전세계 열국(列國)의 인민들이 모두 그 국가와 민족의 계선을 전연 선세(蟬蛻)[617] 양기(揚棄)하여[618] 남김이 없는 그날까지는 변개(變改)된 형태로라도 각국민의 혈관속에 살아움직이고 있을 것이라고 나는 믿는다. 그리하야 그 객관적 가치성을 말하려면 고대에 있어 종국(宗國)을 부르짖으면서 용감하게 나아가는 자나 최근대에 와서 애국의 의미에서 노심초사(勞心焦思) 하던 자나 현대에 있어 민족이니 계급이니 하고 불순함이 없는 동기에서 봉사의 원(願)과 성(誠)과 노력을 하고 있는 자들은 그 본질은 결국 다 같다고 본다(『삼천리』 9호, 1930년 10월호).

---

617) 매미의 허물. 겉만 번지르함.
618) 변증법의 지양(止揚). 한차원 높아짐.

○ 1930년 10월 1일 산호해룡 안재홍

잡지『별건곤』에「골상학상으로 본 조선역군의 얼굴: 산호해룡(山虎海龍) 안재홍(安在鴻)」라는 글이 실렸다. 골상학적으로 안재홍은 준걸(俊傑)의 선비로 산호해룡(山虎海龍)의 품격을 가지고 있다고 평가하고 있다.

민세 안재홍 그는 준걸(俊傑)의 사(士)였다. 높다란 천정(天庭)은 천고(天高)의 의(意)를 표했고 조금 풍후한 지격(地格)은 지후(地厚)를 잘 말했으나 하늘만 버쩍 높혀 그의 뜻만 크게해 놓고 귀(貴)만 보여주었으나 그것을 받을 땅[地閣]이 조금 얇아 천의(天意)와 상부(相符)치 못하니 그것이 민세씨로 하여금 사십남아(四十男兒)가 상차득의(尙此得意)하지 못함을 미리 하느님이 만들어 주신 것이다.

하나 대기만성(大器晩成)이란 노자(老子)의 말도 이때 우리 처지로는 썩 위안제(慰安劑)로 비위(脾胃)에 맞는 것이니 홍곡(鴻鵠)의 뜻이 안재홍씨야 더 말할게 있을라구. 뇌(腦)에 천하를 구류(拘留)시키고 흉(胸)에 사해(四海)를 주입(注入)할듯한 민세씨는 침침유식우지량(駸駸有食牛之量)[619]이라기보다는 세상을 민망(憫惘)[620]이 여기는 기분이 미간에 떠보이니 아마 민세(民世)란 호는 민세(悶世)의 오칭(誤稱)이 아니면 그의 변음(變音)인지? 허건말건 그야 임기자재(任其自裁)[621]려니와 가석(可惜)한 것은 산근(山根)이 미하비상(眉下鼻上) 심몰(深陷)되어 놓아서 조업(祖業)을 자기 손으로 깡그리 처분할 것이고 형제간의 연(緣)과 친척의 도움이 아주 제로이고, 또 아들도 일찍 두면 참

---

619) 소도 삼킬만큼 많고 날쌘.
620) 근심하는 모양.
621) 맡은 바를 스스로 억누름.

척(慽慼)⁶²²⁾을 볼수가 있으며 첩덕(妻德)도 적고 적고 질액(疾厄)⁶²³⁾도 더러 있을 것이다.

선생의 코는 실례지만 가재 구운 것 이상으로 붉다. 씨의 말에 어려서 그렇다고는 하더라만은 상법(相法)에 코는 토성(土星)인 바 흙[土] 위에 불[紅色] 있으면 만물이 불생(不生)이라고 하지 않았나. 하니깐 인위(人爲)거나 천작(天作)이거나 수(數)는 수(數)대로 때우는 것이니 48세 운(運)에 관(冠)쓴 친구와 절교지경이 되어 꽤 헛심켈 것이다.

목국수(木局水) 예(禮)에 비공(鼻孔)이 광대(廣大)하니 대도량(大度量)이 있는 장부(丈夫)로서 속에 궁그릴 성(性)이 많으며 다시 이문(耳門)이 광활(廣濶)하니 지혜와 재조(才操)도 무던할 것이며 옛적에 타고났으면 십년촉상(十年蜀相)에 겸하여 문무겸전(文武兼全)할 것인데, 그러나 지금이라고 그가 결코 곤(困)할 것은 아니다.

씨는 장래 대운(大運)이 올 것이니 그가 40세 7·8·9의 3년간 단단이 지바리운(運)이 지나면 중인(衆人)이 억시(仰視)할 지위에 있을 것이다. 그리고 그는 늘 남의 상수(手上) 노릇을 할지언정 부하는 안될 상(相)이니 이것이 곧 재산위호(在山爲虎)요 재해위용(在海爲龍) 격(格)이다. 그러면 박사(博士)가 그에게 개명(改名)을 하시라고 신청(申請)해보고 싶다. 재홍(在鴻)이라 하지 말고 재호(在虎)나 재룡(在龍)이라고 하라고.

씨의 인당(印堂)과 중정(中庭)이 소몰(小陷)하고 8자문(紋)이 있음을 보아 그가 25세와 28세 경에 곤액(困厄)이 있었음을 짐작하겠으나 (여, 안 맞으면 낭패인걸) 그것으로 강개(慷慨)의 사(士)가 됨도 알겠고 또 말운(末運)에 달운(達運)이 당래(當來)할 것도 짐작하겠으며 홍백(紅白)한 면(面)이 그 국체(局體)에 상생(相生)이 되니 50 7~8세에 용(龍)이 금각(金角)을 이룬 수(數)

---

622) 자손이 부모보다 먼저 죽음.
623) 질병과 액운.

이니 대성공의 해가 그때 일이다.(좋아라!) 자궁(子宮)은 잘하여 3형제(외방(外房)에도 있음직 하지만) 부(富)로는 조업(祖業)은 자수(自手)로 소비(消費)하고 다시 자수(自手)로 100석쯤 밖에 못할 것이며 수(壽)는 적어도 70세는 살것이다. 법령(法令)으로 보면 80 상수(上壽)이나 귀가 아래가 조금 빠져서 다소 감소될 것이기 때문에. 취(醉)하지 않고 못살 세상이니. 금뢰(金罍)[624]를 잔질하야 토성(코)을 붉혓노라! 토성 한번 붉은지 오래였만 휠 줄을 모르오니 이 나라 이땅에 이다지도 금뢰(金罍)가 많던가. 황하도 희려든 토성이라 붉기만 하랴! 쌓고 쌓는 공든 탑 무너지지않느니…. (박사는 삼가 비노니..)(『별건곤』 33호, 1930년 10월호).

O 1930년 10월 1일 네가지 조건을 들어서

잡지 『농민』에 조선농민사 창립 5주년을 맞아 「네가지 조건을 들어서」라는 글을 썼다. 잡지 『농민』이 농민들의 사상(思想)을 높이고 지식(智識)이 늘어나도록 계몽하며, 농민들에게 유익한 재주와 기술을 일러주고, 집안일 처리와 거래관계와 관청에 관계 되는 법률(法律)과 법령(法令)에 대하여 알기쉬운 이야기를 많이 싣고 농민의 살림을 붙들어 나가는데에 필요한 일을 담으면 좋겠다는 의견을 피력했다.

조선농민사(朝鮮農民社)가 창립된지 벌서 다섯돌이 되어 그 기념호(記念號)를 낸다 하니 퍽이나 기쁜일입니다. 농민의 나라인 조선에 있어서 이 사업이 퍽은 필요하다는 것은 두말할 것 없

---

624) 금으로 만든 술단지.

고 조선농민에게 좋은 동무노릇을 하고 따라서 조선농민을 좋은 동무로 만드는데는 몇가지 긴한 조건이 있어 꼭 그대로 실행하여야 될 줄 압니다. 조선농민사 여러분도 그것을 생각하시고 하시기에 힘쓰실 줄 믿습니다마는 나의 평소 생각하는 바를 몇 말씀 드리기로 하겠습니다.

첫째, 농민들의 사상(思想)이 올라가고 지식(智識)이 열리도록 깨우치고 가르치는 것이 급한 일입니다. 둘째, 농민들에게 한가지 두가지씩 농사짓고 짐승을 기르고 혹은 과실나무를 가꾸고 이 밖에도 잔돈 뜯어쓰는대 유익한 재주와 기술을 일러주고 의견을 제시하는 것이 퍽 필요할 것이니 아무리 올라간 사상(思想)과 앞서 나아가는 사회의 지식이 있더라도 날마다 일해먹고 벌어먹고 하는 세간살이에 요긴한 재주와 상식을 갖추지 않고서는 당장으로 그들에게 유익함이 될 수 없는 까닭입니다.

셋째, 변변치 않은 듯 하면서도 이해관계가 적지않은 집안일 처리와 거래관계와 혹은 관청관계 되는 법률(法律)과 법령(法令)에 대하여 알기 쉬운 이야기를 많이 실을 것이니 이것은 뜻밖에 오는 손해를 면하자는 같잖은 생각만이 아니라 알아논 후에는 그를 지팡이를 삼고 굳세게 버틸수도 있는 것인 까닭입니다.

넷째, 농민의 살림을 붙들어 나가는데에 필요한 일입니다. 이른바 농촌경제(農村經濟)를 잘 붙들어가는데에 어디까지든지 할 수 있는 힘을 다 써보려고 소비조합(消費組合)이나 협동조합(協同組合)을 잘 만들어가고 다만 그저 만들뿐 아니라 그것의 임자 노릇할 일꾼을 만들어서 잘 될때까지 꾸준히 힘쓰게 하는 것이 매우 필요한 것이니 여기에는 어떻게든지 그 재목된 사람들을 길러놓아야 할 것입니다.

나는 이 모든 조건을 갖춰 가르치는 농민학교(農民學校)를 만드는 것이 오늘날 조선에 있어서 퍽은 긴급하고 필요한 일이라고 믿습니다만은 농민경제(農民經濟)를 위하여는 이 조합운동(組合運動)이 매우 필요한 것이요 또한 그는 아직도 아주 늦었다고 내던질 바가 아닙니다. 한·10년 앞으로 잡고 이 운동을 하면 반드시 상당한 보람이 있을 것입니다. 조합(組合)의 일이 잘 되어 약간의 돈이라도 모이면 그것을 밑천으로 어려운 때 서로 돌려쓸 수도 있고 다른 사업(事業)도 시작할 수 있을 것입니다.

이 몇가지 일은 농민운동하는 이에게 매우 필요할줄로 믿거니와 조선농민사(朝鮮農民社)에서도 이점에 가장 건실(健實)히 노력(努力)하실 줄 믿는 동시에 앞으로 더욱 그점에 힘쓰심이 좋을줄 생각하며 조선농민사(朝鮮農民社)의 장래를 위하여 기대(企待)와 경하(慶賀)를 마지 않습니다(『농민』10호, 1930년 10월호).

○ 1930년 10월 18일 제2회 전조선씨름대회 참석

〈사진 14〉 전조선씨름경기대회 (『조선일보』 1930. 10. 20)

10월 18일에 오후에 전조선씨름대회 참석해서 시상과 축사를 했다.

조선체육회와 조선 씨름협회 공동주최와 본사 후원의 제2회 전조선씨름대회는 상기한 경과로 공전(空前)의 성황리에 종료한 바 대회 회장 윤치호씨로부터 단체 우승단 휘문고보에게 우승배와 본사 기증 우승기를 개인 우승자 김윤근 군에게 농우 한필과 2등 리도남군에게 백미 한표, 광목 한필과 3등 조훈군에게 광목 한필을 수여한 후 본사 부사장 안재홍(安在鴻)씨의 의미심장한 축사가 있은 후 만세를 삼창하고 폐회하니 때는 오후 5시 30분 경이었다.(『조선일보』, 1930년 10월 20일, 3면).

○ 1930년 10월 25일 제2회 전경기 소년축구대회 참석

10월 25일에 오후1시에 휘문고보 운동장에서 열린 제2회 전경기 소년축구대회 참석해서 축사를 했다.

희망이 가득한 장래의 조선을 짊어진 소년건아들이 초조한 심사로 손을 꼽아가면서 기다리고 기다리던 경기도 소년연맹(少年聯盟) 주최와 본사 후원의 제2회 전경기소년축구대회(全京畿少年蹴球大會)가 개최되는 날은 돌아왔다. 10월 25일 오후 1시! 늦은 가을의 햇빛은 아직까지도 등에 약간 땀을 흘릴 만치 따뜻한 10월 25일 오후 1시에 참가 아홉 단체의 천진스러운 소년선수 120여 명이 견지동(堅志洞) 소년연맹회관(少年聯盟會舘)에 집합하여 청구 소년군악대를 선두에 세우고 장사진의 용감한 행렬을 지어 본사를 지나 종로네거리를 거쳐서 대회 회장인 휘문고보 운동장까지 장엄한 입장식을 거행한 후 대회본부 앞에 정렬하여 작년도 우승단체 소학단 흥동학교와 사회단 시천교소년회(侍天敎少年會)의 우승기 반환식이 있은 다음에 본사 부사장 안재홍씨의 뜻깊은 개회사가 끝난 후 장쾌한 경기의 막은 정인창 주심하에 신라체육부(新羅體育部) 대 보성소년클럽[普成少年

俱樂部]의 싸움으로 열리기 시작하였다. 소년선수들의 맹렬한 활동으로 연술하는 격전은 만장 관중들이 손에 땀을 쥐어 가면서 긴장된 기분으로 박수와 환성을 아끼지 아니하였다(『조선일보』, 1930년 10월 27일, 3면).

○ 1930년 10월 30일 조선학생회 제10주년 기념식

10월 30일 저녁 7시 30분에 시천교당에서 열린 조선학생회 제10주년 기념식에 참석해서 축사를 했다.

> 조선학생회(朝鮮學生會)에서는 지난 30일 오후 7시 30분부터 시내 견지동 시천교당에서 제10주년 기념식을 거행하였는데 강약수군의 사회로 조경승군의 연혁보고가 있은 후 본사 부사장 안재홍씨의 축사가 있었으며 신간회 본부 안철주(安喆侏)씨의 축사가 있었으나 경찰의 중지를 받았다는데 순서를 마친 후 여러 가지 여흥으로 오후 9시 30분경에 무사 폐회하였다 한다.
> (『조선일보』, 1930년 11월 2일, 2면).

〈사진 15〉 조선학생회 10주년 기념식 (『조선일보』 1930. 11. 2)

○ 1930년 11월 1일 일문일답

잡지 『별건곤』 11월호에 「일문일답기(一問一答記): 안재홍」라는 글이 실렸다. 코가 붉은 이유에 대한 질문에서 어려서부터 그렇다고 답을 했다.

○ 기자: 선생의 코는 어째서 항상 붉으십니까?
○ 안재홍: 요전에 배상철(裵相哲)씨가 골상(骨相)을 본다고 할때에도 잠깐 말씀했습니다만은 나도 까닭을 모르게 어려서부터 그러합니다. 술 먹는 사람같으면 주독(酒毒), 무슨 약을 잘못 먹었으면 약독(藥毒)이라고나 하겠는데 나는 그렇치도 않으니까 아마 몸에서 자연(自然)이 생긴 무슨 병(病)이겠지요.

(『별건곤』 34호, 1930년 11월호).

○ 1930년 11월 6일 전문학교 연맹전 개회식

11월 6일 전문학교 연맹전 개회식에 참석해서 축사를 했다.

오후 1시가 되어서 금회 연맹전에 참가한 일급 학교 선수들은 작년 우승단 보성전문(普成專門)을 선두에 세우고 무보당당하게 용장한 입장식을 거행하여 회장 중앙에 정렬한 후 엄숙한 우승기와 우승배 반환식이 있은 후에 본사 부사장 안재홍(安在鴻)씨의 뜻 깊은 개회사가 끝난 다음에 장쾌한 경기의 막은 레퍼리 김홍렬(金洪烈)과 선심(線審) 정인창(鄭寅昌)·윤필구(尹弼求)씨의 휘슬 소리와 함께 작년 우승단 보전과 신진요사치전 사이에 열려서 개전한 지 1분 만에 보전군은 꼴 한점을 얻어서 기세 심히 떨치는 중에 경기는 계속되어 가는 중이다(『조선일보』, 1930년 11월 8일, 2면).

○ 1930년 11월 15일 포목상의 염가

『조선일보』에「포목상(布木商)의 염가(廉買)」라는 글을 썼다. 경성 종로를 중심으로 한 포목상들이 그 조합을 중심으로 미터·척의 정규시행과 상품을 싸게 파는 방침을 세워 규약을 정하고 위원을 뽑아 2주일 동안 적극적으로 하는 것이 대해 긍정적을 평가하고 더 많은 자위 노력을 벌일 것을 촉구하고 있다.

경성 종로를 중심으로 한 북촌상인들은 대자본의 토대에 서서 대규모의 판매를 하는 본정 방면의 상인에게 자연으로 압박되는 것은 어찌할 수 없는 목하의 사실이다. 그러나 본정의 번창과 북촌의 한산을 놓이고 있는 것은 그것이 즉 일반 흥정꾼으로 북촌을 떼치고 본정으로 돌려가게 하는 심리적 유인을 만드는 것이다. 그러므로 북촌의 상인들은 마땅히 그 자위적인 대책을 수립·실현하면서 흥정꾼의 마음이 북촌으로 켕기게 함이 있어야 할 뿐이다.
과연 종로 중심의 포목상들이 그 조합을 중심으로 미터척의 정규시행과 상품을 싸게 파는 방침을 세워 규약을 정하고 위원을 뽑아 2주일 동안이 될 선전 여행키로 한다하니 극히 좋은 일이다. 오게 하라 온다고 하라 그는 즉 자신의 번창을 오게하는 자위적인 방침이다. 작년 구종로서의 건물을 부술 때에 오인은 종로의 상인들이 연합하여 그 건물을 매수하고 연쇄 상점으로서의 일대 백화상점을 만들기를 충동했다. 그러나 그것이 되지않고 이제에는 남촌의 대백화상점의 밖에 또 본정상인의 대규모의 연쇄상점이 진고개의 넓은 마당에 서다고 한다. 종로의 상인들은 그 할길이 없는가?(『조선일보』, 1930년 11월 15일, 1면).

○ 1930년 11월 15일 제1회
전문학교육상경기대회 명예회장

11월 15일 오전 9시에 경성운동장에서 열린 제1회 전문학교육상경기대회 명예회장에 위촉되었다.

    각종 운동경기가 초속도로 발전 향상되어 가는 금년도 육상경기계의 대미를 장식할 사립전문학교 육상경기연맹 주최와 본사 후원의 제1회 전문학교 육상경기대회는 15일 오전 9시 30분부터 경성운동장에서 거행할 터인 바 출전을 결정한 사학의 삼웅 연전·보전·약전의 맹자중 최초의 우승권은 어느 학교선수에게로 돌아갈지 전연 예측할 수 없이 흥미가 진진할 일이다.
    경기종목은 전일 보도한 바와 같거니와 출장선수의 씨명과 종별은 아래와 같으며 각종경기 결승 일착에 입선된 선수에게는 조선경기계 최초의 장거로써 소속학교의 교기를 게양하여 번번히 표창하기로 결정하였다. 예선에는 2등까지 입선시켜서 결승전을 거행히기로 되었으니 선수들은 주의하기를 바라는 바이다. 당일의 일대장관을 정할 중등학교 대항 릴레이는 각중학생의 의기가 비상히 긴장되어 일고·양정·배재는 벌써 출전을 확정한 외에 타교에서도 출장을 용의(用意)이어서 우승의 영관은 어디로 돌아갈지 도저히 예측할 수 없는 일이다.

    대회심판위원회
    본대회의 심판을 담당할 고려육상경기 회원 외 다른 사람들은 14일 오후 5시에 경성운동장 사무실에 집합하여 심판에 관한 각종 부서를 토의 결정할 터이라 하니 심판 제씨는 참석하기를 바란다.

    명예회장 안재홍   회장 박승빈   총무부위원장 홍성하

총무부 김준성(世專) 김제정 황인수(연전) 이여성(朝報) 주우홍(약전) 이대득(보전)
　심판장 주흥근　심판원 김장률 최경낙 전용길 이용곡 임정재 마봉옥 노윤모 허규 김환민(이상 고려육상경기회) 강찬격(朝報) 황대선 이면훈
　기록원 이원용 이천재 이길용 이□범 안종성
　통고원 김헌권　소집원 이인태　장내 사령최장수 정규화 이종림 임동수
　신문기자계 황백수 고동섭(『조선일보』, 1930년 11월 14일, 2면).

○ 1930년 11월 19일 한글날을 맞아서

『조선일보』에「한글날을 맞아서: 온겨레에 사뢰는 말씀」이라는 글을 썼다. 한글은 우리말과 소리에 가장 잘 걸맞도록 우리의 자연스러운 핏줄과 뼛골에서 우러나온 민족문화의 갸륵한 보배로 세종대왕의 한글 창제가 가지는 언어적, 역사적 의미를 평가하고 한글 문화 발전을 위해서 한글문법체계의 정비와 한글날의 새로운 제정을 촉구하고 있다.

　　오늘은 한글날이다. 400 여든 네돌째 돌아오는 한글날이다. 해마다 이날을 맞이하여 기념하는 터이지마는 맞으면 맞을수록 새로운 느낌과 뜻을 가지게 되는 이 한글날이다. 한글이 우리말과 소리에 가장 잘 걸맞도록 우리의 자연스러운 핏줄과 뼛골에서 우러나온 민족문화의 갸륵한 보배인 것은 새삼스레 들출 바 아니오 오직 이제까지 길고 긴 동안 아득하게 겪어온 민족적 생활의 정신적 열매로서의 한글과 그의 그지 없는 값을 생각하면서 이날을 모든 이들과 한가지 기뻐 맞이하게 될 뿐이다. 기념할

기쁜 날을 많이 가지지 못한 우리로서는 기리기리 예찬하는 정으로써 이날을 지키게 되는 것이다.

오래고 오랜 옛적 묵고 묵은 우리 조상들이 그으림가티 그으리고 돌과 나무에 긁어 새기던 엉성한 그대로의 그으림 문자와 상형문자로써 우리 글의 길나장이 삼고 앞잡이 삼든지 나온 자취가 어떻게 되었는지는 문헌상으로 보아서는 자못 흐려서 똑똑히 찾아낼수 없는 터이다.

숙신 사람이 바위돌에 남긴것과 옥저의 사람들이 죽은 이의 널(棺)위에 끄적거렸다는 따위의 잣다른 기록으로 그 모습을 알아차릴밖에 없는 바이다. 벽자(僻字)[625]로 대표되는 신라의 이두(吏讀)란 글이 한자를 빌어 쓰면서 실상은 소리를 내이는 글의 앞잡이로 자모 문자의 생겨나야 할 터전을 닦아놓고 그 길을 열어 논 바인 것은 긴 시간을 기다려 깨달을 바 아니지만 세종대왕께서 400 여든 네해 전에 오랜 동안 애쓰고 공들이신 보람이 헛될리가 없어 이처럼 아름다고 귀여운 우리의 한글을 만들어서 그것이 곧 민족문화의 담기는 그릇이요, 지키는 담이요, 비추는 불이요 자라가는 떡심으로 된 것은 어떻게나 기쁘고 고맙고 또 즐겨할 일이다.

이 글을 세상에 내어놓아 우리의 자랑이 되고 스스로 지녀 천만년에 꺼지지 않는 환한 빛으로 되는 것이다. 우리는 내나라 사람, 남의 나라 사람, 늙은 이 젊은 이들을 통털어서 지극히 공명한 자리에서 조선문화의 또 세계문화의 갸륵한 이 보배를 사랑하게 되는 것이다. 따라서 이날을 사랑하고 괴이지 아니할 수 없다.

조선사람으로 이 글을 배워 알고 읽고 쓰기는 가장 쉬운 바이다. 그러므로 이 한글을 넓게 퍼뜨리고 누구나 읽고 쓰도록 힘쓰는 것은 조선을 사랑하고 조선일을 함께하는 어느 나라 사람이고 한 가지로 좋게 여기고 옳다고 부추키는 바이다. 한글을 온갖

---

625) 흔히 쓰이지 않는 까다로운 글자.

조선 사람에게 골고루 가르쳐 퍼뜨리는 것이 퍽은 갸륵한 일이 되고 이 일을 하는 것은 앞서가는 먼저 깨친 이들의 매우 소중한 할노릇[役割]이 되는 것이다.

한글이 완성된지 다섯 세기가 되면서도 그의 붙임과 받침하는 법은 바로 서지 못 하였다. 이사이 온갖 방면에서 힘을 모아 바로잡으려 하면서도 아직 그 흠없고 티없는 선미한 마지막을 이루지 못하였다. 우리말과 글의 본이 되고 붙임과 받침의 거울이 되도록 우리말의 사전을 완성하는 것이 앞서 나아가는 학자들과 힘 있고 뜻있는 이들의 매우 바쁜 할노릇이 된다. 뿐 아니라 한글날은 400 여든 네해의 옛적 음력을 쓰던 때의 비롯한 일인 고로 오늘날 양력을 쓰는 시대에는 그날을 한결같게 생각하고 지키기 거북하다.

11월 어느 날이고 하루를 골라내어 해마다 꼭 같은 그날을 생각하고 지키는 새로은 한글날을 정하여야 하겠다. 올해의 한글날을 이리하여 뜻깊게 지냈으면 하는 생각이 간절하다. 즉 한글 보급운동의 고조, 조선어사전 편성의 촉진, 현대통용력을 표준으로 한글날의 신획정은 퍽은 필요한 일이라고 생각된다(『조선일보』, 1930년 11월 19일, 1면).

○ 1930년 11월 20일
제5회 전조선중등학생 현상웅변대회 심판

11월 20일 제5회 전조선중등학생 현상웅변대회 심판에 이광수, 김병로 등과 함께 심판으로 위촉되었다.

    ○ 참가규정
      - 참가 지방연사에게는 귀로 여비를 제공함
      - 등급은 1등 1인, 2등 2인, 3등 2인

    - 참가는 1교 1인으로 연설시간은 15분이며
    - 씨명 교명 연제와 내용 원고를 첨부하여 제출함을 요함

  ○ 심판
    - 안재홍, 이용설, 박희도, 이광수, 김병로, 이종린, 옥선진
    - 주최: 보전학생회
    - 후원: 조선일보사
(『조선일보』, 1930년 11월 20일, 4면).

○ 1930년 11월 20일
문자보급반원의 제2회 수상식과 및 위안 음악대회

11월 20일 문자보급반원의 제2회 수상식과 및 위안 음악대회에 참석 축사를 했다.

〈사진 16〉 문자보급반원 수상식 (『조선일보』 1930. 11. 22)

조선 문맹퇴치운동(文盲退治運動)에 가장 의의가 큰 본사 주최의 문자보급반원(文字普及班員)의 제2회 수상식과 위안 음악대회는 어제 보도한 바와 같이 20일 오후 7시 30분부터 시내 장곡천정 공회당에서 본사 사장 신석우씨의 사회로 먼저 수상식이 있고 계속하여 위안대회가 있으리라는 바 그 프로그램은 다음과

같다는 바 자못 성황을 예기할 수 있다.

○ 수상식(奏樂)
　1. 식사 신석우
　2. 보고 장지영
　3. 수상 신석우
　4. 축사 안재홍
　5. 축사 내빈 중
　6. 답사 반원 중 (15분간 휴식)

○ 위안음악회
　1. 관현악합주
　　퍼트의 미녀………뽀우만 작 중앙악우회 관현단
　2. 여성합창
　　농부가……안기영 편곡 이화보육 코러스단
　3. 피아노 삼중주
　　미로의 연…릭코 작 김영의 양 홍난파 씨 홍재유 씨
　4. 피아노 독주
　　쇠르조 월쓰…모릿지·모스코브스키 작 김원복 여사(가극 제40번)
　5. 고음독주
　　가. 배공의 아내…김동환
　　나. 물새…이은상가 안기영곡 안기영씨
　6. 제금독주
　　가. 지장가…꼬다ー르 작
　　나. 음악적 순간…수뻐ー트 작 홍난파씨
　7. 여성합창
　　가. 엽부…뿌라ーㅁ 작
　　나. 불거라 봄바람…스필만 작 중앙보육코러스

(『조선일보』, 1930년 11월 21일, 2면).

문자보급반의 보고가 있고 수상이 있은 후 본사 부사장 안재홍씨의 반원 일동에 대한 다음과 같은 격려하는 말씀이 있었다.

우리문자 보급 반원은 우리민족에게 광명과 행복을 가져 오게 하였다. 하는 일 중에서 의미 있는 일부분의 일을 맡은 역군이다. 금년에는 9백 명의 반원되는 학생 제군이 짧은 하기방학 동안에 1만 5백여 명의 문자해독자를 획득하고 그 중에서 전해자만 8천5백15명에 달한다는 것은 유아와 노쇠한 사람을 제하고서도 1천2백만 여명에 달하리라고 보는 조선의 문맹 전체에 비하면 극히 얼마 안 되는 수확이라 할 것이다.

그러므로 우리문자 보급 반원은 내년에는 금년보다 내후년에는 내년보다 몇 배의 비약적 수확을 얻도록 일신을 봉사하는 역군의 되어주기를 바란다. 이 사업은 일개 신문사의 사업이라든지 모모 단체의 사업이라는 성질의 물건이 아니요, 대중동원 되어서 행하여할 사업인 것을 각오하고 일층 노력이 있기를 바란다(『조선일보』, 1930년 11월 22일, 7면).

○ 1930년 11월 23일 단군과 조선사적 가치

『조선일보』에 「단군과 조선사적 가치: 개천절(開天節)에 임한 한 논점」이라는 글을 썼다. 단군과 단군시대가 현하 어용의 학자들에 의하여 부정·말살 주장을 비판하고 언어학적으로, 역사적으로 단군의 존재와 그 의의를 밝히고 있다.

오늘은 구력(舊曆) 10월 3일이다. 10월 상달의 명칭으로 민속적 인연이 가장 가멸은 이달의 3일은 예전부터 햇곡식을 잡아

떡과 술을 만들고 이른바 '마주드저'의 제전을 행하는 신사적 종교적 의미가 가장 깊던 날이다. 그 의식은 배천적·조상숭배적 내용을 또렷하게 품고 있는 일인 만큼 범연히 보아서도 사적 의의를 가지는 바이다. 길고 긴 생활의 전통과 해져빠진 문헌의 단편은 조선고대사회에 있어 국가창설의 영웅적 대표자인 태조 단군의 맨처음의 소원절이란 의미로써 개천절로 만들었다. 단군의 사적 지위는 이렇다 저렇다 논의할 이유가 없겠는데 아직도 이에 대한 사설이 전연 귀결되지 않았으므로 오늘에 있어 이 일론의 필요가 있다.

확정한 정리된 조선사에 있어 단군사는 두어 페이지의 기술로써 족하게 될 것이다. 또 그것이 현대의 정책을 논하는 데에 직접적인 결정조건을 짓기에는 그 세대가 자못 아득하게 멀다. 그러나 단군과 단군시대가 현하 어용의 학자들에 의하여 부정·말살의 노력이 있을 만큼 조선사단에서 문제된다 하면 조선인의 학구적 양심은 여기에 잠자코 있을 수 없다. 하물며 순수한 문화사적 견지에 의한 고대사회학적 연구에 있어서도 단군과 그의 시대는 일정한 가치를 보여주는 존귀한 사재인 까닭에 오인은 숙유(宿儒)[626]와 신인(新人)들을 아울러 이 문제에 관심 변백(辨白)[627]함이 의의 있는 노릇인 것을 믿는다. 단군을 떠나서 전 조선사를 설명할 수 없고 이에 관련된 방계 인민의 역사도 천명되지 않고 하물며 이 엄연한 사실을 부정하여 전역사의 경로를 온통으로 교란하는 것은 두찬(杜撰)[628]과 개찬(改撰)[629]의 사학적 범과(犯過)가 자못 큰 바라 하겠다.

단군에 관한 많은 과오는 단군으로 일정한 재위 연수에 국한하고 또는 일정한 왕조혁명의 주체로서 독특한 조대에 집착해보

---

626) 학식과 명망이 높은 선비.
627) 변명. 변별.
628) 근거가 확실하지 않음.
629) 책을 다시 고쳐 지음.

려는데에 있다. 그러나 아사달, 아사진, 아진의선, 읍즙벌국, 등의 역사지리상의 고문헌과 아씨, 아지엄어이, 아지언, 벼실아치 등 언어와 성모천왕, 선도성모, 운제성모 등 옛전설과 민속적 신앙은 아사달을 중심으로 혈족사회의 여계중심의 수장으로 대표되는 아지메인 성모시대가 있었던 것이 논단(論斷)[630]됨과 같이 단군시대도 그 차기의 계단으로 당연히 논증되는 것이다.

조선 민족전설의 요람지로 된 백두산의 고명 불함산이 배음[孚]산의 사음(寫音)일 것은 의심할 수 없다. 배음 산은 즉 원생지역을 의미하는 바이다. 그리하여 백, 백악, 백아강, 평양, 부여, 패, 비류, 부아 등 각종의 지명은 배음 혹은 배어에서 기원되어 전와(轉訛)·분해된 어음의 표시인데 지나지 않는 것이다. 배어따 혹은 배달 또는 그의 성지화한 밝따 등이 잉지 혹은 원생산 또는 원생도시 등의 고대사회학적 어의로 됨이다. 단군은 밝따의 임검으로서의 이두식인 의역으로도 상응한 어의를 가지는 것이다.

석토해의 전설을 싸고 도는 토함산과 그 토해는 대감으로 사음도 되는 공후적 존칭인 따감[地方君]에 대한 왕감 즉 대군으로서의 왕검이 산만한 사단(社團)적 형태로 되었던 시기의 태상적 원생지군장(太上的原生地君長)으로서의 대칭적 대명사이던 것이 추단되는 것이다. 단굴 혹은 덩걸의 존호적 대명사일 단군에 대하여 배어따·왕감으로서의 단군의 시대는 명백하게 드러나는 것이다.

배어따의 군장인 단군은 사정을 따르고 기술자를 따라 달리 사역(寫譯)될 수 있으니 평양군, 부여왕, 비류후로도 될 수 있고 태백신인, 평양선인, 태평산군으로도 존숭되었던 바이다. 이미 군장·제왕의 경칭으로 전화된 후에는 동쪽과 북쪽의 각부여와 고구려의 초기까지도 단군의 명칭이 분산적으로 또 단속적으로 나타나서 부정론자로서 그 의혹을 합리화하는 일단의 이유로되는 것이다. 오인은 덩걸의 존호를 바치는 배어따의 대군장으로

---

630) 논해서 판단이나 결론을 내림.

서의 단군이 성모시대의 계승자로서 아사달의 사회에서 발흥하여 민족사회로부터 부족과 부족연합과 그에서 생장한 근세적 민족국가의 출현을 보게 된 부여와 삼국건설의 초기에까지 자못 허구한 역사적 도정을 밟아온 것을 드디어 의심할 여지와 그 이유가 없는 것을 단언하는 자이다(『조선일보』, 1930년 11월 23일, 1면).

○ 1930년 11월 28일 신간회경성지회 대회 준비위원장

11월 28일 신간회경성지회 대회 준비위원장에 선임되었다.

신간회경성지회(新幹會京城支會)에서는 지난 28일 오후 7시부터 대회준비위원회를 개최하고 이종린(李鍾麟)씨 사회로 다음과 같이 부서를 결정하였다 한다.

대회준비위원장 안재홍
서무부장 강상희 부원 민중식 김혁 김세진 김상진 원세만
재정부장 김응섭 부원 범기문 정세권 이우경 정희찬 신림 한용운
의안부장 한용운 이관구 박□ 김용기
(『조선일보』, 1930년 11월 30일, 2면).

○ 1930년 12월 6일 취직난과 우선권 반대

『조선일보』에 「취직난(就職難)과 우선권(優先權) 반대」라는 글을 썼다. 당시 조선인들의 취직난과 그 문제점을 비판하고 일본인의 취직상 우선권을 없애는 것이 그 완화책의 제일 방편일 것을 주장했다.

조선에 실업고(失業苦)는 이미 만성화되어 있으므로 새삼스리 하소연할 일도 아니겠스나 때는 겨울이라 1931년의 봄이 닥쳐올 날도 얼마 남지 않았으니 자유직업전선에 뛰어들어 오는 8천 5백여 인의 새 지능노동후보군(智能勞働候補軍)을 볼 때 또 한 마디 안 할수 없다. 조선에는 먹을수 없는 쌀이 늘어간다고함과 같이 조선에는 받을 곳 없는 지능노동의 후보군만 늘어가고 있다. 피땀흘려 지은 곡식을 먹지 못하는 농민의 고충과 같이 형창(螢窓)[631] 10년에서 공탁(攻琢)[632]한 바를 써 줄 곳이 없다는 것도 비참한 일이다. 연년 이때가 되면 졸업생 취직문제로 언론이 떠들썩한 바 있거니와 특히 금년은 과연 그 용대(容貸)[633]할 길이 막혀 드디어 중대한 사회 문제를 환기하게 된 것이니 과연이 문제는 앞으로 수 삼개월을 두고 어떻게 전개될 것인가.

명춘이 되면 각종 전문학교에서만 750여 명의 졸업생이 나오고 사범학교·상업학교·실업학교·기타특수 중등전수학교와 중등학교 등의 취업희망자는 8,500인의 다수에 달하는 바 그 가운데 약 20% 만은 취직될 가능이 얼마쯤 보이되 그외 80%는 전연 취직될 희망이 없다고 한다. 모든 산업·문화·금융기관 등은 경비의 합리화를 부르짖고 인원의 최소 한도의 정리를 단행하여 신지능 실업군에 대하여는 철문을 굳게 닫고 말았으니 자위책으로 보면 옳다할지로되 도한 사회적 실업홍수난을 무엇으로 완화할 것인가? 조선의 지능노동자는 인구비율로 보아 타국의 그것에 비할 수 없는 저율임에도 불구하고 요만한 것조차 갈 길이 막힌다는 것은 만단(萬端)[634]의 의아(疑訝)[635]를 품지 않을 수 없다. 먼저 일본인의 취직상 우선권을 없애는 것이 그 완화책의 제일 방편일 것을 주장한다. 만일 취직 우선권을 용인한다면 그

---

631) 학문을 닦는 곳.
632) 갈고 닦음.
633) 너그러이 이해함.
634) 여러 가지.
635) 이상하게 여겨 의심스러워 함.

는 마땅히 향토주인인 조선인에게 있어야 할 것이다(『조선일보』, 1930년 12월 6일, 1면).

○ 1930년 12월 26일 해소론 냉안관

『조선일보』에 「해소론(解消論) 냉안관(冷眼觀): 비국제연장주의(非國際延長主義)」라는 글을 썼다. 신간회 부산지회, 함남 이원지회에서 제기된 사회주의 세력의 신간회 해소론을 비판하고 민족단일당운동의 성공을 위해 확고한 동지적 협동이 필요함을 강조하고 있다.

향자 신간회 부산지회에서 동회의 해소론을 제창한 자 있었다. 그 이유로 지상에 보도된 바는 신간회 그것이 "소부르주아적 정치운동의 집단으로 하등의 적극적 투쟁이 없을 뿐 아니라 전 민족적 총역량을 집중한 민족단일당이란 미명 밑에 도리어 노농대중의 투쟁욕을 불식시키는 폐해를 끼친다"는 것이었다. 그 후에 얼마 안 되어서 함남 이원에서도 대체 동일한 취의에 의한 동 신간회 해소론이 제안되어 해소파와 분화파의 대립을 보게 되었고 그 파문은 아직도 전혀 가시지 않은 터이다. 그의 주장으로서 역시 지상에 보도되는 바에 의하면 "신간회는 그의 조직상 근본적 오류를 범하였기 때문에 대중의 성장과 투쟁의 발전을 저해할 뿐 아니라 계급의식을 해소시키며……." 운운의 이론이 있었다. 오인은 평론자의 처지에 있어 신간회와 무슨 관련을 가지지 못한 자이어니와 이것은 자못 비판적 흥미를 꾀수는 현하의 한 사상(事象)[636]이다.

하등의 적극적 투쟁이 없을뿐 아니라…… 민족 단일당의 미명 밑에 도리어 노농대중의 투쟁욕을 말살시킨다는 것은 대체로 해

---

636) 일의 현상.

소측의 기본이론일 것이다. 이는 언뜻 들어 일리가 있다. 그러나 바삐 듣고 싶은 것은 해소한 뒤에 무엇을? 또 어떻게 할 것인가? 적극적 투쟁이 없고 혹은 투쟁의 발전을 저해하는 소부르주아적인 집단을 해소하면 보담 이상의 현실적으로 강고한 대중적 투쟁조직이란 것을 현하에서 확립할 수 있는가? 단순히 독자의 관념은 아니요 조선의 엄숙한 현실에서 그것을 확립할 수 있는가? 해소의 숙어와 그 이론은 일본의 노농당의 그것에서 섭취한 것같이 추단되거니와 노동조합과 농민조합의 확대 강화와 그의 전투화를 방해한다고 하여 합법 정당으로서의 노농정당을 해소하고 거기로 복귀하려는 투쟁 동맹으로서의 노동조합과 농민조합을 조선에 가졌는가?

해소론은 그들의 무산운동에 있어서도 대중적으로 극복될 수 없는 일부의 이론으로 되어 있거니와 이러한 뿌리 깊은 조합의 진영도 찾지 않았고 삼총(三總)[637]의 해금(解禁)같은 것이 다만 지상(紙上) 일편의 결의로만 보도되는 현상에서는 전혀 수긍할 수 없는 바이다.

조합을 중심으로 확고한 노동농민의 투쟁의 진영을 가졌고 또 가질 수 있는 일본의 좌익무산운동 그것과 이 점에 있어 거의 무권력한 조선의 분산적인 빈궁한 인민과는 섣불리 비교할 수 없다. 논자 왕왕히 중국의 국민당을 인증하나 앞선 청나라 이래 40년에 흥중회, 동맹회 등 시대를 거쳐 처음에 멸망흥한(滅漫興漢)의 봉건적 배타주의에서 생장되고 오족공화(五族共和)[638]라는 정복적 의식에서 염색되며 또는 일정한 독자적인 주권의 아래에 신흥한 또 신흥할 수 있는 민족적 자본벌의 기반의 위에서 부르주아적 민주주의나 또는 그의 독재권도 수립할 수 있는 중국의 그것과는 비할 수도 없다. 민족적 자본벌의 바탕에 신예한

---

637) 노동총동맹, 농민총동맹, 청년총동맹.
638) 중국 신해혁명 때, 제정을 폐지하고 한족, 만주족, 몽고족, 티베트족, 위구르족 등 다섯 민족의 공화 정체 수립을 목표로 하던 표어.

자위적인 군대를 제조·장악할 수 있는 중국의 당치주의(黨治主義)의 영웅들과 조선의 적극적 투쟁을 할 수 없는 정세 아래 있는 소부르주아적 집단이란 그것과는 동일로 비할 수 없다. 구체적인 특수 정세가 조선에 있어 매우 다르다. 중국의 무산운동자들과 같이 많은 희생을 내고 또 최후에 이중전(二重戰)을 면치 못할 것이라는 것은 우열(愚劣)한 총명이오 신중하지 못한 앞길이 더 근심일 것이다.

전지역의 각층을 총합한 전인민이 동일한 정치형태 밑에 고뇌하고 있고 경제적 흡취되는 조건도 대부가 정치적 형태와 그 기능으로 되는 바이다. 이러한 전연 특수지인 처지에서 각층 각부문을 총합한 민족단일당의 과도체가 다음의 시기에 어떠한 전선적 또는 정치적 동작때문에 요구되는 점일 것이다. 만일 갑과 을의 두 경향의 주의자가 소위 합성잡취당(合成雜炊黨)적 존재로서 회의·견제함이 있어 내재적으로 그 역량을 마비하는 바 있다 하면 갑을 병립으로 확고한 동지적 협동을 기함도 좋은 것이다.

그러나 이것조차 현실의 확고한 실천적인 동작을 떠나서 관념적으로, 종파적으로 헤매는 터인 때문에 비로소 강구되는 하책(下策)일 것이다. 그리고 정치적으로 전연 무권력한 현하의 조선인으로서 소위 투쟁적 결속과 그 생장이란 것이 거의 불가능한 일이다. 신뢰할 동지로써 임무를 담당하게 하고 전연히 계몽적 또 교훈적 결성과 생장의 길을 밟으면서 다난하게 다음의 시기를 기다림도 가할 것이다. 왜? 유(有)는[639] 생장할 수 있고 또 비약의 미래도 기할 수 있지마는 무(無)는 드디어 무(無)이다. 분산은 집중과 통제를 언제나 천강(天降)하게 할 수 없다. 조선인은 그만 직역적(直譯的) 혹은 국제연장적(國際延長的)인 관념론에서 스스로를 청산시킬 것이다(『조선일보』, 1930년 12월 26일, 1면).

---

639) 세력간의 협동을 의미.

『민족지도자 안재홍 연보 5』 요약

- 1930년 『철필』 7월호에 「기자도덕에 관하여」 기고.
- 1930년 『삼천리』 7월호 「우리 운동과 역량 집중문제」 기고.
- 1930년 7월 5일 조선일보 사설 「단군과 조선사 학도로서 가질 태도」 집필.
- 1930년 7월 16일 조선일보 사설 「문자보급반원을 보냄: 진지한 그러나 평순한 봉사자」 집필.
- 1930년 7월 20일 전조선수해구제회 발기인 참여.
- 1930년 8월 5일 백두산 하산 후 해산진에서 '사적(史的)으로 본 조선' 강연.
- 1930년 8월 11일 조선일보에 백두산기행문 첫회 「명미한 옥저 풍경」 기고.
- 1930년 8월 13일 조선일보에 「상투우환」 집필.
- 1930년 8월 14일 신간회 민중대회 사건 증인신문.
- 1930년 8월 27일 조선일보에 백두산기행문 「분수령상에서」 기고.
- 1930년 9월 2일 근화여학교 기념식 참석.
- 1930년 9월 3일 조선일보에 「농민학교와 가정학교」 기고.
- 1930년 9월 15일 조선일보에 백두산기행문 최종회 「후치령 내려 북청에」 기고.
- 1930년 10월 18일 제2회 전조선씨름대회 참석.
- 1930년 10월 30일 조선학생회 제10주년 기념식 참석.
- 1930년 11월 15일 제1회 전문학교육상경기대회 명예회장 위촉.
- 1930년 11월 19일 조선일보에 「한글날을 맞아서: 온겨레에 사뢰는 말씀」 기고.
- 1930년 11월 20일 문자보급 반원의 제2회 수상식과 및 위안 음악대회 참석.

○ 1930년 11월 23일 조선일보에 「단군과 조선사적 가치」 기고.
○ 1930년 11월 28일 신간회경성지회 대회 준비위원장 선임.
○ 1930년 12월 26일 조선일보에 「해소론 냉안관」 기고.

———— 참고문헌

1. 도서

민세안재홍선집간행위원회, 『민세 안재홍선집』 5권, 서울: 지식산업사, 1999.
민세안재홍선생기념사업회, 『안재홍의 항일과 건국사상』, 서울: 백산서당, 2010.
안재홍 지음, 구중서 해설, 『고원의 밤』 서울: 범우사, 2007.
안재홍 지음, 정민 풀어읽음, 『백두산등척기』, 서울: 해냄출판사, 2010.

2. 신문자료

『조선일보』, 1930년 7월 5일, 1면.
『조선일보』, 1930년 7월 22일, 2면.
『조선일보』, 1930년 7월 16일, 1면.
『조선일보』, 1930년 8월 11일, 3면.
『조선일보』, 1930년 8월 11일, 4면.
『조선일보』, 1930년 8월 12일, 4면.
『조선일보』, 1930년 8월 13일, 1면.
『조선일보』, 1930년 8월 13일, 4면.
『조선일보』, 1930년 8월 14일, 4면.
『조선일보』, 1930년 8월 15일, 2면.
『조선일보』, 1930년 8월 16일, 4면.
『조선일보』, 1930년 8월 17일, 4면.
『조선일보』, 1930년 8월 18일, 3면.
『조선일보』, 1930년 8월 19일, 3면.
『조선일보』, 1930년 8월 20일, 4면.

『조선일보』, 1930년 8월 21일, 4면.
『조선일보』, 1930년 8월 23일, 4면.
『조선일보』, 1930년 8월 24일, 4면.
『조선일보』, 1930년 8월 25일, 3면.
『조선일보』, 1930년 8월 26일, 4면.
『조선일보』, 1930년 8월 27일, 4면.
『조선일보』, 1930년 8월 28일, 4면.
『조선일보』, 1930년 8월 29일, 4면.
『조선일보』, 1930년 8월 30일, 4면.
『조선일보』, 1930년 8월 31일, 4면.
『조선일보』, 1930년 9월 1일, 3면.
『조선일보』, 1930년 9월 2일, 4면.
『조선일보』, 1930년 9월 3일, 1면.
『조선일보』, 1930년 9월 3일, 4면.
『조선일보』, 1930년 9월 4일, 4면.
『조선일보』, 1930년 9월 5일, 4면.
『조선일보』, 1930년 9월 6일, 4면.
『조선일보』, 1930년 9월 7일, 4면.
『조선일보』, 1930년 9월 8일, 3면.
『조선일보』, 1930년 9월 9일, 4면.
『조선일보』, 1930년 9월 10일, 4면.
『조선일보』, 1930년 9월 11일, 4면.
『조선일보』, 1930년 9월 12일, 4면.
『조선일보』, 1930년 9월 13일, 4면.
『조선일보』, 1930년 9월 14일, 4면.
『조선일보』, 1930년 9월 15일, 3면.
『조선일보』, 1930년 9월 30일, 2면.
『조선일보』, 1930년 10월 20일, 3면.
『조선일보』, 1930년 11월 2일, 2면.
『조선일보』, 1930년 11월 8일, 2면.

『조선일보』, 1930년 11월 15일, 1면.
『조선일보』, 1930년 11월 14일, 2면.
『조선일보』, 1930년 11월 19일, 1면.
『조선일보』, 1930년 11월 20일, 4면.
『조선일보』, 1930년 11월 21일, 2면.
『조선일보』, 1930년 11월 22일, 7면.
『조선일보』, 1930년 11월 23일, 1면.
『조선일보』, 1930년 11월 30일, 2면.
『조선일보』, 1930년 12월 6일, 1면.
『조선일보』, 1930년 12월 26일, 1면.

3. 잡지자료

『농민』 10호, 1930년 10월호.
『별건곤』 제30호, 1930년 7월호.
『별건곤』 제33호, 1930년 10월호.
『별건곤』 제34호, 1930년 11월호.
『삼천리』 2권 3호, 1930년 8월호.
『삼천리』 8호, 1930년 9월호.
『철필』 1호, 1930년 7월호.

찾아보기

ㄱ

가정학교 16, 121, 122
간도 57, 80, 90, 91, 95, 97, 98
갑산군 148, 151, 170
거칠봉 70, 72, 74, 75
근화여학교 16, 176, 177
기자 15, 19, 20, 21, 22, 189
기자도덕 15, 19, 20, 21
김경문 89, 91, 94
김상용 31, 33

ㄴ

남이 66, 67
농민 46, 121, 122, 184, 185, 201, 203
농사동 51, 55, 58, 59, 62, 63, 72, 75, 138, 148, 149, 151

ㄷ

단군 15, 16, 25, 26, 27, 81, 104, 123, 126, 127, 128, 130, 131, 132, 133, 146, 197, 198, 199, 200
달문 107, 112, 113, 117, 118, 119, 120

ㄹ

두만강 51, 53, 55, 57, 58, 59, 60, 62, 63, 64, 66, 67, 75, 80, 92, 97, 100, 133, 152, 161, 169

ㅁ

망천후 99, 101, 103, 106, 112, 119, 134
목극등 89, 91, 92, 93
무두봉 77, 80, 81, 87, 92, 107, 108, 118, 120
무봉 66, 70, 72, 102
무산 33, 47, 49, 50, 51, 52, 55, 56, 57, 61, 63, 69, 70, 72, 145, 156
문맹 195, 197
문자보급 15, 16, 27, 28, 29, 195, 197
민중대회 43

ㅂ

백두산 15, 27, 31, 33, 49, 51, 52, 57, 59, 62, 63, 64, 67, 70, 71, 72, 73, 74, 75, 76, 78, 81, 84, 86, 90, 91, 93, 94, 97, 99, 110, 114, 116, 118, 120, 123, 125,

126, 127, 128, 134, 139, 140, 141, 143, 144, 145, 147, 148, 149, 150, 152, 165, 169, 172, 199
백두산정계비 86
변영로 31, 33
별건곤 16, 23, 182, 189
병사봉 83, 85, 101, 105, 107, 110, 111, 112, 115, 116, 117, 134
북청 40, 43, 169, 171, 173, 174, 175
분수령 85, 88, 89, 90, 91, 92, 94, 158

ㅅ

삼국유사 131, 132
삼지연 88, 139, 140, 141, 142, 143, 144, 145
삼천리 15, 16, 23, 110, 145, 178
상투 38, 39, 40
성모 26, 114, 123, 125, 126, 127, 128, 130, 131, 200
세종 49, 67, 95, 192, 193
송화강 90, 91, 92, 107, 112, 119, 127, 133, 161, 162, 169
수해구제 30
숙신 68, 133, 155, 175, 193
신간회 15, 23, 43, 44, 174, 188, 200, 202
신무치 70, 72, 73, 74, 75, 77, 102, 134, 136, 137, 139, 151
씨름 16, 186, 187

ㅇ

아사달 26, 123, 125, 126, 127, 130, 131, 141, 199, 200
안비홍 23
안재직 31
압록강 89, 90, 133, 143, 152, 157, 158, 160, 161, 162, 164, 169
옥저 31, 37, 68, 133, 193
웅변 29, 194
원생지 26, 127, 128, 132
육상 16, 34, 49, 191, 192
이만주 78
이지란 43, 175
이징옥 77, 79

ㅈ

장백현 158, 163
조선일보 15, 16, 25, 27, 31, 35, 38, 40, 44, 47, 51, 55, 59, 63, 66, 70, 73, 77, 81, 85, 90, 94, 99, 104, 110, 116, 121, 123, 126, 130, 134, 139, 144, 148, 152, 156, 160, 163, 167, 171, 172, 190, 192, 197, 200, 202
조선학생회 16, 188
종덕사 117, 120

주을온천 35, 40, 44, 47, 48, 51

ㅊ

천지 76, 79, 86, 99, 101, 102, 103, 104, 106, 107, 108, 109, 110, 112, 113, 115, 116, 117, 118, 119, 123, 126, 129, 130, 133, 134, 135, 136, 139, 143, 149
천평 63, 66, 70, 107, 129, 130, 141, 166, 169
철필 15, 19
청진 47, 48, 49
축구 16, 187
취직 16, 200, 201

ㅌ

태백산 130, 131, 132, 133, 141, 149

ㅍ

평양 27, 37, 95, 127, 129, 130, 133, 169, 199
풍산읍 167, 170, 171

ㅎ

한글 28, 29, 192, 193
한글날 16, 192, 194
함흥 33, 35, 36, 37, 96

해소론 16, 202, 203
허항령 72, 73, 93, 138, 139, 143, 144, 145, 147, 148, 149, 150, 151, 169

안재홍 (1891~1965)

민족운동가·언론인·사학자·정치가·교육자

호는 민세(民世). 1891년 경기도 평택에서 태어났다. 황성기독교청년회 학관을 마치고 일본 동경 와세다 대학을 졸업했다. 유학 후 돌아와 중앙학교 학감과 서울 중앙YMCA 간사를 지냈다. 일제 강점기에 언론 필화와 대한민국청년외교단·신간회 민중대회·군관학교·조선어학회 사건 등으로 9번에 걸쳐 7년 3개월간 옥고를 겪었다. 시대일보 논설기자, 조선일보 주필·사장을 지내며 언론을 통해 민족계몽에 힘썼으며 식민사관에 맞서 한국 고대사 연구에 몰두했다. 조선학운동을 주도하며 정인보와 함께 다산 정약용의 문집『여유당전서』도 교열·간행했다. 1945년 8월 16일 국내민족지도자를 대표해 최초 해방연설을 했다. 건국준비위원회 부위원장, 국민당 당수, 한성일보 사장, 한독당 중앙상무위원, 좌우합작위원회 우측 대표, 미 군정청 민정장관, 서울중앙농림대학 학장, 대한올림픽후원회 회장, 초대 대한적십자사 부총재, 2대 국회의원 등으로 통일 민족국가 수립에 헌신했다. 1947년 8월 울릉도·독도에 학술조사대를 파견 독도수호에도 크게 기여했다. 1950년 6·25 때 북한군에 납북되어 1965년 3월 1일 평양에서 별세했다. 1989년 대한민국 건국훈장 대통령장이 추서됐다. 저서로『백두산등척기』,『중국의 금일과 극동의 장래』,『조선상고사감』,『신민족주의와 신민주주의』,『한민족의 기본진로』등이 있다.

엮은이 황 우 갑

민세아카데미 대표

경기도 평택에서 태어나 고려대 국문학과를 졸업하고 성공회대 문화대학원에서 문화예술경영학 석사, 숭실대 대학원에서 안재홍의 성인교육 연구로 교육학 박사학위를 받았다. 현재 민세아카데미 대표, 민세안재홍기념사업회·신간회기념사업회 사무국장, 한경국립대 백두산연구센터 운영위원으로 활동하고 있다. 저서로는『한국근대 성인교육자의 온정적 합리주의 리더십』(공저),『평생교육론』(공저),『성인교육자 민세안재홍』,『안재홍 기념관 연구』,『알파탄약고 공간문화재생 연구』, 엮은책으로『안재홍 연보 1』,『안재홍 연보 2』,『안재홍 연보 3』,『안재홍 연보 4』,『안재홍 영호남기행 1』,『민족지도자 안재홍 공식화보집』등이 있다.